여로형 소설의 생산과 향유

김 동 환 지음

한성대학교출판부

이 저서는 2018년 대한민국 교육부와 한국연구재단의 지원을 받아 수행된 연구임
(NRF-2018S1A6A4A01038283)

머리말

소설 연구와 소설 교육이라는 두 마당 사이를 오가는 일은 만만치 않은 일이었다. 견해에 따라서는 두 마당이 서로 분리되는 것인지에 대해 의문을 표하기도 한다. 필자의 경우를 따져 봐도 두 마당은 분리가 아닌 과정의 선후 관계라고 하는 것이 옳을 수도 있겠다 싶다. 어떤 연구의 결과를 교육에 적용해 보는 일, 상황에 따라 교육적 접근을 우선적으로 수행하게 되고 이어 연구의 대상으로 전이시키는 일, 교육 현장으로부터 질의를 받고 그에 답하기 위해 연구를 수행하는 일 등이 있었기 때문이다.

학부를 졸업하고 고등학교 국어 교사로 부임한 첫 해에 고등학교 1학년 국어, 2학년 한문, 3학년 문학 수업을 동시에 맡았었다. 개교한 지 2년 밖에 되지 않았던 상황이라 신임 교사가 전 학년 수업을, 그것도 각기 다른 과목 수업을 맡아야 했던 것으로 기억난다. 매일매일 수업 준비에 여념이 없었지만 다행히 중학교 시절부터 국어 과목에는 관심과 자신감이 높았던 터라 즐거움도 있었다. 하지만 고등학교 3학년 수업을 맡는 일은 엄청난 부담이었다. 대학을 갓 졸업한, 그것도 군대도 아직 다녀 오지 않은 터라 학생들과의 나이 차도 별로 나지 않았다. 그때나 지금이나 고 3 수업 시간은 입시를 통해 인생이 결정되는 국면을 눈앞에 둔 학생들을 생각할 때 결코 소홀할 수 없는 순간들이었다. 이 상황의 압박은 결코 만만치 않았다. 다행히 2학년 한문 수업은 고등학교 때 한문 교육을 엄청나게 강조하신 교장 선생님 덕분에 차고 넘치게 공부했던 터라 수업 준비가 그나마 수월했고, 그 여력을 고 3 수업에 투여할 수 있었다.

당시 고 3 국어 수업은 고전 문학 시험 대비가 관건이라고 했을 만큼 학생들은 고전 문학에 대해 큰 부담감을 느끼고 있었다. 필자가 가르친 학생들도 거의 대부분 '고전(古典) 문학은 고전(苦戰) 문학이다'라는 생각에서 벗어나지 못하고 있었다. 그런데 그 '전쟁'의 현장에서 학생들이 잠시 휴식을 취하듯 편안한 마음으로, 흥미롭게 수업을 듣던 대목이 있었다. <구운몽>과 <열하일기>를 다루던 시간이었다. 필자는 그 2년 전쯤인가 대학 수업 시간에 여로 형식에 대해 배운 적이 있었고, 학생들을 입시라는 길에서 벗어 나 잠시 쉬게 할 요량으로 두 작품을 여로라는 측면에서 설명해 보았다. 학생들의 반응은 기대보다 좋았다. 그 수업은 필자의 여로에 대한 관심이 시작된 한 계기이기도 했다.

기껏 학부 시절에 3~4년 동안 축적했던 문학 공부만으로 고 3 국어 수업을 감당해 내기에는 너무 버거웠다. 1년여 동안 그렇게 고등학교 전학년 수업을 겨우 겨우 엮어 내면서 학생들에게 미안함과 아울러 일종의 조바심이 생겼다. 그들의 인생에 도움을 주지 못할지언정 해가 되어서는 안 되겠다는 생각이었다. 하여 대학원에 진학해서 좀 더 공부를 한 후에 그들 앞에 서리라는 다짐과, 학부 3학년 때부터 가졌던 문학 연구에 대한 욕심이 어우러져 다시 시작했다. 석사 논문 대상은 1930년대 전향 소설이었다. 그런데 석사 논문을 쓰면서 필자의 시선을 집요하게 사로잡은 것은 '귀향(또는 귀가)' 모티프였다. 이기영의 〈고향〉에서 김희준이 가출이라는 방식으로 유학을 갔다가 고향으로 돌아와 농민운동에 투신하는 과정과 전향 소설에서 감옥에서 나온 전향자들이 귀향(가)의 과정에서 보여주는 심리 전개의 과정들이 특히 그러했다. 삶도 소설도 여로와 밀접하게 연결되어 있음을 지속적으로 인식하게 된 과정이자 이 책을 쓰게 된 직접적인 계기가 되었다.

몇 년 전에 〈한국문학과 실향·귀향·탈향의 서사〉라는 제목의 책을 여러 연구자들과 함께 펴낸 적이 있다. 근대소설의 전개과정에서 우리에게 던져진 이 서사 모티프들이 소설의 내적 형식으로 매우 매력적인 것임을 새삼 확인하게 되면서 이 책을 시작하게 되었다. 한국연구재단의 출판 지원 사업에 선정되면서 가속을 할 수 있었다.

이 책을 처음 기획하면서 필자가 머리에 그렸던 설계도의 내용들 중에는 이 책에 담지 못한 부분이 더 많다. 무엇보다도 작품 당 기술할 내용들이 일정한 양을 요구하다보니 다룰 수 있는 대상의 한정으로 이어졌기 때문이다. 고심 끝에 다음 책을 기약하기로 하고 이 책에서는 여로형 소설의 출발선과 큰 흐름을 중심으로 꾸리기로 했다.

여로형 소설 연구의 출발점은 아무래도 개념과 유형 제시로부터 이루어져야 하기에 1장에서는 유형을 이끌어내는 과정을 중심으로 서술했다. 기존에 널리 사용하던 직선형과 원점회귀형 대신 목적 달성 여부와 여행 주체의 후속 행위를 중심으로 네 가지 유형으로 나누어 보았다. 작가가 주인공이나 주요 인물을 여행을 보내는 것에는 분명한 목적이 있으리라고 생각했기 때문이다. 2장에서는 고전 소설을 대상으로 여로 구조의 문제를 살펴보았다. 이 연구 과정에서 가장 많은 시간을 투자한 부분이다. 고전 소설 연구는 필자의 전공 영역이 아니기에 조심스러웠고 현대 소설과는 달리 작품이 고정되어 있으니 가급적 모든 작품을 여로 구조의 측면에서 다루어야 한다는 강박관념도 작용했기에 그러했다. 지향은 그러했으나 구현은 다하지 못했다. 특히 조선 후기에 집중적으로 창작된 장편가문소설까지 감당해 내기에는 필자의 역량이 부족했다. 현대의 대하소설들은 꾸준히 읽어 왔기에 해당 부분을 적출하여 접근할 수 있었으나 거의 대부분 새롭게 읽어내야 할 작품들인지라 방대한 내용을 꼼꼼히 읽고 여로를 세밀하게 읽어내는 일은 시간 상으로 버거웠다. 연구재단 측의 평가위원도 이 장편 가문소설들의 중요성과 의미를 지적하며 적절한 작품을 추천하는 조언까지 해주었으나 여기서는 다루지 못하고 후속 연구에 담아내기로 했다. 2장을 서술하는 과정에서 가장 흥미로웠던 대목은 김만중의 <사씨남정기>의 여로였다. 주인공 부부의 행적을 하나하나 짚어가며 살피다보니 그 여로가 매우 정밀하게 설정되어 있으며 여로에 뒤따르는 장소와 시간 등이 예사롭지 않다는 점을 인지할 수 있었고, 여기에서 김만중의 장르 의식이 상당한 수준이었다고 평가하게 되었다. 판소리계 소설인 <흥부전>의 경우 다소 비약에 가까운 논리라 할 수 있는, 내포적 여로 구조라는 개념을 상정해 보았는데, 놀부의 인생 역정을 감추어진 여로라는 맥락에서 접근해 보았다. 판소리계 소설 일반이 보여주는 공간의 넘나듦이 환상적인 면모를 보여주되 현실과의 상동성이 충분하다는 판단이 들었고, 그렇다면 놀부의 여로를 상징이라는 장치를 통해 추정해 볼 수 있지 않을까 생각해 보았다. 소설의 확장적 이해라는 향유의 효용성을 우선시한 접근이라 할 수 있을 것이다.

2장에서는 개화기 이후의 소설들 중 여로형 소설에 속하는 작품들을 대상으로, 소설사의 흐름과 연관지어 좀 더 의미있는 부분들이라 판단되는 내용들로 구성하고 서술해 보았다. 워낙 다양한 여로형 소설들이 존재하기에 선택적 서술에 대한 평가는 엇갈릴 수 있을 것이다. 필자는 여로의 공간과 시간의 문제에 집중해서 접근해 보자는 원칙을 세웠기에 다소 무리가 따르는 논리적 맥락임에도 불구하고 목차를 구성할 수 있었다. 여로형 소설에서 다룰 필요가 있는 서사적 요소로 '공간 탈출 의식'을 설정해 본 것도 우리 근대사의 특성과 소설의 연관성을 고려한 때문이다. 일제 강점기, 해방 공간, 6·25 전쟁, 산업화 등은 여로의 형성에서 시간적 요소와 공간적 요소가 '일(一) 대 다(多)'나 '다(多) 대 다(多)'의 결합 양상이 아니라 '일 대 일'로 수렴되는 양상이 나타나게 만든 서사적 배경들이라는 점에서 그러하다고 보았다. 예를 들어 해방 공간에서는 해외에서 국내로, 타향에서 고향으로 라는 동선 외의 범주는 의미를 가지기 어렵기 때문이다, 해외 여행 자유화 시대를 독립된 항목으로 설정한 것도 이 시대적 배경이 여로형 소설에 미치는 의미가 다대하다고 보았기 때문이다. 실제로도 해외 여행 자유화 정책은 작가의 서사 경험의 확대에 이은 소설적 공간의 확장에 직접적인 영향을 미쳤음을 해당 정책의 시행 이후와 이전 소설을 견주어 본 결과를 통해 확인할 수 있었다.

4장은 여로형 소설의 향유의 양상을 전형적이고 직접적으로 보여줄 수 있는 사례를 중심으로 꾸려 보았다. 소설교육의 장에서 여로형 소설이 기여할 수 있는 바와 문학치료학에서 매우 유의미한 기제로 설정할 수 있다는 점을 보이고자 했다. 여로형 소설의 효용성을 구체적이고 실제적으로 확인할 수 있기를 기대하고 있다. 이 책에서는 다루지 못했지만, 이후에는 문화콘텐츠 분야에서의 여로형 소설의 효용성에 대한 집중적인 논의를 해보고자 한다.

이 책에는 기존에 발표한 논문들 중 일부를 전체적인 논지의 유지를 위해 재수록 했다. 또한 일부는 책을 내기에 앞서 관련 학회 심사를 통해 논지의 타당성을 평가받아 보고자 했다. 여로형 소설의 유형에 대한 검증과 대상 작품들의 다양성에 대한 조언이 있었는데, 분량 상의 문제로 미처 반영하지 못한 부분에 대해서는 추가 저술을 통해 보완해 가고자 한다. 이 책이 여로형 소설에 대한 보다 본격적이고 심도 있는 논의가 이루어지는 데 일조를 할 수 있기를 기대한다.

2022년 4월
낙산 기슭에서
저자 **김 동 환**

목 차

1장

소설의 양식적 속성과 여로 구조

2장 고전 소설의 여로 구조

3장 근대 이후 소설의 여로 구조

4장 여로형 소설의 효용성

1장

소설의 양식적 속성과 여로 구조

이야기와 여행

이야기는 욕망과 갈등의 변주이다. 욕망을 추구하고 갈등을 해결하는 다양한 장치들 중에서 여행은 가장 오래 된 장치 중의 하나이다. 이야기와 여행은 어떻게 동반자가 되었을까.

인류가 남긴 대표적인 공공재로서의 이야기 양식은 다양한 모티프를 기반으로 형성되고 있다. 각국의 민족문학사에서 확인할 수 있는 모티프들의 보편성은 왜 이야기 양식이 공공재로 인식되는지를 잘 설명해주는 속성이기도 하다. 그 중에서 '여행'이라는 범주로 묶을 수 있는 모티프들은 이야기 양식의 보편성을 설명해주는 핵심이라 할 수 있다.

그렇다면 이야기 양식은 왜 '여행'이라는 범주에 그렇게 폭넓은 관심을 갖게 되었을까? 여로형 소설에 대한 탐구는 바로 이 질문에서부터 출발할 수 있을 것이다.

1. 욕망구조와 여행

왜 여행인가 라는 질문에 답하기 위해서는 이야기 양식의 구조적 특성을 설명하는 두 가지 용어인 '욕망구조'와 '갈등구조'라는 대비적 개념을 통해 접근해갈 필요가 있다. 이야기 양식이 처음 고안되고 많은 향유자들의 관심을 받기 시작할 시기에서부터 끊임없이 제기된 '서사의 발생론'에 접근해가는 좋은 통로가 될 것이기 때문이다.

다양한 발생론 중에서 이 책에서 관심을 갖는 관점은 '엿보기 욕망'으로 묶어낼 수 있는 관점이다. 무언가에 대한 이런저런 호기심들이 개인적인 단위에서 축적되어 집단으로 이어지면서 하나의 패턴화된 것이 일종의 '엿보기 욕망'을 충족시켜주는 이야기 양식이라고 본다. 이는 필자의 기본적인 소설관이기도 하다.

'엿보기 욕망'의 구현으로서의 이야기 양식의 발전이 '소설 전개사'의 매우 중요한 동력이 되었다는 점은 다양한 사례들을 통해 확인할 수 있다. 그 한 예로 로마의 대표적인 변신담에 속하는 〈황금 당나귀〉의 스토리를 살펴보기로 한다. 다양한 판본으로 출판되고 전승되고 있지만 편의상 그 줄거리를 자의적이기는 하지만 이렇게 정리해 보기로 한다.

> 한 호기심 많은 청년이 살고 있었다. 얼마나 호기심이 강한지 어떤 호기심이 생기면 그것을 해결하지 않고서는 못견뎌 생활을 못할 지경에 이르기도 했다. 어느 날 집을 나서던 그는 옆집에 사는 두 이웃이 귓속말로 이야기를 나누는 장면을 목격했다. 그런데 두 사람은

그 청년을 보더니 눈짓을 교환하며 더욱 은밀하게 이야기를 나누는 것이었다. 청년은 두 사람의 이야기의 화제가 자신일 것이라고 확신했고, 예의 호기심이 발동했다. '과연 저 두 사람은 나에 대해 무슨 이야기를 하고 있었을까' 그러나 그 호기심은 두 사람이 청년을 찾아와 고백을 하지 않는 한 풀릴 수 없는 것이었다. 그러나 그런 호의를 기대하기란 애시당초 그른 일이었다. 청년을 그날로부터 식음을 전폐하다시피 하면서 호기심을 해결하기 위해 무진 애를 썼지만 불가능한 일이 가능해지지는 않았다. 보다못한 식구들이 청년에게 어디라도 좋으니 바람을 쐬고 오라는 충고를 했고, 청년 역시 그게 좋겠다는 생각이 들어 길을 떠나게 되었다.

하루종일 걸으면서 호기심에 짓눌렸던 기분도 어느 정도 해소가 되면서 모처럼 활기를 찾은 청년은 다음 날을 위해 어떤 조그만 여인숙에서 묵어 가기로 했다. 그 날 밤, 예민하기로 둘째가라면 서운해 할 만큼 작은 움직임에도 반응을 하는 청년은 같이 잠을 자던 주인이 부스럭거리는 소리에 잠에서 깨어났다. 그렇지만 주인에게 자신이 깨어 있다는 것을 들키지 않으려고 잠든 체 했다. 청년이 자고 있는지 잠시 확인을 하던 주인은 슬며시 방안에서 빠져 나갔다. 호기심으로 똘똘 뭉친 청년이 이를 놓칠 리 없었다. 청년이 몰래 자신의 뒤를 따른다는 사실을 모른 채 주인은 지하실로 들어갔다. 청년이 지하실 창문으로 들여다보니 그곳에는 여러 종류의 항아리들이 있었고, 주인은 그중 하나를 열더니 무슨 액체를 퍼내 자신의 몸에 끼얹었다. 놀랍게도 주인은 새로 변하고 반대편 창문을 통해 날아가는 것이었다. 이웃들의 비밀 대화에 대한 궁금증을 견디지 못해 집을 떠나 온 청년에게는 놓칠 수 없는 기회였다.

다음 날 저녁이 되자 주인은 밤중에 다시 방을 빠져 나갔고 어느 정도 시간이 지난 다음 청년도 지하실에 내려갔다. 그렇지만 자신도 새가 되면 이웃들의 대화를 엿들을 수 있을 것이라는 생각에만 몰두한 청년은 항아리를 아무 것이나 골랐고, 그 결과 당나귀로 변신하고 말았다. 그것도 황금색이 나는 당나귀였다. 뜻하지 않은 결과에 당황한 청년은 지하실을 빠져 나가지도 못하고 실의에 잠겨 있다가 돌아 온 주인에게 들켜 마굿간에 묶이는 신세가 되었다.

그날 밤, 그 집에 도둑이 들었고, 황금색 당나귀를 처음 본 도둑들은 그 등에 훔친 물건들을 싣고 도망을 갔다. 그날부터 청년은 도둑들과 함께 돌아다니는 신세가 되었다. 자신의 어리석음과 신세에 실망한 청년은 몇 차례 자살을 시도하지만 그마저도 여의치 않아 그저 하루하루를 연명하는 처지로 끌려 다니고 있었다. 그런데 어느 정도 시간이 지나면서 청년은 이 생활에서 어떤 재미를 느끼기 시작했다. 왜냐하면 도둑들은 그 전날 밤에 도둑질을 하러가서 보고 느낀 것들을 당나귀 앞에서 이야기하기 시작했고, 그 이야기들은 비밀스러운 내용들을 많이 담고 있어서 청년의 호기심을 채워 주기에 충분했다.

특히 청년이 관심을 가졌던 내용들은 지배계급들의 생활상이었다. 도둑들은 부유한 집들의 사정을 때로는 과장해 가면서까지 묘사하거나 그 집안에서 목격한 일들을 무용담처럼 늘어놓았고, 평민계층이었던 청년은 자신이 평소에 지녔던 지배계층에 대한 호기심을 채울 수 있어 때로는 만족스럽기 조차 했다. 이렇게 청년의 당나귀 생활은 상당 기간 이어지게 되었다. (후략)

여기에 이어질 이야기의 내용은 이 대목에서는 그리 중요하지 않기에 생략하고 이 이야기를 분석해 보기로 한다. 이 이야기를 이끌어

가는 추동력은 '호기심' '엿보기'라는 심리적 요소와 '여행'이라는 행동의 요소이다. 이 두 요소는 이야기의 진행 과정에서 패턴처럼 작용하게 된다. 호기심을 가졌기 때문에 여러 가지 사건들이 발생하게 되고, 엿보기를 통해 그것을 해결하고자 하는 데서 또 다른 사건들이 발생하는 양상이 연쇄적으로 일어나기 때문이다. 그리고 이 둘과 관련된 사건들은 여행이라는 공간과 시간의 조합체에 의해 발생하게 된다.

여기서 우리는 이야기 양식의 구조를 '욕망구조'로 설명하고자 하는 관점이 비롯된 이유를 찾을 수 있다. 호기심과 그에 이은 엿보기 욕망이 결국 이 이야기를 구성하는 핵심적인 동력이 되고 그 욕망을 달성하기 위해 움직이는 인물의 행동 기록이 곧 서사라는 결론에 도달하기 때문이다. 여기서 여행은 욕망을 해결하기 위해 인물이 취할 수 있는 매우 구체적인 행동 양상이라는 점에서 욕망 해결의 통로라는 긴요한 장치로 작용하게 된다. 즉 이야기 양식의 기본적인 구조는 욕망을 달성하고자 하는 인물의 행동 기록이며 그 해결 장치 중의 하나가 여행이라는 점을 이 이야기를 통해 확인할 수 있다. 이 이야기의 문학사적 위치를 고려할 때 이야기 양식의 발생 단계부터 욕망과 여행은 본질적인 구조적 요소로 기능했다는 점을 확인할 수 있을 것이다.

2. 갈등구조와 여행

그렇다면 이야기 양식의 기본적인 구조를 '갈등구조'로 보고자 하는 관점의 경우는 어떠한가를 살펴보기로 한다. 우선 이야기 양식의 기본 구조를 욕망구조와 갈등구조로 달리해서 바라보고자 하는 이유는 다음 세 가지로 나누어 볼 수 있다.

첫째, 욕망과 갈등을 선택적인 요소로 보는 경우이다. 이야기의 생산자의 입장에서 욕망과 갈등 중에서 어떤 요소를 중심으로 스토리를 이끌어 갈 것인가를 선택한다는 입장이다. 생산하고자 하는 이야기가 어떤 성격을 지녔는가에 따라 욕망 또는 갈등이 주된 동력이 된다는 것인데, 이 입장은 욕망과 갈등을 동일한 위계를 지니고 있는 것으로 보는 관점에 기반하고 있다.

둘째, 욕망과 갈등을 연계적인 것으로 보는 입장이다. 어떤 이야기가 욕망의 달성에만 초점을 두거나 갈등의 양상에만 주목하는 것이 아니라 욕망은 자연스럽게 갈등의 과정을 통해 달성되도록 하는 것이 좋은 이야기라는 관점으로 이야기의 공과를 평가하는 맥락과 통한다. 어떤 욕망을 지닌 인물이 별다른 어려움없이 그 욕망을 달성하게끔 설정하는 것도 가능하지만 그럴 경우 이야기의 깊이는 덜하게 된다고 본다. 반대로 인물이 겪게 되는 갈등만을 중심으로 이야기를 이끌어나가는 방식 또한 이야기로서의 매력이 떨어지다는 논리이다.

셋째, 이야기의 발전사적 측면을 고려한 견해이다. 이 견해는 흔히 근대 이전의 이야기 양식과 근대 이후의 소설 간의 관계를 발전이라는 맥락에서 살피게 된다. 근대 이전에는 중심 인물들이 지닌 욕망들이 별다른 어려움없이 달성되는 경우가 대부분인 데 비해 근대 이후에는 인물들의 욕망이 사회적 환경이나 상황으로 인해 필연적으로 갈등을 겪게 되고 이로 인한 사건들이 소설 양식의 요체를 이룬다는 발상이다.

이 책에서는 이러한 세 가지 경우를 놓고 볼 때 소설의 구조를 어떻게 바라보는 것이 타당한가라는 질문에 대한 답으로서는 '욕망 추구에 따른 갈등구조'라고 설정하는 것이 가장 효율적이라 보고자 한다. 즉 한 이야기에서 욕망구조와 갈등구조라는 개념을 동시에 내포할 수 있고 두 개념이 상호작용을 통해 풍부한 의미를 창출해 낼 수 있겠지만 이야기 양식이 우리 삶에 주는 의미를 최대치로 이끌어내는 데는 갈등구조가 중심에 놓이는 것이 유리하다는 판단 때문이다. 즉 서정 양식과 다른 서사 양식의 의미망은 삶의 문제를 구체적이고 직접적으로 다루는 데서 찾을 수 있다고 보기 때문이다.

이렇게 갈등구조를 중심에 놓고 보는 관점에서도 여행이라는 요소가 매우 중요하게 기능한다는 점을 살펴보기로 하자. 삶은 갈등의 연속일 수밖에 없으며 이야기는 삶의 표현물이다. 특히 집합이 아닌 개별적인 존재로서의 개인의 정체성이 분명해지고 그에 따라 개인과 사회의 갈등이 구체적으로 드러나는 근대 이후의 소설들에서 갈등의 형상화는 더욱 의미있게 드러나게 된다. 그렇다면 이 과정에서 여행은 어떻게 기능하고 있는가?

하나의 예를 들어보기로 하자. 관점에 따라서는 동의하지 않을 수도 있지만 근대 소설의 출발점으로 보기도 하는 <돈키호테>를 통해 근대적 서사성의 추동력이 갈등에 있었음을 확인하고, 여행이 그 갈등의 형상화 장치로 등장한다는 점을 살필 수 있다. 즉, 근대 소설의 기원에 해당하는 소설의 핵심 요소가 욕망에서 갈등으로 전이해 가는 과정에서 발현된다는 점과 함께 여행이라는 장치가 어떤 기능을 수행할 수 있는지 그 본격적인 의미를 탐색할 수 있다.

돈키호테는 세상에 정의를 내리고 불의를 타파하며 약한 자들을 돕는다는 원대한 꿈을 실현하기 위해 모험에 나섰다. 그러나 두 번에 걸친 출정은 번번이 실패로 끝이 나는데 그의 욕망이 주변의 세계(관)과 갈등을 빚고 있기 때문이다. 근대적인 사회로 변모해 가는 과정에서 욕망이 어떻게 서사적 갈등으로 전이해가고 그로 인해 이야기의 구조를 갈등구조로 인식하게 되는가를 잘 설명해 주는 이론은 바로 르네 지라르의 '욕망의 삼각형'이론이다. 다음 구절들은 그 한 사례이다.

> "대상을 향한 돌진은 근본을 파헤쳐 보면 중개자를 향한 돌진이다. 그런데 내면적 간접화에서는 이 돌진이 중개자 자신에 의해 제지된다. 왜냐하면 이 중개자가 그 대상을 욕망하거나 또는 소유할 수도 있기 때문이다. 자신의 모델에 매혹된 제자는, 그 모델이 제자에 맞서 설치한 기계적인 장애물에서, 제자에 의한 악의적인 의도의 증거를 필연적으로 보게 된다. 이 제자는 자신을 충실한 신하로 자처하는 것이 아니라 간접화의 관계들을 거부할 생각만 갖고 있다. 그럼에도 이 관계들은 더욱 확고하다. 왜냐하면 중개자의 명백한 적대감이 그의 위력을 약화시키는 것이 아니라 오히려 증가시키기 때문이다. 그렇게 되면 주체는 그의 모델이 스스로를 주체 자신보다 너무 우월하다고 믿어서 자기를 제자로 받아들이지 못한다는 사실을 납득하게

된다. 따라서 주체는 모델에게 갈등의 감정을 느끼게 되는데 이때 갈등의 감정이란 가장 순종적인 존경심과 가장 강렬한 원한이라는 상반된 두 가지 감정의 결합으로 형성된 것이다."[1]

르네 지라르의 욕망의 삼각형에 대해서는 익히 알려진 것이기에 설명을 생략해도 무방할 것이다. 여기서 주목하는 바는 욕망 → 간접화 → 갈등으로 이어지는 서사 과정이다. 섣부른 일반화일 수 있지만 서사의 발전 과정의 한 양상을 욕망구조에서 갈등구조로의 변모라는 점으로 설명할 수 있다고 할 때, <돈키호테>는 그 대표적인 사례인 셈이다.

중요한 것은 간접화의 양상이 여행을 통해 구현된다는 점이다. 출정이라는 말로 표현되는 모험 성격의 여행이 없었다면 간접화는 가능하지 않다. 여행을 통해 비로소 등장인물들은 지나간 시대의 인물을 중개자로 삼고 추구하고자 하는 욕망의 달성이 어떻게 어려운 것인지를 인식하고 그로 인한 갈등이 서사의 축으로 떠오르게 되기 때문이다. 이처럼 근대적 소설의 출발 시점부터 갈등구조에서 여행은 의미 있는 기능을 수행하게 된다.

이제 일차적으로 이야기 양식에서 여행이 지니고 있는 의미의 단초를 설정할 수 있을 것이며 그 접근틀 또한 서사 양식의 변모라는 큰 맥락에서 형성될 수 있음을 말할 수 있을 것이다. 이 책에서 여로구조를 서사 양식의 전개사라는 측면에서부터 탐색해 나가고자 하는

---

1) 르네 지라르 (김치수 외 역), 낭만적 거짓과 소설적 진실, 한길그레이트북스, 2002, pp. 51~52.

이유도 여기에 있다. 즉 여로 구조를 여러 서사적 장치 중의 하나라는 측면보다는 서사의 발전 단계에서 중심 축으로 설정하는 것도 가능할 정도의 무게를 부여하고자 하는 측면에서 접근해가고자 한다.

서사구조와 여로

플롯은 패턴이다. 패턴은 경험의 산물이고 여로도 경험의 산물이다. 결국 플롯의 패턴과 여로는 서로 맞닿아 있다. 소설적 장치로서의 여로의 효용성도 여기에서 출발할 것이다.

흔히 여로형 소설이나 여로 구조라는 말을 쓰곤 한다. 그렇다면 두 개념을 어떻게 연계해서 인식하는 것이 타당할 것인지를 먼저 생각해 보기로 한다. 여로형 소설은 여로를 구조의 핵심 장치 중의 하나로 삼고 있는 소설의 유형이라 정의할 수 있다. 여로형 유형에 속하는 소설들은 여로를 구조를 형성하는 여러 장치 중의 하나로 설정하고 있어야 한다는 말이다. 물론 여행이라는 장치가 다른 장치들에 비해 좀더 높고 차별적인 비중을 차지해야 한다. 여행이 단순한 장치로 등장하는 경우는 여로형 소설로 부르기 어렵다.

여행 소설이 아닌 여로형 소설로 부르는 이유는 여로가 여행보다

구조적인 속성을 더 내포한 개념이기 때문이다. 여행은 한 공간에서 다른 공간으로의 이동을 표상하는 추상적 개념에 가깝다면, 여로는 그 여행이 하나의 의미를 가지는 구조로서 기능한다는 점을 표상하는 구체적인 개념이라고 할 수 있다. 즉, '여로'에서 '로'는 '길'을 의미하고 '길'은 구체적인 공간을 전제하기 때문이다. 어떤 장치가 소설의 구조 속으로 편입되어 중추적인 역할을 담당하려면 시작-중간-끝이라는 과정과 긴밀하게 대응해야 하는데 여행 자체는 표면적 시간 상으로는 시작-중간-끝이 분명하지만 어떤 행위의 의미상으로는 언제나 그 과정을 포함하지는 않는다. 여행은 의미보다는 형식에 가까운 개념으로 보는 것이 타당할 것이기에 여로라는 개념이 더 적절할 것이라 판단된다. 구체성을 띤 공간적 요소로서의 '길'은 계기적 또는 목적적 행위들이 가능하도록 기능할 수 있는 속성을 지니고 있기 때문이다.

1. 여로와 플롯

여기서 여로와 플롯과의 연관성을 생각해야 할 필요성이 제기된다. 즉 어떤 구조의 중핵적인 요소로서 플롯과 여로가 긴밀하게 대응할 때 의미있는 서사 유형으로서의 여로 구조가 형성된다고 보는 것이다. 다음 사례를 통해 이를 확인해 보기로 한다.

대표적인 민담의 하나인 '나무꾼과 선녀'의 구조는 다음과 같이 도식화할 수 있을 것이다.[2)]

---

2) 이 민담은 다양한 변이형을 보여주는데 여기서는 '나무꾼 지상 회귀형'을 대상으로

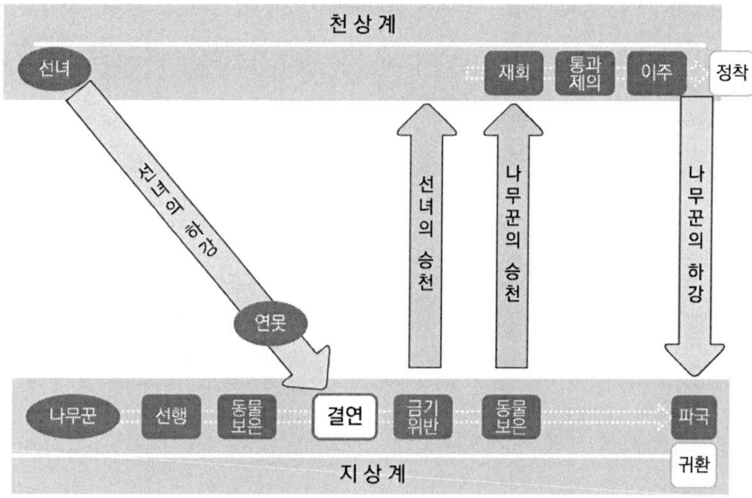

이 민담에서 서사구조는 지상계와 천상계로 구성되는 공간적 요소와 두 공간을 오가거나 각 계에서 이루어지는 사건들(plot events)로 구성된다. 플롯을 구성하는 사건들은 하강 - 결연 - 승천 - 재회 - 하강 등이 주축이 된다. 여기서 여로는 하강과 승천이라는 구체적인 공간 이동 행위로 나타나는데, 이 여로는 두 중심 인물간의 결연과 재회라는 계기적이고 목적의식적인 행동을 담아낸다는 점에서 플롯을 아우르는 요소로 기능한다.

이 이야기에서 여로의 출발점은 선녀의 하강이다. 이 하강의 목적은 나무꾼과는 관련이 없는 것이었으나 결국 나무꾼과의 결연으로 이어지면서 서사의 중심으로 떠오르게 되고, 의미있는 사건으로 변모

삼았다. 구조상으로 가장 복합적인 면모를 보여주는 유형으로 판단했기 때문이다. 이 민담의 유형에 대해서는 다음 참조.
배원룡, 나무꾼과 선녀 설화 연구, 집문당, 1993, pp.52~82.

하게 된다. 다음 여로는 선녀의 승천과 그에 따른 나무꾼의 승천이라는 단계로 이어진다. 그런데 이 여로 단계는 나무꾼이 고난의 성격을 띤 통과제의를 겪게 만든다는 점에서 가장 의미있는 단계로 설정되고 있다. 즉 단순한 여행이 아니라 필연적으로 고난을 만나게 될 수밖에 없는 '길'을 통한다는 점에서 그러하다. 나무꾼이 승천하는 길은 매우 이질적인 두 공간을 이어주는 구체적인 길이었고 그 결과 나무꾼은 혹독한 시련을 겪게 된다.

여기서 한 가지 문제를 더 살펴볼 필요가 있다. 나무꾼이 선행을 베풀어 동물을 구출해 준 덕분에 선녀와 만나는 계기를 얻기 때문에 이 지점부터를 여로로 볼 수 있지 않은가 하는 문제이다. 물론 넓게 본다면 사건이 진행되는 계기로 작용한다는 점에서 여로라는 장치의 일부로 볼 수도 있다. 그러나 이 사건이 반드시 여로로 이어져야 하는 필연적인 속성을 지닌 것이 아니라는 점에서 제외할 필요가 있다. 여로형 소설은 어떤 소설의 개별적 특징을 지칭하는 것이 아니라 보편적인 것으로 유형화할 수 있는 소설들의 공통적 자질을 지칭하는 것이어야 하기 때문이다.

이런 측면에서 어떤 소설을 여로형 소설로 간주할 수 있는지와 해당 유형의 소설들의 다양한 의미망을 살피기 위해서는 여로형 소설의 필요 조건인 여로의 범위를 분명하게 설정할 필요가 있다. 즉 어떤 서사적 장치들이 그 서사구조의 핵심에 해당하는 여행을 유발시키거나 이끌어 가는 것일 때 한해 여로의 범주에 포함되는 것으로 설정할 수 있을 것이다.

이 민담을 통해 검토할 수 있는 또 다른 맥락은 해당 텍스트가 창출해내는 메시지와 여로의 관계이다. 이 민담에서 나무꾼은 지상계에서 천상계로의 이동과 그에 따른 사건들을 통해 유의미한 변화를 겪는다. 나무꾼은 선녀와 결혼 생활을 지속하고자 하는 욕망을 달성하기 위해 모친을 남겨둔 채 천상계로 이동한다. 그러나 그 욕망은 나무꾼이 공간 이동을 한다고 해서 곧바로 성취되지 않는다. 나무꾼은 지상계에서는 생각할 수도 없었던 시련을 겪어야 한다. 변이형에 따라 다르게 나타나지만 천상계에 도달한 나무꾼은 선녀와의 재회의 기쁨도 잠시 천상계의 질서에 편입되려는 이질적 존재로 인식되어, 천상계의 원주민인 옥황상제 또는 선녀의 형제, 친척들로부터 강력한 저지는 받는다. 가장 강력한 저지를 받는 것으로 설정된 변이형에서는 목숨을 건 내기까지도 감내해야 한다.[3)]

천상계로의 여로를 통해 나무꾼이 겪게 되는 일들은 이 민담을 단순한 설화가 아닌 상당히 잘 짜여진 서사물로 평가할 수 있는 요소가 된다. 지상계와 천상계를 서로 문화권에 속하는 생활환경으로 본다면 나무꾼은 이주민으로서, 그가 겪는 시련은 시대를 막론하고 타문화권으로 이주한 사람들이 겪게 되는 시련을 전형적으로 보여주는 셈이다. 이 시련을 통해 나무꾼은 타문화권으로의 이주가 얼마나 어려운 것인지를 인식하게 되며 다시 지상계로 돌아오고자 하는 시도를 하게 되는 계기가 된 것으로 볼 수 있다. 결국 '나무꾼과 선녀'가 이 시대에도 여전히 유효한 것은 이 이야기가 다문화사회로서의 우리 사회의 상황

---

3) 배현룡이 '나무꾼 천상 시련 극복형'으로 분류한 민담은 전체 변이형 중에서 가장 복합적인 화소들을 지니고 있는데, 이 유형에서는 옥황상제가 마지막으로 '목베기 내기'를 제안하는 것으로 되어 있다.
배현룡, 위의 책, p.256.

에도 부합되기 때문이라 할 수 있다. 그리고 그러한 유효성을 창출하는 서사적 장치는 여로라는 플롯 요소를 통해 가능하다는 점에서 여로형 소설의 한 요건을 확인할 수 있다.

2. 플롯의 패턴과 여로

여로형 소설의 기본 요소인 여로가 플롯의 주요 요소로서 기능할 때 유의미한 장치가 되며, 플롯과의 유기적 관계 속에서 존재해 왔을 가능성에 대해서는 다른 맥락을 통해서도 확인할 수 있다. 플롯의 유형화를 시도한 논의들에서 여행 또는 여로에 대한 의미부여가 어떤 방식으로 이루어지고 있는가를 살핌으로써 여로 구조의 서사적 기능과 의미에 대해 어떤 판단들이 이루어지고 있는가를 검토하는 일도 그 한 방도가 될 것이다. 최근 서사 문화 논의의 핵심을 이루는 스토리텔링 관련 논의에서 사례를 찾아보기로 한다.

스토리텔링 관련 저작 중에서 플롯과 관련된 논의로 주목을 끄는 토비아스의 <인간의 마음을 사로잡는 스무 가지 플롯>을 살펴보자.[4]

토비아스는 '플롯은 공공자원'이라는 전제 하에 그동안 생산된 수많은 서사물의 플롯을 유형화하려는 시도를 하고 있다. 그는 플롯의 기본형을 '마음의 플롯'과 '행동의 플롯'으로 대별한 다음 플롯의 유형을 스무 가지로 나누고 있다. 물론 플롯의 유형을 나누는 일은 무궁무진

4) 로널드. B. 토비아스 (김석만 역), 인간의 마음을 사로잡는 스무 가지 플롯, 풀빛, 2007.

해서 유형화의 무용론이 제기될 수도 있는 문제이다. 토비아스 또한 이 점을 염두에 두고 플롯을 나누는 일이 숫자의 문제가 아니라는 점을 강조하면서 귀납적인 방법으로 분류를 시도하고 있다. 이 논의에서 주목을 끄는 부분은 '패턴'이라는 단어를 사용하고 있다는 점이다. '그는 플롯을 범주화해서 유형을 나누는 것은 부차적인 일이고, 왜 비슷한 패턴을 보이는 플롯이 지속적으로 생산되고 오히려 시간이 지남에 따라 더욱 효용성을 지니는가'라는 질문을 던지고 있는데 이 질문은 여로형 소설에 접근해 가는데 여러 가지 시사점을 준다.[5)]

토비아스가 분류한 플롯의 패턴은 모두 스무 가지로, 각 패턴의 핵심적인 내용 중 여행 또는 여로와 관련된 언급을 간단히 정리하면 다음과 같다.

- **추구** : 가장 오래된 플롯으로, 주인공이 사람, 물건, 또는 만질 수 있거나 만질 수 없는 대상을 찾아가는 이야기이다. 이 플롯의 특징은 주인공이 끊임없이 움직이며 뚜렷한 인과관계가 존재하는 여행이 이루어진다. 여행의 목적은 대상의 추구와 지혜를 얻기 위한 것이 많다. 이 플롯은 등장인물의 성격 변화에 기여한다.[6)]
- **모험** : 추구와 비슷하지만 추구는 마음(인물)의 플롯에, 모험은 행동(몸)의 플롯에 해당한다. 추구는 시종일관 여행을 떠나는 사람에 초점이 놓여 있지만 모험은 여행 자체에 초점이 놓인다. 독자나

5) 위의 책, pp.103~105.

6) 토비아스는 <길가메시>나 <돈키호테> 등의 예를 들면서 이 플롯에서 주인공들이 집에서 출발해 다시 집으로 돌아오는 여정에 주목하기도 한다. 이를 우리가 흔히 말하는 '원점회귀형 여로'의 원형으로 볼 수 있을 것이다.

관객이 경험할 수 없는 세계를 겪게 만들지만 반드시 변화를 수반할 필요는 없다.

- **추적** : 현대 서사물에서 매우 빈번하게 등장한다. 추적 자체가 등장인물보다 중요하며 '위험'이라는 요소가 수반되어야 한다.
- **구출** : 주인공, 악역, 희생자의 삼각구도가 형성되며 이별, 추적, 대결 및 상봉이라는 세 단계 국면을 적절히 이용한다.
- **탈출** : 주인공은 희생자이며 흑백논리의 도덕적 논리를 보인다. 여행과 연관될 때 극적인 효과를 거두기도 한다.
- **복수** : 주인공은 복수에 대한 도덕적 정당성을 가진다. 정상적인 삶의 파괴 - 복수 계획 - 대결의 성패라는 세단계로 이루어진다.
- **수수께끼** : 수수께끼의 긴장은 실제로 일어나는 것과 일어나야만 하는 것 사이의 갈등에서 온다. 열린 구조 또는 닫힌 구조 중 하나를 택하게 된다.
- **라이벌** : 서로 대등한 적대감으로 맞서며 세력관계가 상반되는 곡선을 그려야 한다. 사건이 해결된 뒤에 주인공은 자신과 주변의 질서를 회복한다.
- **희생자** : 라이벌 플롯의 요약이지만 안타고니스트의 세력이 훨씬 강하다.
- **유혹** : 인물의 플롯으로 주인공은 유혹에 빠진 대가로 혹독한 시련을 치르고 여기서 얻는 깨달음으로 인해 도덕적으로 낮은 차원에서 가장 높은 경지로 올라선다.
- **변신** : 보통 저주의 결과로 나타나는 플롯이며 사랑을 통해 치료된다. 주인공은 변신의 과정을 겪고 인간의 모습으로 돌아온다. 여

행이 수반되기도 하는데 관객은 저주의 성격으로부터 교훈을 얻는다.

- **변모** : 주인공이 인생의 여러 단계를 여행하며 겪는 변화를 다루어야 한다. 이야기는 변화의 본질에 집중해야 하고 그것이 경험의 시작에서부터 마지막까지 주인공에게 어떤 영향을 미쳤는지를 보여줘야 한다.
- **성숙** : 성장기의 절정에 있는 주인공의 도덕적, 심리적 성장에 집중하되 점진적으로 변화의 과정을 수행한다. 종종 여행을 그 장치로 활용하기도 한다.
- **사랑** : 사랑의 대상은 중요한 장애 요소와 함께 만난다. 장애 극복은 쉽지 않으며 해피 엔딩으로 끝날 필요가 없다. 시험받지 않는 사랑은 진정한 사랑이 아니다.
- **금지된 사랑** : 사회의 관습에 어긋나는 사랑으로 보통 비극적 결과가 뒤따른다. 연인들은 마지막 단계에서 도덕적 문제를 해결할 시간에 다다르는데 보통 죽음, 압력, 추방에 의해 헤어진다.
- **희생** : 이야기의 중심에 도덕적 난관을 설정하여 사건이 주인공에게 결단을 촉구한다. 관객이 등장인물이 왜 희생을 해야 하는지 그 동기를 분명하게 이해할 수 있도록 해야 한다.
- **발견** : 발견 자체보다는 발견하는 과정에 초점이 놓인다. 등장인물을 변화의 중심에 놓되 행동과 감정의 균형을 취하도록 한다.
- **지독한 행위** : 등장인물의 심리적 몰락에 관한 플롯으로 인물의 성격 발전에 특별한 관심을 기울여라. 여행의 과정에서 단계적으로 변화를 하는 것도 자연스러운 방법의 하나이다.

- 상승과 몰락 : 사건이 등장인물에 미치는 영향보다 등장인물이 사건에 미치는 영향에 주목하라. 등장인물의 몰락은 상황 때문이 아닌 자신의 선택의 결과이다. 상승과 몰락의 경로가 중심에 놓여야 한다.

이 플롯들은 스토리텔링이라는 범주에서 유용한 접근을 시도한 것이기에 전통적인 서사 양식에 그대로 대입하기에는 어려움이 있다. 그러나 소설을 왜 읽어야 하는가에 대한 답이 필요한 시점에서는 유용한 접근이라 판단된다. 여로형 소설의 발생과 전개는 매우 연원이 깊은 현상이며 여전히 유효할 것이기에 그러했다. 그런 의미에서 토비아스가 제시한 패턴들 중에서 상당한 정도가 직접적으로 여행 또는 여로를 다루고 있다는 점에 주목하고자 했다. 특히 추구와 추적, 구출, 탈출, 변모, 성숙 등의 주요 패턴에서 여행과 여로는 해당 패턴의 핵심이거나 그 깊이를 더하는 장치로 기능하고 있음을 확인할 수 있다.

이처럼 여행이나 여로는 전체 서사에서 단순한 장치로 등장하는 경우와 직접적으로 주제와 연관되는 비중을 차지하는 경우에 이르기까지 다양한 양상으로 존재해 왔고, 이후에도 지속적으로 존재할 것이기에 소설사적인 측면에서 충분한 의미를 지니는 서사적 장치라 판단된다. 이제 귀납적으로 탐구되어 온 다양한 양상들을 중심으로 여로형 소설의 유형화를 시도해 볼 것이다.

여로형 소설의 유형화

> 여로형 소설은 원점회귀형과 직선형으로 구분해왔다. 그런데 주인공들은 왜 여행을 떠나는가에 초점을 두고 탐색하다보면 유형화의 기준이 다시 필요하다는 판단을 하게 된다. 목적이 가장 중요한 것이 아닐까?

앞에서 몇 가지 기초적인 문제들을 살펴보았다. 이제 여로형 소설의 소설사적인 맥락과 소설 향유자를 위한 효용성을 탐색하는 일의 전제가 될 수 있는 유형화를 시도해 보기로 한다.

여로형 소설의 유형화를 시도하는 일이 과연 필요한가에 대한 의문은 이 책의 저술과정에서 가장 큰 고민 중의 하나였다. 유형화라는 것이 자의적일 가능성이 크며 유형화가 여로형 소설의 생산과 향유 활동에 긍정적인 영향을 줄 수 있을 것인가에 대해서는 전공자들의 입장이 상당히 달랐기 때문이다. 이 책을 저술하는 과정에서 자문을 구한 많은 소설 전공자 및 문학교육 전공자들은 거의 반반으로 유형화에 찬성하거나 반대했다. 반대하는 입장은 여로형 소설의 유형에 주목하다보면 여로의 본질을 놓칠 가능성이 크다는 이유 때문이었다.

우리는 문학연구나 문학교육 현장에 한동안 강력한 영향을 미쳤던 신비평의 공과에 대해 익히 알고 있다. 신비평이 미친 부정적인 영향의 핵심이 형식적 자질에 주목하게 만듦으로써 문학 독서의 내면화 또는 자기화에 오히려 장애가 되는 결과를 초래하는 현상에 있었음을 잘 알고 있다. 공교육 과정을 통해 소설 교육을 받은 독자들 중에는 시점을 찾아내고 구성 단계를 따져보고 인물 유형을 살피는 일을 넘어서서 주체적으로 깊이 있는 소설 읽기에 다가가지 못하는 현상은 그 주요한 사례가 될 것이다.

그럼에도 여기에서 유형화를 시도해 보는 것은 여로형 소설이 지닌 역사성과 이 소설 양식을 통해 담겨 전해져 내려온 문학적 경험의 유용성에 대한 주의를 환기시켜 보자는 데 있다. 인류가 생산해 온 수많은 서사물들을 유사한 성질을 지닌 형식적 자질들을 중심으로 분류해 볼 때, 여로형 소설은 그 정체성이 매우 분명하면서도 보편적인 성격을 지닌 범주로 인정될 수 있을 것이다. 그것은 여로라는 요소가 형식적 요소이면서도 주제와 매우 유기적으로 연결되는 속성을 지닌 것이기 때문이다.

1. 여로형 소설의 요건

유형화에 앞서 먼저 살펴야 할 것은 여로형 소설이 지녀야 할 요건이다. 그 필요성은 이러이러한 요건을 지녀야 여로형 소설에 속한다라는 맥락에서가 아니다. 길거나 짧거나, 단순하거나 복잡하거나 간에 '여행'이라 부를만한 여지가 있는 행동이 나타나면 다 여로형 소설로 볼 것인가에 대한 판단을 하기 위해 필요한 것이다. 여로형 소설이 어떤 형식적 요소에 의한 분류에 의한 것이 아니라 해당 서사물의 문학적 의미를 구현하는 장치로서 기능하는 여행을 내포하고 있어야 한다는 점을 강조하기 위한 것이다. 다시 말하면 수사적인 표현에 불과할지 모르나, 여로형 소설에서 여로가 '내적 형식'이나 '외적 주제'라는 측면을 동시에 내포하는 양식적 특성임을 전제로 한다는 의미이다.

요건 1) 공간 이동

여로의 특성 상 우선적으로 설정할 수 있는 요건은 공간 이동이다. 공간 이동은 크게 출발지 - 경유지 - 도착지 - (출발지) 등으로 선형화된다. 여기서 '도착지 - (출발지)'는 도착지에서 여로가 끝나는 경우와 다시 출발지로 돌아오는 경우를 포괄하게 된다. 이 지점은 여로형 소설 연구의 선편을 쥐고 있으면서 거의 유일하게 이론적 접근을 시도한 김윤식 교수의 명명법을 빌면 원점회귀형 여로와 직선형 여로의 구별이 이루어지는 곳이다.[7]

여로에서의 공간은 매우 다양한 속성을 보인다. 서사 양식의 단계에 따른 다양성은 물론이고 시대와 환경, 주제, 플롯의 패턴에 따라서 차별적인 양상을 보인다. 중요한 것은 공간 이동 자체만으로는 여로형

7) 김윤식, 서사양식의 문제들, 근대문학양식논고, 아세아문화사, 1980, pp.153~177.

소설의 필요 충분 조건이라 하기는 어렵다. 뒷장에서 이루어질 개별 작품의 분석에서 드러나겠지만 이 책에서 의미를 부여하는 소설들의 경우 공간의 이동이 필요 조건이기는 하지만 충분 조건은 아닌 경우가 많기 때문이다. 여행이 서사적 요소로 등장하기는 하나 단순히 장치로만 기능하는 경우도 많기 때문이다. 따라서 이 공간의 이동은 다음 조건들을 아울러 수반할 때만 여로형 소설의 충분 조건으로 작용하게 된다.

요건 2) 변화

변화는 여로형 소설의 정체성을 구현하는 필수적인 요소의 하나이다. 여행을 소재로 했다고 해서 여로형 소설로 규정할 수 있는 것은 아니다. 여행이 등장인물에게 의미있는 변화를 제공하고 있는 기제로 작용하고 있어야 한다.

변화를 주요 요건으로 설정하는 근거는 일차적으로 '사건'과 '주인공'의 개념을 규정하는데서 찾을 수 있다. 사건과 주인공의 개념은 서사 양식을 논하는데 너무 기본적인 것이어서 때로 경시되기도 한다. 대학생 독자들을 대상으로 사건과 주인공의 개념을 설명해 보라는 질문을 던졌을 때 독자들의 답은 선명하지 못하다. 문학개론이나 소설원론 류의 저작들을 훑어보아도 명확한 개념 규정을 시도한 경우는 거의 없다. 당연한 상식으로 접근해도 가능한 개념으로 보고 있기 때문이다.

필자는 사건을 '등장인물에게 의미있는 변화를 주는 일'로, 주인공을

'가장 의미있는 변화를 겪은 인물'로 개념 규정할 것을 제안한 바 있다.[8] 서사의 출발과 끝은 '변화'에 초점을 두고 설정되는 것이 본질에 충실한 접근이라 보았기 때문이다. 물론 이와 유사한 개념 규정들이 있기는 하지만 명확하게 '변화'에 초점을 맞춘 경우는 찾아보기 어렵다. 일반 독자들이 공교육 과정을 통해 받은 소설 교육에서도 이 두 개념에 대한 명확한 규정은 이루어지지 않고 있다. 대학생 독자들이나 사회인이 소설을 읽어 나가는데 어려움을 겪는 이유 중의 하나가 기본적인 개념들에 대한 이해 부족에도 그 원인의 일단이 있다고 판단된다.

여로형 소설은 작품에 내재된 여행이 인물의 변화를 수반할 때 필요요건을 갖춘 것으로 인정될 수 있다. 단순한 공간 이동만으로는 플롯과 유기적인 관련성을 맺는다고 보기 어려우며 그 경우 '여행 소설' 정도로 명명하는 것이 타당할 것이다.

여로형 소설에서 구현되는 '변화'의 양상을 살피기 위해 윤후명의 <하얀 배>를 예로 들어 보기로 한다.[9] 이 작품은 주인공이 한국에서 출발해서 중앙아시아를 다녀오는 여정을 중심으로 구조가 짜여 있다. 주인공은 출발 전에는 '나만의 방을 가질 수 없는, 고난의 삶을 살아온' 피해자라는 의식을 지니고 있었다. 그는 학생운동 경력 때문에 젊은 시절 대부분을 쫓겨 다니는 신세로 지냈으며 '공민권의 제한'을

8) 졸고, 소설 교육을 위한 이론 개념의 정착과정 및 재설정 방안 연구, 문학교육학 40집, 2013.

9) 이 작품은 대학생 독자들과 여로형 소설에 대한 학습을 할 때 '변화'의 양상이 매우 선명하게 드러나는 대표적인 작품으로 판단하고 있기에 사례로 선정했다. 이 작품의 여로 구조에 대해서는 3장에서 상세히 분석하게 된다.

받아 온갖 직업을 전전하며 살아 온 터였다. 그런 주인공이기에 이 사회와 국가는 그에게는 애정의 대상이 아니었다. 그런 그가 어렵게 취직을 해서 얻은 직업인 기자의 신분으로 취재 차 중앙아시아를 다녀오는 과정에서 매우 큰 폭의 변화를 겪게 된다. 민족과 국가 개념의 재발견이었다.

일생동안 변할 것 같지 않던 그의 의식이 변하게 되는 결정적인 계기는 한 고려족 소녀를 만나게 되면서이다.

국가로부터 버림받은 것으로 밖에 설명할 수 없는 중앙아시아로의 이주민들의 후손인 소녀는 단지 동포라는 이유만으로 여전히 민족에 대한 그리움을 지니고 있으며 한국어 인사말인 '안녕하십니까'를 배우고 있다. 넓은 벌판에 퍼져나가는 서툰 한국어 인사말에서 형언할 수 없는 감동을 느낀 주인공은 비로소 자신의 피해의식에 대한 교정을 시도할 수 있게 된다.[10] 자칫 진부하고 계도적인 메시지로 치부될 수 있는 작가의 목소리는 여행이라는 자연스러운 과정을 통해 설득력있는 메시지로 전달되고 있다. 주인공의 의식 변화는 여행의 과정에서 맞닥뜨린 구체적인 상황과 문제적인 인물들과의 만남을 통해 이루어지고 있는데 변화의 단계가 계기적으로 이루어진다는 점에서 그러하다. 이는 여행이라는 구체적인 장치가 뒷받침되었기에 가능한 것으로 판단된다. 이처럼 여로 구조는 주인공의 변화를 배태시키는 긴요한 장치로 기능하게 된다.

여로형 소설에서 여로를 통한 변화의 양상은 인물의 '의식'과 '행동', 인물이 처해 있는 상황 또는 환경의 차원 등에서 나타난다. 각 장별로

---

10) 윤후명, 하얀 배, 문학사상사, 1995, pp.21~64.

구체적인 작품을 통해 다시 살펴보겠지만 인물이 겪는 변화가 메시지 구현의 맥락에서 이루어질 때 여로형 소설의 요건을 갖춘 것으로 간주될 수 있을 것이다.

요건 3) 목적

여로형 소설의 또 다른 요건으로는 '목적'을 설정할 수 있다. 여행이라는 요소가 서사 구조의 핵심적인 장치로 기능하고 있는지를 판별할 수 있는 일차적인 요건이 이 목적이라고 할 수 있다. 이는 여행을 소재로 한 소설들 중에서 여로형 소설로 분류할 수 있는 소설들을 선별해가는 과정에서 구체적으로 확인할 수 있었다.

여로형 소설에서 목적은 여행의 주체가 되는 인물의 행동이나 사건의 전개에 필연성과 인과성을 부여해주는 역할을 한다. 앞서 살핀 바 있는 추구의 플롯이나 성숙의 플롯 등에서 여행이 주요 모티프로 작용하는 경우를 통해 이 점을 분명하게 파악할 수 있다. 만약 추구의 플롯에서 추구의 대상이 여행을 통해 달성될 수 있는 것이라면 대상 자체가 여로의 목적이 된다. 그리고 그 대상을 발견하고 취하게 되는 여로의 진행과 성격이 전체 서사의 설득력을 확보해 줄 것이다. 대상을 만나는 과정이 현실적이지 않거나 우연적인 것으로 남게 된다면 구조적 설득력은 떨어질 것이다. 즉 목적이 분명하고 그 목적을 이루기 위한 행동이나 과정이 타당하게 이루어질 때 좋은 서사가 된다. 그런 점에서도 여로형 소설에서 목적은 해당 소설을 좋은 서사로 만드는데 필요한 요건이 된다,

여로형 소설에서 목적은 명시적으로 또는 암시적으로, 표면적으로 또는 이면적으로 드러나게 된다. 경우에 따라서는 타의로 여행을 떠나게 될 때 목적이 개입되어 있다고 볼 수 있는지에 대해 이견이 있을 수 있다. 그러나 여로가 중요한 기능을 담당하는 서사의 경우 타의에 의한 여행이라 할지라도 여행의 과정에서 어떤 자극이나 영향을 받고 변화를 겪게 됨으로써 목적이 형성되는 경우는 여로형 소설로서 충분한 자질을 갖추게 되는 셈이므로 큰 문제는 되지 않는다. 물론 타의로 여행을 떠나 떠돌아다니는 인물들의 행적만을 다루는 경우라면 여로형 소설로 보기 어렵다. 이 경우는 여로가 서사 구조의 핵심 요소로 작용하지 않기 때문이다.

목적은 출발 전후, 여행 과정, 여행의 마무리 단계 등에서 어느 지점에서도 드러날 수 있다는 시각이 필요한 데 이 부분은 구체적인 작품 분석 단계에서 다시 논하기로 한다.

여로형 소설의 요건으로 '목적'을 설정하고 분석할 경우에 심도있는 접근이 필요한 경우는 표면적 목적과 이면적 목적이 다르게 나타나는 경우이다. 여기서 말하는 표면과 이면은 흔히 소설의 구조를 논할 때 표면 구조와 이면 구조로 나누어 살피는 경우와 대응된다. 그렇다면 표면적 목적과 이면적 목적은 어떻게 판단할 수 있는지를 검토해 보기로 한다.

고전 소설 중에서 여로형 소설로 분류할 수 있는 작품들을 선별하고 그 특성을 분석하는 과정에서 다음과 같은 흥미로운 자료를 발견하게 되었다.[11]

---

11) 동아일보, 1972년 8월 9일자 기사. 최근에도 이와 유사한 방향에서 <심청가>의

이 자료는 일간지의 문화면 기사로 <심청전>을 토대로 생산된 오페라에 대한 내용을 담고 있다. 이와 관련된 당시의 기사들을 종합해 볼 때 올림픽이라는 행사에 앞서 열리게 된 문화 행사에 초청을 받은 한국 문화계가 심혈을 기울여 제작한 작품이 오페라 <심청>이었다. 그러나 <심청전>의 표면적 주제인 '효'에 대한 서구인의 시각은 부정적인 것에 가까웠다. 아버지를 위해 목숨을 희생하는 딸의 태도가 과연 '효'라고 할 수 있겠느냐는 것이 부정적인 시선의 요체인 것으로 파악된다. 가족의 윤리인 '효'가 가족의 희생을 통해 구현된다는 의식은 아이러니라고 본 것이다.

주제를 '희생을 통한 구원'으로 해석한 창극이 만들어지기도 했다.
더 뮤지컬, 매거진 뉴스-손진책과의 인터뷰, 2018년 4월호

이러한 시각에 대응해 제작팀이 내세운 메시지는 '심청의 효도가 인류의 구원을 위한 희생'이었다. 효를 가족 간의 윤리의 문제로 볼 것이 아니라 인류라는 범주에서 제기될 수 있는 문제로 볼 것을 주문한 것이다. 이에 대한 반향은 매우 긍정적으로 나타난 것으로 해당 기사는 보도하고 있다. 이 자료는 여로형 소설의 요건으로서의 목적과 관련된 원리적 틀을 설정하는데 많은 시사점을 던져 주었는데, 특히 여로의 목적을 이원화할 수 있다는 관점을 마련하는데 도움이 되었다.

이 사례를 통해 여로형 소설이라는 양식적 특성을 중시하는 측면에서 작품들에 접근했을 때 작품에 대한 새로운 해석도 가능하다는 점을 알 수 있는데, 이는 여로형 소설에서 여로의 목적을 설정하고 분석하는 과정을 통해 가능해진다는 점에서 여로형 소설의 요건으로 목적을 중시할 필요성을 확인할 수 있을 것이다. 이후 다양한 작품들을 분석한 내용을 제시하는 절에서 그 점을 구체적으로 제시할 것이다.

2. 여로형 소설의 유형

이제 앞에서 살펴본 요건들을 바탕으로 여로형 소설들을 선별하고 분석한 결과를 통해 추출해 본 유형을 제시해 보고자 한다. 여로형 소설의 유형을 설정하기 위해 작품군들에 대해 다각적인 접근을 시도하면서 일차적으로 추출해 본 틀은 다음과 같다.

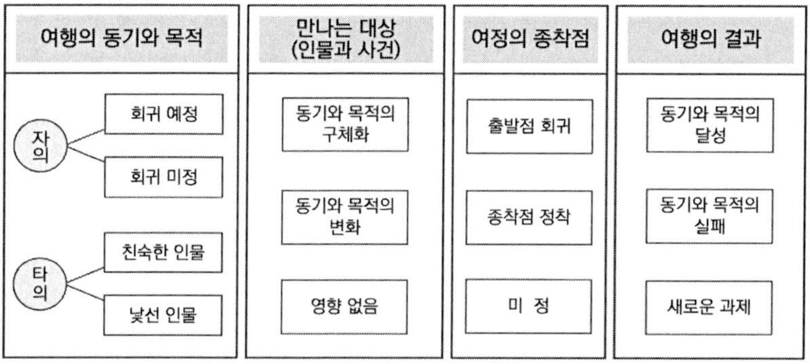

이러한 틀을 마련하기 전에 살핀 논리들은 다음과 같다.

1) 여행의 동기와 목적은 크게 자의적/타의적으로 나누고, 자의적인 경우는 다시 회귀를 염두에 두고 있는 경우/회귀를 염두에 두지 않는 경우로 나누었다. 타의적인 경우는 타의의 주체 곧 인물이 여행을 떠나게 만드는 주체가 그 인물에게 긍정적인 의미를 지닌 인물인지 부정적인 의미를 지닌 인물인지를 일차적인 구분의 기준으로 삼았다. 그리고 다시 긍정적인 인물이 가족의 범주에 속하는지, 아니면 낯선 인물(일상적인 관계에 있지 않았던)인지를 구분하였다. 부정적인 인물인 경우 여행을 떠나는 인물이 여행을 떠남으로써 그 주체가 이익을 얻는지 그렇지 않은지에 따라 나누었다. 결과적으로 조합의 양상에 따른 유형은 여섯 가지가 도출되었다. 이는 기존에 원점회귀형과 직선형으로 나누고 있던 데서 크게 확대된 것인데 이러한 분석의 결과가 뒷받침되어야 사적 전개 과정은 물론이고 그 활용의 의미가 심화될 것

으로 판단했다. 이 부분에서 타의에 의해 중심 인물이 여행을 떠나게 되는 경우 그 동기와 목적의 주체를 어떻게 설정할 것인가가 문제가 되었는데, 여기에 해당하는 작품들을 분석해 본 결과 그 동기와 목적을 '여행을 떠나보낸 주체의 동기와 목적'으로 설정하는 것이 바람직하다는 결론을 얻었다.

2) 만나는 대상과 관련된 맥락은 여행자가 거의 필연적으로 여행의 과정에서 또 다른 인물들과 사건을 만나게 되는데 이들의 속성은 무엇이며 그것이 여행의 동기와 목적에 어떤 영향을 미쳤는지를 중심으로 분석하였다. 목록에 오른 고전소설의 경우 가장 흔하게 나타나는 대상은 우리가 익히 알고 있는 '조력자'인데 여로 구조의 측면에서 조력자라는 요소를 분석할 때 기존의 견해와는 다른 해석의 여지가 크다는 판단을 하게 되었다. 조력자의 속성을 어떻게 분석하느냐에 따라 소설의 주제 의식을 달리 볼 수 있다고 판단했다. 현대 소설의 경우에는 인물과 사건이 동일한 비중으로 동시 발생하는 경우가 많은데 70년대에 들어서면서부터는 새로운 사건이나 인물보다는 과거의 사건이나 인물이 재등장하는 경우가 많아진다는 점이 눈길을 끌었다. 고전소설과 현대소설 모두 여행 중에 만나게 되는 사건과 인물은 여행의 동기나 목적에 영향을 미치게 되는데 그 양상은 크게 보아 구체화, 변화, 영향 없음으로 구분할 수 있었다. 고전소설의 경우에는 변화나 영향 없음의 양상이 주로 나타나고 현대소설의 경우에는 구체화와 변화의 양상이 주로 드러나고 있다.

3) 여행의 결과에서는 성공과 실패라는 이분법에 새로운 과제를 안게 된다는 항목을 더하게 되었다. 주로 현대소설에서 나타나고 있지만 비극적인 결말에 해당하지 않는 고전소설의 경우에도 나타나고 있었다. 이 부분은 80년대 이후 소설을 분석하는 과정에서 새로운 고려 요소로 추가되었다. 또 하나 주목하게 된 요소는 타의에 의해 여행을 떠나게 되는 맥락이 70년대 이후 소설에서는 간접화된다는 부분이다. 타인이 직접 강요하거나 압박을 주는 것은 아니지만 타인과의 관계 때문에 어쩔 수 없이 여행을 떠나야 하는 경우에는 결과의 양상을 달리 설정할 필요가 있다고 보았다. 이 점도 80년대 이후 소설을 분석한 결과를 바탕으로 재조정이 필요한 것으로 나타났다.

그러나 이러한 틀은 여로형 소설을 분별해 내고 대표적인 작품들을 선별해 내는 데는 도움이 되지만 유형화의 틀로 삼기에는 지나치게 복잡하고 산만하다는 판단이 들었다. 여로형 소설 연구의 선편을 쥔 김윤식 교수의 소론이 '원점회귀형'과 '직선형'이라는 두 개의 유형으로 간명하게 정리된 것도 유형화하는 일 자체가 중요한 것이 아니라 그것을 의미있는 맥락에서 활용할 수 있는지의 여부가 중요한 것이라는 판단에서 비롯되었을 것이다. 이에 이 책에서는 다음과 같이 네 가지 유형으로 나누는 것이 가장 타당하다고 보았다.

- 목적 달성 복귀형
- 목적 미달 복귀형

- 목적 달성 중지형
- 목적 미달 중지형

이 유형의 명칭에는 세 가지 자질이 핵심적으로 작용하고 있다. 하나는 목적을 달성하는가 여부이고 다른 하나는 여행을 마치고 돌아오는 과정까지가 서사에 포함되는가 아닌가의 여부이다. 목적을 제 1 자질로 내세운 것은 앞서 살펴본 요건에서 설명한 것처럼 여로가 형성되어야 여로형 소설의 서사가 출발하며, 여로가 전체 서사와의 유기적인 맥락에서 설정되려면 목적이 전제되어야 한다는 순차적인 논리에서 비롯된 것이다.

두 번째 자질은 이 목적의 달성 여부이다. 이는 서사의 본질을 욕망구조 또는 갈등구조로 간주하는 관점과 문제와 연관되는데, 욕망의 달성 여부나 갈등의 해결 여부가 서사의 도달점이기 때문이다. 달성과 미달은 당연한 귀결로 이분화되는 것이기에 첫 번째 자질에 자연스럽게 연결된다. 다만 서술의 양상에 따라서는 달성과 미달 여부를 판단하기 어려운 경우도 있고 독자의 판단에 따라 달라지는 경우도 있지만 궁극적으로는 판명이 가능하다는 점에서 이분법적 설정이 가능하다고 보았다.

세 번째 자질인 '복귀'와 '정지'는 형식의 자질에 가까운 것으로 결말구조의 양상을 표상하기 위한 것이다. 김윤식 교수의 소론의 영향을 받은 것으로 단순히 여행이 끝나고 돌아오느냐 마느냐의 차원이 아니라 여행 이후의 삶이나 생활과 밀접하게 연관되는 자질로 보아 설정한 것이다. 이후 작품들의 분석 단계에서 명확하게 드러나겠지만 목적의 달성과 실패를 가늠하기 어려운 경우에 여행의 중지와 복귀는 해석적 판단에 중요한 영향을 미치기도 한다. 즉 목적의 달성 여부가 미지수일 때 돌아오거나 중지되는 양상과 그 상황에서의 인물의 행동과 태도를 통해 유추할 수 있을 것이다. 몇몇 작품에서는 복귀와 중지가 직접적으로 작가의 메시지와 연관되는 경우도 상당하다.

서술상으로는 중지로 끝났지만 상황 상 복귀로 이어질 수밖에 없는 서사라면 서술상으로는 목적의 달성 여부가 불분명하더라도 복귀 후에 어떤 일이 일어날지 논리적인 추론이 가능하다면 판단을 할 수 있고 그 판단은 메시지의 창출로 이어지기도 한다. 뒤에서 다루겠지만 김인숙의 <바다와 나비>를 예로 들어보자. 이 작품에서는 주인공의 중국에서의 여행은 중지된 상태로 서술이 종료되고 주인공이 중국으로 여행한 목적이 달성되었는지도 불분명하다. 하지만 주인공은 어느 정도의 시간이 흐르고 나서 다시 한국으로 돌아올 수밖에 없는 상황에 놓여 있다. 문제는 귀국한 후에 남편과의 관계가 개선될 것인지의 여부인데, 바다에 둥둥 떠 있는 남편의 몸통을 떠올리는 장면으로 끝을 맺으며, 그 이전에 한 노인을 통해 어떤 깨달음을 얻는다는 점에서 중국으로의 여행 목적이 의도한 방향과는 다를지라도 달성된 것으로 판단할 수 있다. 이렇듯 복귀와 정지는 표면에 드러나지 않은 여로의 속성들을 판별해 주는 경우가 많다는 점에서도 단순한 형식적 요소를 넘어서는 자질이라 판단해서 유형의 명칭에 포함하게 되었다.

2장

고전 소설의 여로 구조

<금오신화>와 미정형 여로 구조

> 한국 소설사의 맨 앞부분에 자리하는 <금오신화>에도 여로 구조가 나타난다. 그러나 여러 측면에서 미정형 상태이다. 그럼에도 불구하고 <금오신화>에 여로형 소설로서의 가치를 부여한다면 어떤 기술이 가능할 것인가?

여로형 소설의 중핵적인 요소인 여로 구조는 앞장에서 살펴보았듯이 어느 민족문학사를 막론하고 소설사의 첫 단계에서부터 전형적인 형식으로 자리를 잡으며 하나의 흐름을 형성해 왔다. 우리 소설사에서도 이러한 양상이 나타나고 있는 바, 이 절에서는 고전소설사의 흐름에 따라 나타나는 여로 구조의 양상을 기존의 소설사에서 수행된 대체적인 범주를 바탕으로 그 차별성에 초점을 맞춰 기술해보고자 한다. 그 대체적인 범주란 초기 소설, 한문단편 소설, 몽유록계 소설, 가문소설, 영웅소설(군담소설), 여성영웅소설, 판소리계 소설 등을 말하며 여기서는 초기 소설과 영웅소설, 판소리계 소설을 중심으로 여로 구조가 어떻게 발현되고 있으며 그 서사적 기능은 무엇인지, 소설사적 의미망을 부여할 수 있다면 그것이 무엇인지를 중심으로 살펴보고자 한다.

한국 소설사의 출발 단계에 놓여 있는 김시습의 〈금오신화(金鰲新話)〉는 서사의 한 요소로 '여로'를 선택하고 있다. 작품 내 비중을 떠나 '여로'가 서사에 영향을 미치는 경우는 5편 모두에서 나타난다는 점에서 여로 구조가 서사의 장치로 유용하다는 점을 작가가 어느 정도 인식하고 있었음을 말해준다. 논리적인 인식은 아닐지라도 경험적 인식이 작용한 것으로 판단된다.

〈금오신화〉에서 각 작품들의 공간적 배경은 '남원' '송도' '평양' '경주' 등으로 설정되어 있는데 이는 작가인 김시습 본인이 생의 대부분을 방랑으로 보낸 이력과 상통하는 것으로 볼 수 있다.[12] 서사적 장치로서의 여로에 대한 인식이 분명하지 않았더라도 여로 자체가 지니는 의미는 삶의 경험을 통해 인식하고 있었기에 자연스럽게 서사 구조로 편입되었을 가능성이 매우 크다고 할 수 있다. 여로형 소설의 발생론적 성격을 현실과 삶의 원리로부터 도출된 것으로 상정할 수 있는 근거를 여기서도 확인할 수 있을 것이다.

이들 작품들에서 여로가 수행하는 서사적 기능은, '징벌과 이별'(〈이생규장전〉), '중심인물 간의 만남'(〈취유부벽정기〉), '인물의 성격 형성'

---

12) 김시습의 생애에 대해서는 다음 참조.
김진봉, 매월당 김시습의 정치사상 연구, 동의대학교 박사학위 논문, 2016.

(〈만복사저포기〉), '이계(異界)와의 접촉'(〈남염부주지〉 〈용궁부연록〉) 등으로 나타난다.

〈이생규장전〉은 여로가 두 가지 상황에 따라 주어지고 있다. 하나는 남주인공의 부모가 자식이 애정 문제로 인해 자신에게 주어진 과업을 게을리 하고 있는데 대한 '징벌'의 목적으로 여주인공과의 만남을 금지하기 위해 주어진 경우이다. 여기서도 남주인공의 입장에서 보면 자신의 의도와는 상관없이 주어진 여로로서 타의에 의한 것이지만 서사의 흐름에서 볼 때는 목적이 분명한 여로로 설정되어 있다. 그러나 결국 그 여로는 양가부모의 협의에 따라 끝이 나고 남주인공이 다시 귀환하게 됨으로써 처음의 목적은 실패하게 된다. 그런데 남녀 주인공의 입장에서는 이 여로는 결국 자신들의 욕망실현을 위한 성공적 여로가 된다. 만일 남주인공이 고향으로 쫓겨가지 않았다면, 여주인공이 발병으로 인한 죽음 직전의 상황에까지 이르지 않았다면 부모들의 의지가 바뀌지 않았을 것이라는 점에서 그러하다. 남녀 주인공의 입장에서는 그들이 닥친 문제적 상황을 해결해주는 중요한 장치가 되는 셈이다.

다른 하나는 그런 과정을 거쳐 결합을 하게 된 남녀가 전쟁으로 인해 다시 헤어지는 단계에서 나타나는 여로이다. 두 인물은 타의에 의해 서로 다른 여로를 맞게 되고 결국 한 사람의 죽음 뒤에 다시 만나게 된다. 전쟁은 이별을 전제로 한 여로를 던져 준 셈이다.

여기에서 남녀주인공의 두 차례에 걸친 이별을 일반적인 의미의 서사적 상황으로 보지 않고 여로라는 장치의 맥락에서 보고자 하는 이유는 그들이 타의에 의한 이별을 극복하기 어려운 상황 때문이다.

첫 번째 이별의 경우에는 그들이 서로 몰래 만나거나 연락을 취할 수 있는 방법이 차단된 물리적 공간의 거리감 때문에, 두 번째 경우에는 전쟁이라는 상황이 예측불허의 상황으로 전개되기에 그들에게 주어진 공간적 거리감은 더욱 크다고 할 수 있다. 당시의 시대적 상황에서 송도와 울주의 거리감은 두 사람이 넘을 수 없는 벽이며, 전쟁이라는 상황 또한 같은 공간에 있지 않으면 생사확인조차 불가능하기에 공간의 요소가 지배적인 요소로 작용하고 있다고 보았다.

이 작품에서는 두 가지 경우의 여로가 형성됨으로 인해 소설적 긴장감이 높아진다고 할 수 있다. 두 경우 모두 공간적 거리감이 현실적인 차원에서 주어지기에 그러하다. 물론 이 두 가지 경우를 굳이 여로 구조라는 측면에서 설명하지 않을 수도 있다. 그렇지만 여로 구조의 측면에서 들여다볼 때 사건의 성격이 보다 명료해지고 그 개연성도 높아진다. 중심인물들의 이별을 일반적인 서사 상황의 문제가 아닌 공간적 요소의 맥락에서 접근해 갈 때 이 소설의 짜임새는 기존의 평가보다 높게 볼 근거가 될 수 있을 것으로 판단된다.

<만복사저포기>의 경우 중심인물이 여로에 나서게 되는 것은 전쟁이라는 상황에 기인한다. 여주인공은 전쟁에 의해 떠돌다가 죽음을 맞아 원귀(冤鬼)가 된 후 남주인공과 만나게 되고 그의 정성으로 타국에서 남자로 태어난다는 스토리 라인에서, 여주인공이 현재의 캐릭터로 나타나게 된 계기는 전쟁 중의 여로였다. 수절과 자살이라는 사연은 전쟁이 배태한 타의적 여로의 결과였기에, 여로는 여주인공의 현재적 캐릭터 형성에 결정적인 계기로 작용한 것이라 할 수 있다. 하지만 이 소설의 여로는 여로 구조를 논할 때 중요한 요소가 되는 목적이

애초부터 배제된 경우에 해당한다. 이런 점에서 <금오신화>의 여로 구조는 앞장에서 살펴본 여로형 소설의 일반적인 성격과 비교할 때 일종의 '미달형'으로 볼 수 있다. 작가가 여로의 장치적 성격을 논리적으로 인식하고 있다고 보기 어렵다는 판단 때문이다. 당시에도 흔하게 겪을 수 있었던 전쟁이라는 상황이 먼저였고, 그에 따라 자연스럽게 고난이라는 여로가 형성되고, 그 결과로 원귀라는 캐릭터가 주어진 것이라는 점에서 그러하다. 이러한 여로의 성격으로 인해 작품의 서사는 다음 단계인 '인귀교환(人鬼交歡)'의 설화적 상황에 구조적 초점이 놓이게 된다.

<취유부벽정기>의 경우는 여로가 중심인물간의 '만남'의 계기가 된다는 점에서 앞의 두 경우와 차별성을 지닌다. 그리고 여로의 도착지가 오랜 기간 동안 민족국가의 도읍지였던 평양이며 거기에서 만난 인물이 옛 민족국가의 구성원을 상징하는 비현실적인 인물(箕氏女)이라는 점에서도 차별화된다. 주인공의 여로가 매우 의도적으로 설정된 것으로 볼 수 있다는 점에서 그러하다. 지나간 역사와 현재적 정치적 상황에 대한 작가의 인식이 반영된 것으로 볼 수 있을 것으로 판단된다.[13] 물론 이 소설에서는 두 사람의 만남이 서사의 중심에 자리잡을 만큼 큰 비중으로 나타나지는 않는다. 그러나 작품 전체의 개연성의 측면에서 볼 때는 의미가 크다. 두 사람의 만남이 일상적인 측면이 아닌 탈일상적 상황인 유람 과정에서 만난다는 점, 유람이 가능한 부유한 인물이어야 하는데 당시의 경제적 상황 상 송도에 거주하는 인물

13) 이는 김시습이 방랑의 시절 평양에 들러 기자왕(箕子王)을 추모하는 시를 다수 창작했다는 전기적 사실과도 연관되는 것으로 판단된다.

이라는 점 등은 중심인물들의 만남의 양상이 우연성에서 필연성으로 나아갈 수 있는 여지를 안고 있기에 여로의 설정이 유의미하게 설정되었다고 본다. 도착지에서 만난 인물이 이계에서 온 인물로 설정된 것도 여로라는 장치가 있었기에 가능했던 것으로 볼 수 있다. 이계의 인물과의 만남은 필연적으로 공간의 이동을 필요로 하기 때문이다. 그런 측면에서 이 소설의 여로는 구조적 비중은 크지 않더라도 소설적 장치로서의 기능은 유의미한 것으로 판단된다.

〈남염부주지〉와 〈용궁부연록〉은 남주인공만 등장하며 이계로의 이동이 이루어진다는 점, 공간 이동이 '몽중(夢中)'이라는 상황에서 이루어진다는 점에서 공통적이다. 이 두 소설의 여로 구조는 다른 세 편의 소설에 비해 공간 이동이 추상적이고 비현실적이며 과정이 아닌 특정한 상황에서 이루어지도록 설정되었다는 점에서 여로형 소설로 보기 어려운 측면이 있다. 그러나 나머지 세 편이 여로 구조를 취하고 있다는 점에서 이 두 편의 창작 과정에서도 여로에 대한 인식이 어떤 형태로든 작용했을 가능성이 크다고 본다. 작가의 삶의 이력 자체가 여로와 밀접하게 연관되어 있다는 점도 그러한 판단의 근거가 된다. 그렇게 볼 때 이 두 편의 소설은 이계로의 공간 이동이라는 서사적 발상을 후대의 소설들에 남겨 준 출발점으로 볼 수 있을 것이다. 서구의 소설사를 볼 때 서사에서 현실의 공간이 아닌 비현실적 공간으로의 이동 욕망은 신화적 상상력에서 자주 발현되어 지속적으로 추구해 온 것이라는 점에서, 이 두 편의 소설이 산 사람과 죽은 사람의 만남이라는 모티프를 넘어 공간 이동이라는 인식이 가능한 방식을 통해 비현실과의 만남을 보여준다는 점에서, 의미를 부여할 수 있다. 즉, 현실에 존재하지 않는 인물과의 만남이라는 상황을 넘어 세계와 세계의 만남이라는 차원으로 나아감으로써 소설적 공간의 확대를 도모한 것으로 볼 수 있다. 인물들 간의 만남보다는 세계 간의 만남 즉 공간과 공간의 만남이 소설의 세계관을 확장하는데 도움이 될 것이기 때문이다. 이처럼 두 편의 소설의 서사 요소를 공간 이동이라는 측면에서 접근할 때 해석과 평가의 폭이 넓어질 수 있다는 점에서 여로 구조의 유용성을 확인할 수 있을 것이다.

<금오신화>에서 여로 구조의 측면에서 접근하는 일은, 잘 알려진 것처럼 중국의 <전등신화>를 모방하거나 그것의 영향을 받았다는 주장에 대한 재론의 여지도 남겨 둔다는 점에서 의미가 있다. 예를 들어 <만복사저포기>의 경우 <전등신화>의 <滕穆醉遊聚景園記>의 모방작으로 보는 견해가 일반적이다. 남녀주인공의 상황과 여주인공이 둘 다 원귀라는 점이 매우 유사하다는 측면에서 그 근거를 취하고 있다. 이에 대해 남녀주인공의 만남, 재회와 그에 따른 교환(交歡)의 양상 등 몇 가지 다른 점을 들어 단순 모방이 아님을 지적하기도 한다. 다음은 그 한 예이다.

> "이와 같이 이 작품을 <滕穆醉遊聚景園記>와 비교해 볼 때 이 작품이 <滕穆醉遊聚景園記>를 모방하였음에는 틀림이 없으나 후세의 작가들이 중국소설을 번안하여 배경과 인물을 한국으로 옮겨 놓고 우리의 작품인 양 하는 것과는 전혀 다르다. 어디까지나 이 작품은 우리의 현실적인 배경과 인물을 설정하고 작자의 불교사상을 작품에 반영시켜 불교적인 발단과 결미로 결구해 놓았다는데 이 작품의 독

창성을 인정해야 하겠다. 요컨대 〈만복사저포기〉는 〈滕穆醉遊聚景園記〉를 환골탈태한 작품이라고 하겠다."[14]

위와 같은 해석의 내용에서 그 독창성을 논하는 근거의 하나로 소설적 장치의 요소를 거론하다면 그 설득력이 높아질 수 있을 것으로 본다. 여주인공이 원귀라는 캐릭터가 되는 과정이 전쟁에 의한 떠돌이 생활 즉 여로에 의해서라는 요소가 〈滕穆醉遊聚景園記〉에서는 나타나지 않는다는 점에서 그러하다. 〈滕穆醉遊聚景園記〉에서는 여주인공이 원귀가 되는 계기가 조사(早死)로 되어 있다. 물론 전쟁이라는 요소를 하나의 상황으로 취급할 수 있겠으나 남주인공이 여주인공의 사연에 공감해 결연에 이르게 되는 계기가 전쟁 중에 겪은 일들을 구체적으로 듣게 되는 일이었다는 점을 고려할 때 상황만으로 보기에는 어려움이 있다. 전쟁으로 인한 여로의 제시라는 맥락에서 볼 때, 남주인공을 만나 교환(交歡)을 통해 해원(解冤)을 하고 다시 저승의 삶으로 옮아간다는 〈만복사저포기〉의 서사적 흐름이 보다 짜임새 있게 드러난다는 점에서 독창성과 발전의 근거로 삼을 수 있을 것이다.

---

14) 김기동, 한국고전소설연구, 교학연구사, 1983, p.15.

허균과 김만중의 장르 의식과 여로 구조

고전 소설사의 사적 위상에서 서로 양보할 수 없는 두 작가이기에 장르 의식의 측면에서 평가해보고자 했다. <홍길동전>과 <사씨남정기> <구운몽>에서는 여로가 나타난다. 그런데 그 여로의 구조적 완성도에는 상당한 차이가 존재한다. 이 여로의 구성력을 장르 의식의 발현으로 보고자 한다면....

김시습의 <금오신화>는 본격적인 서사 발달 단계의 초기 소설로서 여로 구조가 나타나기는 하나 미정형의 모습을 보이고 있는데 비해, 소설사의 다음 단계를 잇는 허균의 <홍길동>과 김만중의 <구운몽> <사씨남정기>의 여로 구조는 보다 발전된 양상을 보여준다. <금오신화>의 여로는 매우 단편적이며 의도되지 않은 측면에서 진행되며, 서사의 전개 상 필수적으로 요청되는 공간적 요소가 최소화되어 나타나고 있음을 앞 장에서 살펴보았다.

이에 비해 <홍길동전>과 <구운몽> <사씨남정기>는 여로가 서사 전편에 걸쳐 큰 줄기를 형성하고 있으며 작가의 구성 전략이 작동하고 있는 것으로 나타나는 등 작품 내 비중과 역할이 크게 달라지고 있다. 이는 두 작가의 소설이라는 장르에 대한 인식이 상당한 수준에 이르러 있음을 의미한다고 보았다. 서사의 진행이 어떻게 이루어져야 하는지에 대한 인식, 즉 장르의식의 발전이 이루어졌다고 보았다. 이런 측면에서 각 작품에 나타나는 여로 구조를 분석해 보고자 한다.

1. 〈홍길동전〉의 여로 구조

<홍길동전>의 여로 구조는 다음과 같이 도식화할 수 있다.

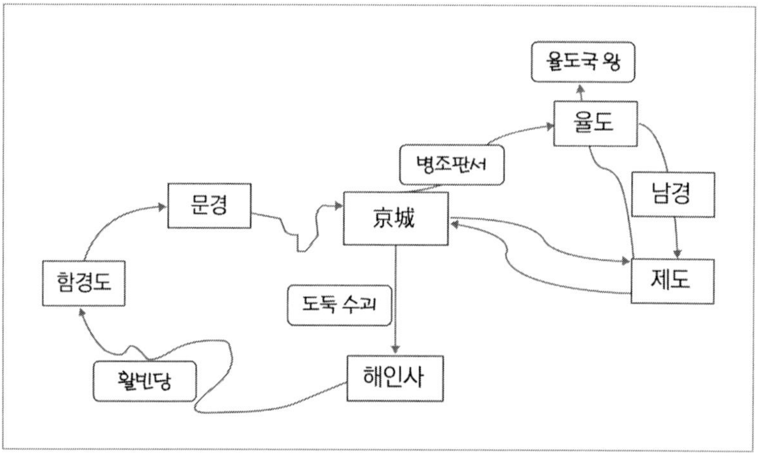

이 도식을 놓고 볼 때 <홍길동전>의 여로는 두 가지 요소를 중심으로 형성되고 있음을 알 수 있다. 하나는 여로를 이루는 공간이 국내와 해외로 구분된다는 점이고, 다른 하나는 여로의 진행이 그의 사회적 위상 변화와 맞물리고 있다는 점이다.

먼저 공간의 요소를 살펴보자. 국내의 공간은 8도 전반에 걸쳐 있는데 중심 지역은 지금의 경상도 지역이고 거기에 함경도가 특정되어 나타난다. 그런데 이들 공간의 이동은 다소 무질서하게 나타난다. 경상도 - 함경도 - 경상도로 이어지는 공간 이동이 돌발적으로 이어진다. 특히 해인사의 재물을 탈취한 후 다음 목적지가 함경도 관아로 정해지는데 그 이유가 분명하게 드러나지 않는다. '일일은 길동이 제인을 모호고 의논 왈 이제 함경감ᄉᆡ 탐관오리로 쥰민고ᄐᆡᆨᄒᆞ여 ᄇᆡᆨ셩이 다 견ᄃᆡ지 못ᄒᆞᄂᆞᆫ지라 우리 등이 그져 두지 못ᄒᆞ리니 그ᄃᆡ 등은 나의 지휘ᄃᆡ로 ᄒᆞ라'15)는 말과 함께 함경도로 향한다. 탐관오리가 존재하는 곳이 각처에 있을 터인데 굳이 함경도를 선택하는 이유가 불분명하다는 점에서 해인사에서 함경도로의 공간 이동은 유기적이라 보기 어렵다.

특히 해인사 근처에서 함경도까지의 물리적 거리는 도술을 부리는 인물로 설정된 홍길동은 쉽게 이동이 가능하지만 일반인인 휘하의 무리들로서는 당시의 상황으로 보아 단 시일 내 이동이 불가능하기 때문이다. 그 이동 과정에 대한 언급이 전혀 없다는 점도 서사 구조로서의

15) 홍길동젼(洪吉童傳) 권지단(券之單), 이이화편, 허균전서, 아세아문화사, 1980, p. 18.

여로 구조가 적절하게 설정되어 있다고 보기 어렵다. 이는 아무래도 작가인 허균의 지리적 감각이 정보 부재 등으로 현실적이지 않았던 때문으로 보인다.

추정하건대 허균이 30세부터 황해도 도사와 황해도 수안 군수로 봉직한 경험이 있었기에, 비록 두 번 다 불미스러운 일로 파직을 당하기는 했으나 황해도를 탐관오리에 신음 당하는 곳으로 설정하기에는 어려웠을 것으로 보인다. 이런 연유로 함경도에 대한 최소한의 정보는 있었겠으나 그리 깊이 있는 것은 아니었기에 여로의 구성이 치밀하지는 못했던 것으로 판단된다.[16)]

그에 비해 문경이라는 공간의 설정은 현실성을 지니고 있다.[17)] 홍길동의 입장에서 도적의 무리로 활동하면서도 지향점은 임금이 거주하는 경성에 가 있었기 때문이다. 문경은 그 지정학적 위치 상 경상도와 경성을 연결하는 교통의 요지이다. 요즘과 달리 도보가 주된 이동수단이었던 당시의 상황에서 경상도에서 경성으로 가기 위한 최단 경로였던 새재가 놓여 있는 곳이 문경이기 때문이다.

홍길동이 그의 형에게 잡혀 경성으로 이송되기에 안성맞춤인 지역이라는 점에서 문경이 실명으로 등장하는 것은 앞의 경우와는 달리

---

16) 참고로 허균의 생애와 관련되는 지역들은 강원도 강릉(출생지)-황해도(첫 관직)-황해도 수안(군수)-강원도 삼척(부사)-충청도 공주(목사)-전라도 부안(유람)-전라도 함열(유배)-중국(천추사) 등으로 이어진다. 허균의 행적에 대해서는 다음을 참조했다.
유병환, 〈홍길동전〉의 형성 배경 : 허균의 행적과 혁명사상을 중심으로, 고소설연구 20호, 2005.

17) 문경을 거점으로 삼았다는 직접적인 기술은 없으나 경성과 함께 유이하게 실제 지명으로 등장하며 관군의 집결지로 설정되었다는 점에서 이러한 추론이 가능하다.

현실성을 지니고 있었다. 이 경우는 허균의 아버지 허엽이 경상감사를 지냈으며 병이 깊어 상경하던 중 경상도 상주 부근에서 사망한 것으로 보아 문경 새재를 통과하는 여정을 겪었던 것으로 판단되기에 최소한의 경험이 반영된 것으로 보인다.

경험에 기반한 현실성을 지닌 설정으로 볼 수 있는 문경의 공간적 특성은 <홍길동전>의 여로 구조를 국내와 해외로 나눌 때 국내 여로의 목적과도 밀접하게 연관된다. 문경에서 형에게 잡혀 경성으로 압송된 후 도술을 부려 조정을 농락하기도 하지만 그가 국내에서 마지막으로 얻고자 한 것은 병조판서였다.

서자로 태어난 홍길동이 그 자리를 수행할 의미가 없었음에도 불구하고 병조판서로 제수해 줄 것을 요구한 것은 서자로서의 설움과 울분을 풀고자 함이었다. 홍길동의 이러한 목적은 적서차별의 철폐를 주장한 작가의 의식이 반영된 대목으로 해석해 온 것이기에 상세한 설명은 굳이 필요없을 것이다.

여기서 주목하고자 하는 바는 문경이라는 공간에서 이 작품의 여로 구조의 전반부를 매듭짓는 목적 달성이 이루어진다는 점이다. 앞서도 말했지만 문경 새재는 경상도의 수많은 지역 인재들이 출세의 꿈을 안고 과거 길에 오를 때 반드시 거쳐야 하는 길목이다. 그리고 그 주체들은 거의 대부분은 양반의 정실 자제들이다.

작가가 홍길동이 이 문경 지역을 중심으로 활빈당이라는 도적 무리의 우두머리로 활동하도록 설정했다는 것은 서자로서의 한을 풀고자 하는 여로의 목적 달성이라는 측면에서 볼 때 상당한 의미가 있는 것으로 평가하고자 한다. 양반의 정실 자제들이 출세의 꿈을 안고 오가는 길목에서 도적으로 활동하고 결국은 자신이 그 출세의 정점에 오른다는 설정은 여로 구조의 맥락에서 높이 평가할 수 있다. 즉, 함경도라는 공간 설정은 미흡한 면이 있으나 문경이라는 공간 설정은 성공적이라 할 수 있을 것이다.

<홍길동전>의 후반부 여로는 해외 공간을 중심으로 형성된다. 제수 받은 병조판서직을 버리고 중국의 남경으로 향하는 시점부터 시작되는 후반부 여로는 작가가 중국을 다녀 온 적이 있는 경험과 무관하지 않은 것으로 판단된다. 물론 이 해외로의 여로는 가상적인 공간이라는 점에서 국내에서의 여로 공간과는 확연히 구분된다. 가상 공간인 남경으로 가는 도중에 우연히 율도에 들렀으며 남경 근처의 제도를 일차적인 거점으로 삼는다는 설정은 국내 여로의 공간 설정에 비해 짜임새가 떨어진다.

홍길동이 섬을 해외 거점으로 삼은 근거가 드러나지 않고 제도와 율도의 구분이 모호하다는 점, 부친의 산소를 옮겨 오는 과정에서 드러나는 공간적 거리감의 문제 등에서 공간들 사이의 연계성과 이동 경로 등이 조야하게 짜여 있음을 알 수 있다. 이는 아무래도 국내를 벗어나고자 하는 의식이 강했지만 그에 따른 구성 전략이 부재했음을 의미하다. 그럼에도 불구하고 해외로의 공간 이동을 통해 조선에서 이룰 수 없는 꿈을 이루게 된다는 점에서는 여로라는 구성적 장치의 이점을 어느 정도는 고려했을 것으로 판단된다.

앞서 살펴본 여로들은 홍길동의 사회적 위상과 연결된다는 점에서도 주목해 볼 필요가 있다. 전반부와 후반부에 걸친 여로에 따라 홍길동의 사회적 위상은 서자-도둑들의 수괴-활빈당 우두머리-병조판서-율도국 왕으로 점차 상승해 가고 있다. 홍길동의 여로가 그의 욕망과 대응되고 있음을 알 수 있다. 물론 여로의 과정에서 위기를 겪거나 욕망의 좌절을 경험하지 않는다는 점에서는 여로 구조가 배태하는 서사적 흥미라 할 수 있는 긴장감을 제공하지는 않는다.

이런 점에서 몇 차례의 위기에서 비롯되는 서사적 긴장감을 제공하는 <사씨남정기>와는 완성도의 차이를 보여준다. 홍길동이 율도국 왕으로 자리잡게 되는 과정에서 거치게 되는 공간들이 좀더 긴밀하게 단계적으로 연결되고 있다면 여로 구조로서의 서사 구조의 완성도가 높아짐과 동시에 소설적 성취도 제고될 수 있었을 것이다.

<홍길동전>의 여로구조는 '목적 달성 중지형'이라 할 수 있다. 물론 홍길동이 율도국 왕으로서 자신의 욕망을 달성하고 행복한 결말을 맺기는 하지만 궁극적으로 그의 욕망이 조선에서 실현되지 않았다는 점에서는 여로의 중지라 할 수 있기 때문이다. 비현실적인 가상의 공간에서 욕망을 이루게 되는 것은 비록 달성의 정도가 그에 미치지 못한다고 하더라도 조선에서 욕망을 이루는 것과는 그 의미가 다르다. 궁극적으로는 조선에 돌아오지 못하고 여로가 중지된 것으로 규정할 수 있다. 이런 점에서 작가인 허균의 사상적 지향점이 이상적이었다는 평가의 근거를 여로 구조의 유형이 '목적 달성 중지형'에 속한다는 측면에서도 설명이 가능하다고 본다.

2. 〈구운몽〉과 〈사씨남정기〉의 양가(兩價)적 여로 구조

김만중의 <구운몽>과 <사씨남정기>의 여로 구조는 <홍길동전>과 비교할 때 완성도와 짜임새에서 매우 진전된 면을 보여준다. 특히 여로를 구성하는 공간들의 연결 고리들이 치밀하게 설정되어 있다는 점에서 더욱 그러하다. 물론 두 작품 간의 차이도 분명하게 드러난다. <구운몽>에 비해 <사씨남정기>의 여로 구조가 서사의 전개 측면에서 더 돋보인다. 입몽과 각몽이라는 형식을 취하는 <구운몽>이 여로를 이분하고 있으며, 두 여로의 연결이 여로형 소설의 구조로서는 부자연스럽다는 점에서도 그러하거니와 여로의 목적이 서사적 긴장감을 동반하기에 적절하지 않다는 점에서도 그러하다. 그러나 소설사의 전 단계에 속하는 <홍길동전>에 비해 두 작품 모두 서사 구조로서의 여로 구조가 이야기의 흐름이 일관되게 유지되도록 하는 기능을 충실하게 수행하고 있다는 점에서 발전적이라 할 수 있다.[18]

<사씨남정기>가 여로 구조의 측면에서 <구운몽>보다 돋보인다는 판단의 일차적인 근거는 중심 인물들의 '만남과 헤어짐'이 치밀한

18) 이 같은 판단을 하면서 유의했던 것은 두 작품의 선후 관계를 속단할 수 없다는 점이었다. 두 작품을 다룬 연구물들을 살피면서 그 선후 관계를 따지는 일이 상당한 위험성을 안고 있다고 보았기 때문이다. <구운몽>이 먼저이고 <사씨남정기>가 나중 작품이라는 사실이 확정적으로 드러난다면 김만중 개인의 창작방법론이나 소설적 역량의 발전으로 보고자 하는 유혹에 빠질 수도 있었을 것이다. 여로 구조의 측면에서는 분명 그러한 발전의 양상을 말할 수 있다면 사적 전개의 양상을 논하기에 유용할 것이기 때문이었다. 두 작품의 서지와 관련된 사항에 대해서는 다음을 참조했다.
정길수, <구운몽> 원전 연구사, 인문학연구 55호, 2018.
이원수, <사씨남정기>의 창작 동기 및 시기 논란, 배달말 44호, 2009.

공간 구성과 개연성 높은 상황을 통해 이루어진다는 데서 찾을 수 있다. 전적으로 동의하는 바는 아니지만 고전 소설이 일반의 서사적 미진함의 사례로 대체적으로 거론되는 것이 우연성의 문제이고, 그 중에서도 인물과 인물의 만남을 들곤 한다. 그런데 이 두 작품의 여로 구조를 분석해보면 그 우연성이 일반적으로 거론되는 양상에 비해 상당히 약화되어 나타나며 그 중에서도 〈사씨남정기〉의 경우에는 필연성이라 봐도 무리가 없을 정도의 양상을 보여주고 있다.[19]

두 작품의 여로 구조를 구체적으로 살펴보기에 앞서 도식화해 보면 다음과 같다.

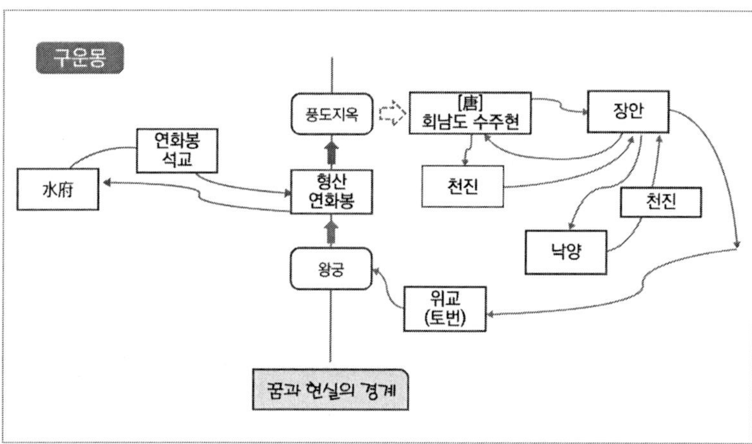

19) 3장의 1절에서 개화기 소설과 비교하면서 〈사씨남정기〉의 우연성을 거론한 것은 상대적인 측면에서 그렇다는 의미이다. 다른 고전소설을 비교 범주로 삼았을 때 이런 판단이 가능하다고 보았다.

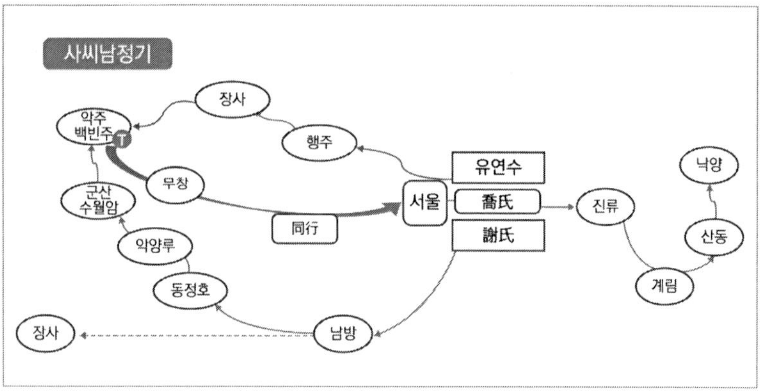

앞의 도식에서 보는 것처럼 <구운몽>의 여로 구조는 이분화되어 있다. '형산 연화봉'을 기점으로 수부(水府)의 왕래라는 단순한 동선으로 이루어진 여로와 풍도지옥을 거쳐 꿈속에서 펼쳐지는 여로가 그것이다. 전자와 후자는 도식에서 경계선이라 표시한 선상에 위치한 공간에서 벌어지는 짧은 이야기를 중심으로 나뉘게 된다. 여기서는 편의상 전자를 현실계의 여로, 후자를 가상계의 여로라 부르기로 한다.

<사씨남정기>의 여로 구조는 큰 틀에서 두 갈래로 나뉜다. 앞의 도식에서 왼 편은 유연수와 사씨의 여로로 그 반환점이 동일하게 설정되어 있으며, 서울로 돌아오게 되는 여로는 두 사람의 동반하는 복귀형으로 볼 수 있다. 도식의 오른 편은 교씨의 여로로 유연수와 사씨의 여로와는 달리 직선형으로 되어 있고 죽음이라는 결말을 보인다는 점에서 중지형으로 볼 수 있다. 여기서도 편의상으로 전자를 '선의 여로'로, 후자를 '악의 여로'로 부르기로 한다.

이러한 맥락에서 각 작품의 여로 구조를 분석해보자.

<구운몽>에서 현실계와 가상계의 여로는 중심인물이 그 모습을 달리해서 이동해 간다는 점에서 내적 연계성을 지닌다. 즉 성진과 팔선녀가 각각 양소유와 여덟 부인으로 인연을 이어감으로써 두 여로가 연결된다. 그런데 그 연결 지점에 '육관대사'라는 인물과 '꿈'이라는 장치가 개입한다. 이 두 요소는 <구운몽>의 여로 구조가 지닌 특성을 결정하는 요소이기도 한데 여로 구조의 성취도의 측면에서는 긍정적인 요소로도 부정적인 요소로도 볼 수 있다.

육관대사와 꿈은 긍정적인 요소로 볼 경우에는 현실계로의 복귀를 통해 전달하고자 하는 작품의 메시지를 강화하는 역할을 한다. 즉 기존의 연구들에서 '연화봉의 세계와 대립되는 세속세계를 부정함으로써 연화봉의 이념적 절대성을 보증해 주는'[20] 장치로 본 것과 상통한다. 현실-꿈-현실로의 이동이라는 환몽구조와 그 맥이 닿는다. 가상계 즉 꿈 속에서의 여로는 세속세계의 욕망을 극대화해서 보여주기에 적절한 방식으로 구성되어 있기 때문이다.

도식에서 나타나는 양소유의 여로는 그 과정의 대부분이 출세와 부귀영화를 이루어 나가는 단계들로 구성되어 있다. 과거를 보러 가기, 권세나 부를 지닌 집안과의 혼사, 애정 욕망의 충족 등이 그 구체적인 양상이다. 특히 여덟 부인과의 결연은 다양한 층위의 부귀영화를 의미하기에 양소유의 욕망의 최대치로 볼 수 있는 것이다. 그리고 그

---

20) 이에 대해서는 다음 논저에서 자세히 논구되고 있다.
박일용, 인물형상을 통해서 본 <구운몽>의 낭만적 경향성, 조선 시대의 애정소설, 집문당, 1994, pp.191~196.

최대치에 이른 세속적 욕망을 일시에 부정하는 역할을 수행하는 것이 육관대사와 꿈이기 때문에 주제 구현을 위한 긍정적인 요소로 볼 수 있는 것이다.

반대로 육관대사와 꿈을 부정적인 요소로 볼 경우에는 여로의 목적과 관련된다. 양소유의 가상계에서의 여로는 세속적인 욕망의 최대치를 구현하는 과정으로 이루어져 있고 그것은 양소유의 여로의 목적이라 할 수 있다. 그런데 이 목적은 작품의 주제 상, 여로의 주체인 양소유의 자각이나 그가 겪는 사건을 통해 좌절되거나 중지당하는 설정이 되어야, 즉 세속적 욕망의 부정이 여로의 주체인 양소유 자신과 직접적인 연관성 아래 이루어져야 하는 것이 타당하다.

무엇인가를 추구했으나 그것이 현실적으로 불가능한 것임을 깨닫게 되는 양상이나 직접적인 관계를 맺고 있는 누군가에 의해 좌절될 때 의미가 있기 때문이다. 그런데 작품에서는 양소유는 끝내 자신의 욕망을 모두 달성한 상태에서 육관대사의 소환을 받고 가상계에서 벗어나기 때문에 서사 구조의 측면에서는 미흡한 서사성을 보여주는 것으로 평가할 수 있다. 이런 면에서 육관대사와 꿈은 부정적인 요소로 볼 수 있다.

육관대사와 꿈이 여로 구조의 측면에서 긍정적 요소와 부정적 요소를 동시에 지니고 있다는 것은 작품의 구조에 대한 긍정과 부정 평가와도 맞닿게 되는데, 여로 구조만을 놓고 볼 때는 미흡함으로 남는다. 현실계나 가상계의 여로 모두 육관대사와 꿈의 절대적인 지배력 아래 놓이기 때문이다. 즉, 성진과 양소유의 여로는 그 과정적 의미나 도달점에서 독자적인 의미를 갖는 것이 아니라 예정된 수순을 밟는 것에 지나지 않는다. 특히 양소유의 여로에서는 장애와 부딪히거나 위기에 봉착하는 등의 소설적 긴장감을 불러일으킬 수 있는 국면들이 거의 나타나지 않기 때문이다.

그렇다면 〈구운몽〉의 여로 구조를 어떤 유형으로 볼 것인가의 문제가 남는다. 이 문제를 풀어가지 위해 작품 세계가 이원화된 서사의 원형적인 모습을 도식화해 본다.

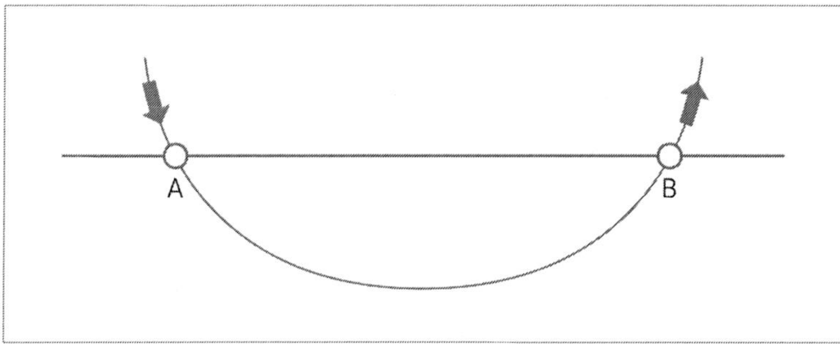

위 그림은 〈지하국대적퇴치〉 설화 계열에서 전형적으로 나타나는 주인공의 여로 구조이다. 주로 출세나 부, 때로는 정의와 같은 욕망을 지닌 주인공이 그 욕망을 달성하기 위해 일정한 과제를 안고 이계(異界)로의 여정에 나서고 과제를 해결 한 후 결국 현실계로 돌아와 욕망을 달성한다는 것이 주된 과정이다. 과제 탐색과 과제 해결, 욕망 실현이라는 요소들을 갖추고 있다는 점에서 초기 단계의 여로 구조의 전형을 보여준다.

이 이원적 세계는 흔히 지상계와 지하계로 나뉘는데 그리스·로마 신화 등에서도 자주 나타나는 세계 구성 방식이다. 여기서 A라는 지점과 B라는 지점이 어떻게 형성되느냐에 따라 이 설화의 이형태가 달라지기도 한다. 이 설화를 <구운몽>과 비교할 때 <지하국대적퇴치> 설화에서는 주인공의 속성과 욕망이 단일화되어 있지만 <구운몽>에서는 두 세계에 따라 주인공의 속성과 욕망이 다르게 설정되어 있다는 점에서 구별된다. 성진과 양소유라는 인물의 속성과 두 인물상이 추구하는 욕망은 서로 다르다. 그래서 A와 B라는 지점에 주목할 필요가 있다.

<지하국대적퇴치> 설화에서는 A가 자연적인 존재의 도움을 받는 지점이고 B는 마지막 위기를 극복하고 지상세계로 복귀하게 되는 시점으로 주인공이 욕망을 실현할 수 있도록, 즉 여로의 목적을 달성할 수 있게 되는 결정적인 장치이다. 그런데 <구운몽>에서는 A와 B가 앞서 살펴본 육관대사와 꿈으로 나타난다. 여로의 목적을 달성하는데 결정적으로 작용하는 것이 육관대사와 꿈인 셈이다. 또한 이 구도를 원용하면 서사의 궁극적인 주인공은 성진이 된다.

그렇다면 성진의 욕망이 이 여로 구조의 주(主)가 되고 양소유의 욕망은 부(副)가 되는 것으로 볼 수 있다. 나아가 이 욕망의 실현 여부를 육관대사가 쥐고 있다는 점에서 전체적인 여로 구조에서 여로의 목적은 육관대사에 의해 주어지는 것이 된다. 불가에 매진해야 할 성진을 잠시 가상계로 여행을 떠나보냈다가 자신이 원하는 모습으로 되돌아오도록 의도했기 때문이다.

이런 점에서 <구운몽>에서는 여로의 목적이 달성되고 복귀하는 '목적 달성 복귀형'으로 볼 수 있다. 여로의 주체인 성진이나 양소유의 목적이 아닌 육관대사의 목적 달성이라는 점에서는 이론의 여지가 있다. 그러나 앞의 여러 구조 도식에서 드러나듯 성진의 여로는 수부에 무사히 다녀오는 일이고 양소유의 여로는 세속의 부귀영화를 끝까지 누리는 것이기에 절반의 성공이라 할 수 있다.

이 절반의 성공들이 하나로 결합되어 구조화되었다면 〈구운몽〉의 여로의 목적은 단일화되고 짜임새 있게 작용했을 것이다. 그렇지만 육관대사와 꿈이 결정적으로 그 흐름을 끊어지게 한다는 점에서 두 여로는 긴밀하게 연계된 여로로 보기에 어려움이 있다. 작품 전체의 주지를 고려할 때 육관대사에 의해 주어진 간접적 목적 달성을 위한 여로로 보는 것이 타당할 것이라 보았다. 이런 점에서 〈구운몽〉의 여로 구조는 미흡한 면모를 지닌다고 평가할 수 있다.

그럼에도 불구하고 〈구운몽〉의 여로는 소설의 흐름을 일관되게 유지하며 출발점과 목적지를 분명하게 제시하고 있으며 여로를 통해 중심인물의 변모가 이루어진다는 점에서 〈홍길동전〉에 비해 진전된 여로 구조의 양상과 작가의 장르의식의 일단을 엿볼 수 있는 장치라 할 수 있다.

〈사씨남정기〉의 여로는 〈홍길동전〉이나 〈구운몽〉과 비교할 때 여로의 과정들 간의 자연스럽고도 치밀한 연결망, 여로의 과정에 등장하는 공간이나 인물 요소 등의 디테일한 묘사 등이 이루어지면서 완성도 높은 여로 구조를 보여주고 있다. 중심인물들의 여로 과정을 하나하나 짚어 가면서 동선을 그려나갈 때 느낀 점은 정교한 설계도가 기반이 되고 있다는 것이었다. 고전소설의 경우 인물들의 동선이나 공간의 위치 설정 등을 분석할 때 서로 어긋나는 점을 자주 발견하는 데 비해 이 작품에서는 그러한 부분을 발견하기 어려웠다.

<사씨남정기>의 여로 구조가 서사적 긴장감을 유발하는 것은 역시 치밀한 장치들의 결합이 설득력 있게 이루어지기 때문이다. 유연수가 교씨의 술수에 말려 사씨를 의심하게 만드는 함정의 설치나 그것의 발견 등도 약간의 우연성이 있기는 하나 긴장감을 주기에 충분하도록 정치하게 꾸며지고 실현이 되고 있다. 사씨가 거쳐 가게 되는 공간들도 거리감이나 연쇄성에 무리가 가지 않게끔 배치되어 있다. 김만중이 소설이라는 장르에 대한 상당한 의식을 지니고 있었음을 보여주는 여로 구조가 작품의 위상을 높이는 핵심 근거라 판단하게 되었다.

<사씨남정기>의 여로에서 주목할 점은 앞서 제시한 도식에 표시해 놓은 T('백빈주')라는 지점이다. 이 지점은 사씨와 유연수가 각각 다른 시점에, 서로 다른 이유로 집을 떠나 방랑의 길에 올랐다가 극적으로 상봉하는 지점이다. 사씨의 경우 교씨의 계략에 빠진 유연수에 의해 쫓겨 난 후 타살과 자살의 고비를 넘긴 후 어릴 적 인연이 있던 묘혜 스님의 도움을 받아 암자에서 생활하다가 이곳에 다다랐고, 유연수는 귀양길에 올랐다가 사면을 받은 후 교씨에게 쫓겨 이곳에 다다른 것으로 설정되어 있다.

두 사람이 그 넓은 천지에서 이곳에서 만난다는 것은 다른 장치가 없었다면 우연성의 전형적인 예가 되었을 것이다 그러나 작가는 두 사람의 재회를 위해 '돌아가신 시부님'이라는 집안 어른의 예지력과 '순임금의 두 왕비의 현몽'이라는 장치를 마련하고 있다. 집안 어른으로서 경륜을 지닌 시부에 대한 사씨의 믿음이 극적인 상봉의 열쇠가 되고 있다는 점에서 당대의 가정 윤리 내지는 가치관이 개입되어 있다고

할 수 있다. 비록 돌아가셨지만 시부의 말을 믿고 따랐기에 두 사람은 무한히 열린 공간에서 다시 만나게 된 것이다.

작가의 소설적 전략이 가장 잘 드러나는 대목은 두 사람이 '백빈주'에 이르는 여로의 주요 경로를 '물길(뱃길)'로 설정했다는 점이다. 만일 두 사람이 도보로 여로의 전 과정을 겪도록 했다면 두 사람의 만남은 우연성에서 벗어나기 어렵다. 특정한 곳으로 가기 위한 길이 정해질 리 없고 머물게 되는 곳도 정해지지 않기 때문이다. 그런데 '뱃길'은 도보길과는 사뭇 다르다. 우선 물길이 이어지는 지역은 제한되어 있으며 배가 닿을 수 있는 곳도 포구와 같이 제한적인 공간일 것이기 때문이다. 사씨가 시부가 당부했던 날에 배를 저어 백빈주로 갔고, 유연수는 교씨에게 쫓기다가 막다른 길인 강가에 도착한 터였다. 절체절명의 순간에 사씨 일행이 배를 저어 와 유연수를 구하게 되고 두 사람은 극적 상봉을 하게 된다. 뱃길을 여로의 중심 선상에 올려놓은 전략이 긴장감과 함께 현실감도 얻게 해주고 있다. 다음은 그 부분의 내용이다.

> "한림이 놀라서 뒷문으로 도망쳐서 방향도 없이 허둥지둥 달아났다. 마치 그물을 벗어난 물고기 같고, 함정에서 뛰어난 범같이 정신없이 도망하였다. 그러나 얼마 가지 않아서 앞길이 막히고 바다 같은 큰물이 가로 놓였으므로 정신이 아득하여 진퇴가 극난하였다. (중략) 물에 몸을 던지려 하는 순간 문득 배 젓는 소리가 은은히 들려 왔다. 한림이 그 뱃소리 나는 곳으로 찾아서 허둥지둥 가면서 '어떤 사람이 나의 위급한 몸을 구해 주려는 것일까'하고 요행이라도 있기를 하늘에 빌었다. (중략) '금년 사월 보름날에 배를 백빈주에 매고 있다가 급한

사람을 구하라는 예언을 시부님 영혼이 가르치셨다 하셨는데 오늘이 바로 그날입니다. 어서 백빈주로 배를 저어 가십시다.'"[21]

여기서 만난 유연수와 사씨는 극적인 상봉을 통해 서로의 신뢰와 애정을 회복하고 행복한 결말을 누리게 된다. 이 장면은 이 작품 전체의 중핵에 해당하는 것으로 위기 극복이라는 모티프를 현실적이고 긴장감 있게 구현하고 있다. 그리고 그 기저에는 여로 구조에 대한 작가의 남다른 인식이 있었던 것으로 평가하게 된다.

〈사씨남정기〉의 여로의 목적과 여로 유형은 〈구운몽〉과는 달리 용이하게 파악할 수 있다. 여로의 목적은 사씨와 유연수의 여로의 출발점이 모두 타의에 의해 주어진 것이기는 하지만 위기를 극복하고 다시 행복한 가정으로 돌아가는 것이다. 두 사람 다 중간에 자살을 꾀하기도 하지만 그 행위는 행복한 가정으로 돌아가기라는 목적을 달성하기 어려울 것이라는 체념적 판단이다. 따라서 두 사람의 여로의 목적은 타의에 의한 출발이라고 하더라도 분명하게 설정되어 있다고 할 수 있다. 그리고 그 여로는 두 사람이 다시 '서울'로 돌아와 행복한 결말을 맺는다는 점에서 '목적 달성 복귀형'의 전형적인 패턴으로 볼 수 있다.

이와 달리 교씨의 여로는 철저하게 '악의 징치'라는 작가의 목적에 따라 형성되고 있다. 여로가 진행됨에 따라 교씨의 불행이 점차 증대되는 것으로 나타나며 결국 교씨가 징벌적 죽음에 이르게 되면서 사씨와 유연수의 여로가 지니는 의미가 강화된다. 주가 되는 여로를 위해 부가

---

21) 한국고전문학전집편집위원회, 한국고전문학전집 3권, 사씨남정기, 희망출판사, 1965, pp.226~227.

되는 여로를 상당한 비중으로 설정함으로써 그 대비적 효과를 높이고 소설적 구성의 묘미도 높여주고 있다. 이 역시 작가의 장르의식의 발현으로 보고자 한다.

앞에서 두 작품의 여로를 편의상 각각 두 범주로 나누어 보았다. 〈구운몽〉은 불교적 이념에 충실한 현실계와 이념에 반하는 가상계로 이분화되어 있고 〈사씨남정기〉는 '선의 여로'와 '악의 여로'로 나뉜다고 본 것이다. 이 범주들은 각각 서로 대비되는 가치를 지향한다는 측면에서 '양가(兩價)적'인 양상을 보인다. 또한 〈구운몽〉과 〈사씨남정기〉는 모두 육관대사와 사씨의 목적이 달성되는 '목적 달성 복귀형'에 속한다고 보았다.

위에서 살펴본 것처럼 〈홍길동전〉과 〈구운몽〉 〈사씨남정기〉는 앞 단계의 〈금오신화〉가 도입한 여로 구조를 진전시킨 양상으로 나타나며 이는 작가의 장르의식의 발전으로 볼 수 있다. 〈금오신화〉의 경우 작품 내 여로가 단선적이며 작가가 서사적 장치나 구성에 대한 의식을 지니고 도입했다고 보기 어려우나 여로 구조의 사적 전개 과정의 한 단계로서는 의미가 있다고 보았다. 〈홍길동전〉의 경우에는 〈금오신화〉보다는 구성적 장치로서의 여로의 비중이 커졌고 특정 공간(문경 지역 등) 등의 설정이 유의미한 양상을 보인다는 점에서 발전적이나 〈구운몽〉이나 〈사씨남정기〉에 비해서는 그 밀도가 떨어지는 것으로 판단했다. 〈구운몽〉과 〈사씨남정기〉는 여로 구조가 치밀하게 설계되어 있고 서사적 긴장감을 불러오는 효과까지도 보여준다는 점에서 김만중의 장르의식이 상당했다고 평가할 수 있는 근거가 된다고 판단했다.

<흥부전>의 내포적 여로 구조와 확장적 해석의 가능성

고전 소설사의 총아인 판소리계 소설도 여로 구조를 피해가지 않았다. 현실계와 비현실계를 오가는 여로형과 현실계에서만 이루어지는 여로가 나타나는데......<흥부전>을 현대적으로 확장 해석해보는 과정에서 인물의 내력 속에 숨어 있을법한 숨겨진 여로를 추적해 보기로 했다.

고전소설 작품들 중 가장 많은 독자들을 확보하고 있는 판소리계 소설은 여로 구조의 측면에서도 의미있는 자질들을 보여주고 있다. <심청전>의 심청의 여로와 <토끼전>의 토끼와 거북의 여로가 현실과 가상의 세계를 넘나들며 주제를 형상화하고 있고, <춘향전>에서도 춘향의 고난을 해결하기 위한 현실적 힘을 확보하는데 필요한 이몽룡의 여로가 설정되어 있다. 특히 <심청전>의 여로는 그 목적을 여하히 보느냐에 따라 재해석의 여지가 주어지는 함량을 지니고 있음을 앞 장에서 살펴보았다. <토끼전>은 여로의 목적이 정반대로 바뀌는 상황에서도 그 상황을 기지와 언변으로 극복하고 다시 복귀하는 여로를 통해 현실 비판적인 해석의 범위를 더욱 넓혀 나갈 수 있게끔 하는 구성 전략이 나타나고 있다. 그렇다면 <흥부전>의 경우는 어떠한가?

여로 구조의 기본적인 원리와 속성을 학습한 대학생 독자들이 <흥부전>을 다시 읽기를 시도하는 과제를 부여 받았을 때 처음 단계에서는 대부분 여로 구조로 접근하는데 어려움을 느끼게 된다. 여로의 요건 중의 하나인 공간 이동이 명료하게 드러나지 않는다는 판단을 하기 때문이다. 그러나 인물의 관계나 화초장, 제비의 의미 등을 중심으로 정밀한 읽기를 수행하면서 그 반응 양상이 달라지게 된다. 특히 흥부의 삶에 엄청난 변화가 일어난다는 점, 흥부와 놀부가 형제임에도 너무나 다르다는 점, 흥부가 본가에서 쫓겨나고 어렵게 생활하다가 새 집터로 옮겨 가면서 인생 역전을 이룬다는 점에 주목하면서 부터이다. 제비가 무엇을 상징하는가를 떠나 강남을 다녀온다는 관습적 여로에도 주목하는 경우도 많았다.

이 단계에서 필자가 주목한 바는 이런 반응의 변화가 <흥부전>을 수용하되 현대적으로 재해석하려는 욕구에서 비롯하고 있다는 점이었다. 권선징악이라는 주제 의식부터 조선 시대 임노동자로 보는 관점 등 다양하기는 하나 현재의 독자들에게 그리 매력적이지 않은 해석의 양상이 아닌 현대 사회와 삶에 적용할 수 있는 여지가 있을 것이라는 기대감에서 <흥부전> 다시 읽기를 시도한 데에 적극적인 반응의 동력이 있었던 셈이다. 필자는 이 대학생 독자들과 <흥부전>의 해석이 어디까지 확장될 수 있는가를 놓고 심도있는 논의를 한 바 있다.

그 과정에서 자연스럽게 초점이 놓인 것은 놀부의 이력이었다. 흥부에 중점을 둔 읽기가 아닌 놀부에 초점을 두면서 놀부에게 감춰진 여로가 있었을 가능성이 대두되었기 때문이다. 일종의 내포적 여로가 개입되어 있다는 개연성을 놓고 많은 논의를 하게 되었다. 아무래도 다양한 콘텐츠를 통해 익숙해진 스토리들을 대입시킨 까닭으로 보였다. 필자는 <흥부전>의 현대적 수용을 원하는 대학생 독자들을 위해 젊은 세대들에게 익숙한 스토리로 해석할 가능성을 찾는 분석을 시도해 보았다.

결론부터 말하자면 놀부에게 요즘의 서사 콘텐츠들에서 자주 만나게 되는 '출생의 비밀' 모티프에 버금가는 '출신의 비밀'이 있을 가능성을 놓고 분석해 보았더니 상당한 정도의 해석적 근거를 마련할 수 있었다. 놀부가 현재에 이르기까지 드러나지 않는 여로를 겪었고 그것이 빌미가 되어 흥부에게 부를 넘겨 줘야 하는 상황에 놓이게 된 것이라는 것이 그 요체이다. 놀부와 흥부는 친형제가 아닌 의붓아버지와 어머니를 둔 형제라는 가정에서 출발한 결과이다. 물론 현대적 수용이라고 해서 작품에 근거를 두지 않고 상상적 독서에 의한 수용으로 나아가는 일은 바람직하지 않다. 그러나 최소한의 가능성에 바탕을 둔 것이라면 배척할 이유도 없다고 본다. 현재의 시점에서 독자들의 기대지평일 수도 있기 때문이다.

<흥부전>을 현대소설적으로 해석하고자 하는 일차적인 이유는 <흥부전>을 온전하게 이어가고자 하는 데 있다. 많은 고전소설들이 '고전의 현대적 수용'이라는 맥락에서 장르 변용, 요소 차용, 텍스트

재구성 등 다양한 방식으로 재생산되고 향유되고 있지만 기본적으로 원래의 텍스트의 훼손을 전제로 하고 있다. 그러한 훼손은 '고전'을 현대에서도 이어간다는 명분하에 용인되어 왔다. 물론 다양한 방식의 재생산과 향유를 부정하는 것은 아니지만 원래의 텍스트를 수용현장에서 온전하게 유지해 나가는 일에 대한 노력도 아울러 이루어져야 한다는 판단이다.

이러한 판단의 기저에는 '현대적 수용'에서의 '현대'가 '동시대(contemporary)'가 아닌 '이전 시대'에 대응해서 '발전이나 진전을 이룬 시대'라는 뜻을 내포하고 있다는 생각을 지울 수 없기 때문이다. '18세기 소설'이 아닌 '고대 소설'이 되고 그것이 있는 그대로가 아닌 현대적으로 수용되어야한다는 발상은 한국의 서사적 전통과 소설사의 함량을 위해서도 재고될 성격의 발상일 것이다.

필자가 'ancient work'에 가까운 개념으로서의 고전소설의 하나로 바라봐 온 <흥부전>을 '18세기 소설'로 보고자 하는 것은 '고전소설'의 개념에는 서구의 근대소설의 최근 범주인 '현대소설'이라는 장르와 견줄 때 소설적 미학이나 장치, 기법 등에서 뒤떨어진다는 평가의 요소도 담겨 있다고 보았기 때문이다. 그러나 우리가 서구 문학을 다룰 때는 우리의 '고전문학'보다 훨씬 앞선 시기의 작품들에 대해서도 그러한 평가는 하지 않는다는 점을 상기할 필요가 있다.

필자는 <흥부전>을 '18세기 소설'로 보고 '현대'에 이르러 제시된 서사적 분석틀이나 미학적 관점을 적용하여 분석해보고자 한다. 그 이유는 이러한 분석을 통해 원전을 유지하면서 수용할 수 있는 여지를 얻을 수 있을 것이며 본질적으로는 <흥부전>의 문학적 함량의 최대치를 이끌어낼 통로를 마련할 수 있을 것으로 보기 때문이다.

이 절에서는 <흥부전>을 고전과 현대로 분리된 소설사의 앞 단계의 텍스트가 아니라 18~21세기로 이어지는 연속적 소설사의 선상에 위치하며 그것을 현재적인 소설 미학의 측면에서 해석해 봄으로써, 원전을 변형하며 '현대적 수용의 여지'를 찾아가는 방식에 따른 문제를 해결해 보고자 한다. '권선징악'이라는, 형식에 가까운 주제에서 채 벗어나지 못하다보니, 현대인들에게 흥미있고 유익하게 읽힐만한 여지를 찾아 장르를 변용하거나 패러디하기도 하고, 조금 나아가 흥부나 놀부에 대해 달리 평가해 보기 정도로 접근해 가는 것은 <흥부전>의 사적 의미망을 확장해 나가는 데는 한계가 있다고 보기 때문이다. 즉 <흥부전>의 해석적 지평을 확대해 보고자 하는 것이 이 논의의 방법적 요체이다.

1. 해석적 지평의 확대를 위한 전제

그동안 <흥부전>에 대한 연구는 그 최대치에 도달했다고 봐도 무방할 정도의 업적들이 축적되어 왔다. 비전공자인 필자가 짧은 기간에 그 연구업적들을 '대강 훑어보기'만 하는 것도 불가능했다. 하여 이후 진행될 논의들 중 주요 내용의 일부가 기존 연구에서 이미 논의된 것이 포함되었을 여지도 있을 것이다.[22)]

---

22) 논의를 시작하면서 일차적인 참고자료로 삼은 논저는 다음과 같다. 특히 인권환 편저에는 90년대 초기까지의 흥부전 연구사의 주요 논의들이 선편되어 있어 많은 도움을 받았다.
인권환 편, 흥부전 연구, 집문당, 1991.

<흥부전>을 현대적 서사로서 그 해석의 지평을 확대해 가는데 필요한 논리적 틀을 설정하기 위한 전제로는 다음과 같은 발상이 필요하다.

첫째, 창작 주체의 문제이다.

현실 문제를 다루는 현대적 서사에서 창작 주체의 의식은 골드만의 입론을 빌리자면 재능있는 개인으로서의 작가의식과 사회집단의 총체적 의식을 반영하는 주체로서의 집단적 작가의식의 정교한 결합으로 보는 것이 일반적이다 그리고 그 무게는 후자에 놓이는 것으로 볼 때 작품의 의미망은 보다 확대되게 된다. 한 작품의 창조 주체를 작가 일개인으로 파악하는 입장에서는 대부분의 작품은 우연적인 것으로 남게 되고 어느 정도 기발하면서도 재능있는 코멘트 이상의 차원을 넘어서기 힘들다.[23] 그렇기 때문에 어떤 작품의 객관적 의미를 추출하기 위해서는 작가가 속한 사회집단의 총체적 의식과 작품을 결부시켜 고찰해야 한다. 여기에서 사회집단의 총체적 의식 즉 집단의식은 한 시대의 계급 구성원들의 감정, 동경, 사고 등에 나타나는 공통된 경향을 가리킨다. 우리는 이를 그 집단의 세계관이라 부르거니와 세계관은 특별한 사회적·경제적 상황으로부터 출발하여 발전해 간다. 이때 우리가 주의해야 할 것은 집단의식과 작품과의 관계가 단지 내용적인 측면에서만 이루어지지 않는다는 사실이다. 한 작품에 나타난

김창진, 흥부전의 이본과 구성 연구, 경희대대학원 박사학위 논문, 1991
김진영 편, 흥부전 전집 1, 2, 3, 박이정, 1997~2003.
정충권, 흥부전 연구, 월인, 2003.

23) 루시앙 골드만 (조경숙 역), 소설사회학을 위하여, 청하, 1982.

집단의식의 내용이나 단순히 작가를 둘러싼 사회현실에 대한 직접적 경험들의 내용들은 그 작품의 일부분일 따름이다. 따라서 집단이 자기가 속한 사회 및 그 사회 구성원들과 맺는 관계에서 배태된 문제에 일관된 반응을 보이려는 경향의 구조화과정을 분석하는 측면에서 이루어져야 한다.

이런 측면에서 <흥부전>을 선과 악, 형제애 등의 윤리적인 측면을 중심에 두고 사회적 현실의 반영이라는 측면을 부로 두는 접근법은 작품의 의미를 풍부하고 심층적으로 확대해 나가는데 어려움을 겪게 한다. 판소리계 소설의 창조적 주체는 개인으로서의 주체와 집단으로서의 주체가 혼융된 상태로 보는 것이 용인된다면 익명의 집단들이 지니고 있을 문제적인 집단의식에 대한 분석적인 접근이 이루어져야 할 것이다.

둘째, 판소리계 소설의 창조 주체이자 수용 주체인 대중의 문학적 욕구가 보여주는 이중적 성향에 대한 고려이다. 근대 이후 개인의식의 성장이라는 측면에서 현대서사의 중심에 놓이게 되는 자아의 개념은 상당한 기간 동안은 이전 단계의 집단적 존재로서의 면모에서 벗어나지 못하고 혼성의 양상을 보이는데, 이에 관심을 갖게 된 것이 대중소설로 불리기도 한다. 이런 측면에서 <흥부전>을 대중소설적 면모를 지닌 서사물로 볼 여지가 많다. 물론 이때의 대중소설은 통속소설과는 일정한 거리를 두는, 수용 주체인 대중의 문학적 욕구를 충실하게 반영하려는 경향을 보이는 소설을 의미한다. 즉 현실에 귀속되려는 의식과 현실로부터 일탈하려는 의식을 동시에 보여주는 이중적 욕구를 바탕에 깔고 있는 소설로 보는 셈이다. 이때 집중적인 분석의 대상이 되는 것은 '상징 체계'이다.

이 논의에서 흔히 고전소설에서 논하게 되는 '환상성'의 문제를 현실로부터의 초월로만 볼 것인가의 문제를 제기하게 되는 것은 이런 맥락에서이다. <흥부전>에서 나타나는 몇 가지 상징 체계 중 비현실성으로 읽히게 되는 상징들을 현실에의 귀속, 즉 현실적 문제로 풀어나가기를 바라는 욕구의 반영으로 보고 그에 따른 분석적 접근을 시도하고자 하는 것이다. 현대적 서사에서 현실을 그려내는 창작 주체에게 작용하는 원심력과 구심력을 적극적으로 고려하여 <흥부전>을 바라보고자 하는 셈이다.

2. 해석적 지평 확대를 위한 분석들

1) '화초장(花草欌)'에 대한 의문

이 논의를 시작하게 된 인식적 지점은 놀부가 부자가 된 흥부네 집에 가서 '화초장'을 얻어 가져오는 대목이다. 오는 길에 그 이름을 잊지 않으려고 구성지게 화초장을 흥얼거리는 대목[24]을 접하다 보면 '왜 하필 화초장인가?'라는 의문이 들게 된다. 자신에게 익숙하지도 않고

24) 이 대목은 판소리에서 더욱 의미있게 드러난다.
"화초장, 화초장, 화초장, 화초장, 화초장 얻었구나. 얻었구나, 화초장 한 벌을 얻었다. 화초장 한 벌을 얻었으니 어찌 아니가 좋을소냐.~~~" 또랑 하나를 건너뛰다, "아뿔싸 잊었다. 이거 무엇이라고 허등만요? 응 이거 뭐여?"~~"초장화? 아니다. 장화초 아니다. 화장초? 아니다. 어따 이것이 무엇인고? 간장, 고초장, 꾸들장. 방장, 송장?~~~"
한국 브리태니커 편, 판소리 다섯 마당, 1993.

무겁기만 한 화초장을 굳이 달래서 가져가려고 하는 이유가 잘 드러나지 않는다. 물론 판본에 따라서는 그 안에 금은보화가 들어 있기 때문이라고 한 경우도 있지만 여러 재물 중에서 눈에 띄어 지목하는 것으로 되어 있는 경우가 많다.

이 화초장 대목은 조동일의 논의틀에서는 고정체계면이 아닌 비고정체계면에 해당하는 것으로 보고 있지만 주요 판본에 등장하는 빈도수는 소설에서는 7/10, 판소리에서는 11/12로 나타나고 있어 매우 중요한 서사단락임을 알 수 있다.[25)]

이름도 잘 알지 못하면서 굳이 힘들게 짊어지고 가는 '화초장'은 서사단락으로서의 비중과 함께 그 의미 해석이 이루어져야 하나 현재까지 필자가 살펴본 논의들에서는 이에 대한 언급은 없었다.

이에 필자는 화초장의 용도에 대한 자료 조사를 시도했고 충분한 자료는 없었지만 대체로 집안의 귀중품을 넣어두는 장롱의 하나로 경제사회적으로 상당한 집안에서 사용한 것이라는 점을 확인할 수 있었다. 이 과정에서 이 화초장이 집안의 주요 문서, 예컨대 토지나 노비문서, 차용증 등을 넣어두고 보관하는 용도로도 쓰이고 있었음도 알 수 있었다. 필자가 주목한 바는 이 문서 보관 기능이었다. 단순하게 화려함에 이끌리거나 호기심에서 가져갔다고 보기에는 그 서사적 비중이 너무 크다는 점에서 보다 적극적인 해석이 필요하다고 보았다.

---

25) 조동일, 홍부전의 양면성, 인권환 편, 앞의 책.
김창진, 앞의 논문.

2) 새로운 서사적 상징으로서의 제비

<흥부전>에서 등장하는 제비는 18세기 이전 고전문학 일반에서는 거의 찾아보기 어려운 동물로 새롭게 서사적 상징으로 자리잡은 경우라 할 수 있다. 두견새, 까치, 원앙, 백로, 백구, 까마귀, 참새, 비둘기 등은 자주 등장하고 있지만 제비는 찾아보기 어렵다. 더군다나 제비가 '강남'으로 갔다 오는 철새라는 점을 인지하고 있다는 점에서 과학적 지식도 뒷받침되고 있다.

여기에 '흑'이라는 색채가 지니는 문학적 의미는 그동안 부정적인 것으로 인식되고 있었다는 점에서 제비가 지니는 서사적 의미를 '선'의 매개자로 규정해 버리는 일은 재고의 여지가 있다고 보았다.

필자는 제비가 흥부와 놀부 사이에서 메신저의 역할을 수행한다는 가정을 세워 보았다. 이러한 가정을 하게 된 데에는 서사 진행 과정에서 흥부가 마주치게 되는 극단적 상황을 넘어서는 반전이 이루어지는 계기를 제비가 마련해 준다는 점, 흥부가 놓인 극단적 상황이 지닌 서사적 인과성을 고려해야 한다는 점이 바탕이 되었다.

매품팔이에도 실패를 한 흥부가 절박한 심정에서 놀부를 찾아가지만, 놀부와 그 처에게 받는 굴욕과 폭력은 흥부와 그 처로 하여금 자살까지 생각하게 하는 극단적인 상황을 초래하게 된다. 이 상황에서 찾아 온 도승과 제비는 현실적인 상황을 일거에 전환시켜주는 초현실적인 계기를 마련해준다. 이 대목에서 <흥부전>의 현실성이 현저히 탈각되지만 환상성 또한 현실성의 또 다른 표현이라는 논리로 그 서사적 빈터를 보전해 온 것이 기존의 논의였다.

그러나 이 초현실적 계기는 고도로 은유화된 현실적 장치로 보는 것이 타당할 것이다. 필자는 극단적인 상황에 놓인 흥부가 일관되게 '선성'을 표출하던 인물에서 생존을 위해 잠재해 있던 '악성'을 드러내는 인물로 전환되는 계기로 작용하는 것으로 보고자 하였다. 일종의 입체적 인물인 셈이다.[26)]

여기에서 도승과 제비는 현실적으로 존재하는 요소들이 은유화되어 나타나는 것으로 보고자 한다. 고전 문학 일반에서 등장하는 도승들은 예언자, 심판자, 인도자 등으로 성격화되어 나타나는데 이를 현대서사적인 요소로 설명한다면 일반인들이 쉽게 접근하기 어려운 고급정보를 지니고 있는 인물들로 치환할 수 있을 것이다.

제비의 경우 서사적 장치로서의 성격을 파악하기에 어려움이 많은 존재인데, 앞서 살핀 바와 같이 '흑'이라는 색채에 대한 관습적 이미지를 중시해서 보고자 하였다. 정당하지 못한, 어떤 일의 앞면보다는 뒷면에서 이루어지는 일들에 관여하는 요소를 지칭하는 쪽에 가깝다고 보는 것이 타당할 것이라 생각하였다. 밝음과 어두움, 백과 흑의 대립적 이미지가 제비라는 장치를 이해하는데 개입시킬 수 있는 최소한의 근거라 본 것이다.

필자가 근린 문화에서 제비가 어떤 이미지를 형성하고 있는지를 찾아봄으로써 간접적인 근거라도 세워 보고자 한 것도 이 어려움을 해결

---

26) 흔히 평면적 인물과 입체적 인물을 성격의 변화 여부로 판단하게 되는데 이는 적절치 않다. 입체적 인물은 서사가 진행되는 전 과정을 통해 비로소 그 온전한 성격이 파악될 수 있는 인물을 의미한다. 반면 평면적 인물은 그 성격이 단순하여 쉽게 파악되며 일관되게 드러나는 경우를 말한다. 현대적 서사에서는 입체적 인물이 문제적인 인물이자 중심인물로 설정되는 것이 서사적 함량이 크다고 인식된다.

하기 위함이었는데 근린 문화에서도 제비의 성격화에 대한 가설을 세울 수 있는 다양한 자료들을 찾기는 어려웠다. 다만 다음과 같은 몽고 설화를 확인할 수 있었다.

> "새의 왕이 어떤 동물의 고기가 가장 맛있는지를 알고 싶어 제비와 뒝벌에게 알아오라는 임무를 주었다. 제비는 날씨가 너무 좋아 왕의 명령을 잊고 놀았고 뒝벌은 길에서 만난 모든 동물을 혀(침)로 찔러 피를 맛보며 갔다. 해가 지고 왕에게 돌아가는 길에 제비가 뒝벌에게 물으니 뒝벌은 '사람'이라고 했다. 그러자 제비는 뒝벌에게 어떻게 알았느냐고 물었고 뒝벌은 혀로 맛보았다고 했다. 제비는 그 대단한 혀를 좀 보자 하였고 뒝벌은 혀를 내보였다. 그때 제비는 뒝벌의 혀를 뽑아 버렸다. 제비와 뒝벌은 왕에게 가서 보고하는데 뒝벌은 혀가 없어 말은 못하고 윙윙거리기만 할 뿐이었다. 왕은 화를 냈고 제비에게 가장 맛있는 고기가 무엇이냐 물었고 제비는 자신을 위협하곤 하는 뱀 고기가 가장 맛있더라고 했다. 이에 왕은 제비의 말을 믿고 뱀을 잡아 먹게 되었다."[27]

이 이야기에서 제비는 자신의 이익을 위해 타자를 해하는 캐릭터로 등장한다. 벌이 선택한 인간 대신 자신에게 상존하는 위협이 되는 뱀을 제거하기 위해 벌을 공격한다. 왕이 벌의 말을 믿고 인간을 잡아

27) 이 몽골 신화는 '제비와 뒝벌'이라는 이름이 있는 것으로 알려졌는데 그 내용들은 텍스트마다 조금씩 다르다고 한다. 여기에 실은 것은 필자가 몽골 유학생들로부터 들은 이야기와 그 이후 다음 책에서 확인한 내용을 바탕으로 간략하게 정리한 것이다.
데 체렌소드놈 편 (이안나 역), 몽골의 설화, 문학과지성사, 2007.

먹게 된다면 제비에게 살 곳을 제공하는 인간의 집이 없어질 것이기 때문이다. 즉 벌은 성실하게 임무를 수행하여 경험을 바탕으로 한 보고를 하게 될 것이고 왕은 근거가 분명한 벌의 말을 믿을 것을 우려한 제비의 전략이 선명하게 드러나는 이야기이다. 여기서 등장하는 제비-인간, 제비-뱀의 관계는 <흥부전>에서도 유사하게 드러난다는 점에서 주목이 되는 이야기이기도 하다. 특히 <흥부전>의 근원 설화를 몽고의 '박타는 처녀'로 설정하는 견해가 우세하다는 점에서 이 설화를 통해 제비의 한 속성을 살피는 일은 유의미할 것이다. 이 설화를 참조한다면 제비는 자신의 이익을 위해 어떤 일을 획책하는 행위자로서의 면모를 지닌다고 보는 셈이다. 뱀이라는 천적에게 내몰린 자신을 구해 준 흥부와 자신에게 위해를 가한 놀부 사이에서 어떤 행동을 취할 것인지의 선택 기준은 '이익'(주거의 안정과 신체 안전)이라는 요소라 할 수 있다. 근원 설화인 '박타는 처녀'와 이 설화의 선후 관계를 명징하게 말하기는 어려우나 특정 동물에 대한 가치관은 한 문화권에서 대체로 유사하게 전승된다는 점을 고려할 때 '박타는 처녀'와 함께 이러한 설화적 세계도 같이 유입되었다고 볼 여지는 클 것이다. 모사가로서의 '제비'의 성격을 엿볼 수 있는 대목이다.[28)]

이를 좀더 확장해서 해석해 본다면 제비는 복수를 위해 치밀한 전

---

28) 제비가 모사가로서의 면모를 보이게 되는 과정에서 '강남'이라는 공간의 역할이 주목된다. 흥부와 놀부에 대한 대응은 '강남'을 다녀 온 이후이기 때문이다. 강남에는 제비 집단의 본거지로서 왕을 중심으로 한 한 세계가 구축되는 있는 곳이다. 흥부 및 놀부와 관련된 제비는 그 세계를 구성하는 일원이기에게 제비가 행하는 일은 개체가 아닌 집단의 일로 해석하는 것도 필요하다. 여기서 여로의 문제가 개입된다. 겨울 동안 제비가 강남에 다녀오는 여정은 문제 또는 욕망을 해결하기 위한 준비 과정이자 장소로 판단할 수 있다.

략을 세우는 캐릭터로 볼 수 있을 것이다. 자신의 생명을 구해 준 흥부에게 보답하는 것은 표면적인 이야기이나 놀부가 자신의 삶에 개입한 이후에는 복수를 위한 캐릭터로서의 면모를 보여준다. 놀부의 박에서 등장하는 많은 요소들은 제비가 동원한 조력자들로, 놀부의 약점을 들추어 내는 역할을 한다. 그런데 그 약점이란 것이 놀부의 이력에 관련된 것들이 대부분이며 결정적으로는 그가 원래부터 양반이 아니었을 가능성과도 연관된다.[29)]

3) 흥부와 놀부의 관계

흥부와 놀부는 그 관계가 다양하게 해석되고 있다. 한 부모에게 태어난 형제, 같은 서민층이지만 다른 처지, 양반과 천민, 태어난 양반과 획득 양반 등 다양한 견해가 있다. 그리고 이러한 다양한 관계 양상이 드러나는 이유에 대해서도 '부분의 독자성' '장면의 극대화' 등으로 설명되고 있다.

---

29) '제비와 뱀'이라는 이솝 우화에서는 〈흥부전〉과 유사한 상황이 전개되고 있다. 이솝은 이 이야기를 통해 '자기에게 피해를 주리라고는 전혀 생각하지 않았던 사람들로부터 피해를 당했을 때 더 견디기 어렵다는 것을 보여준다'라는 점을 말하고 있다. 자기 집에 깃들어 살고 있는 제비에게 위해를 가한 놀부가 뱀으로 치환될 수 있다는 점에서 주목된다. 이어지는 이야기에서 제비가 사람들이 살아가는 집에 둥지를 틂으로써 보호받게 되었다는 점을 통해 제비의 지혜를 제시하고 있다. Thompson의 모티프 색인에도 등장하는 제비는 서구에서는 상징적인 동물로 성격화되고 있는데 '메신저' '행운' '이주(migratory)' 등의 용어를 통해 그 상징적 의미가 드러나고 있다. 특히 '이주'의 경우 '인생에서의 성공과 실패'를 의미하는 것으로 설명하고 있다는 점이 주목된다.
이솝 (박문재 역), 이솝 우화 전집, 현대지성, 2020, 347~350화(e-book)
https://www.richardalois.com/symbolism/swallow-symbolism
https://sites.ualberta.ca/~urban/Projects/English/Motif_Index.htm

필자가 규명해보고자 했던 바는 두 인물의 관계를 가장 현실적이고 논리적인 특성을 지닌 서사적 장치로서 볼 수 있는 여지였다. 형제로 설정되었으면서도 형제라고 보기에는 너무 간극이 큰 행동과 태도들, 관계 양상들을 구비전승이나 집단적 창작 주체에서 오는 문제로 보게 되면 <흥부전>을 매우 의미있는 현대서사적인 텍스트로 보고자 하는 시도는 무화될 가능성이 크다. 그런 의미에서 필자는 조선 후기의 사회사적인 접근, 그 중에서도 신분 변동에 관한 자료들을 집중적으로 검토해 보았다.[30]

조선 후기 사회에 대한 기왕의 논의들을 바탕으로 <흥부전>에서 문제시 될 수 있는 흥부와 놀부의 관계를 현실 정합적으로 풀어본다면 대체로 다음과 같은 발상이 가능할 것으로 보았다.

놀부는 상민이나 천민(도망 노비의 경우 포함)으로 부를 축적하여 돈으로 양반을 산 집안의 후손이다. 돈으로 양반을 산 상민이나 천민은 기존의 관계 때문에 가족 모두 타지로 이주하거나 자식들의 미래를 위해 자식들만(또는 부모 중 한 사람만) 이주시키는 경우가 많다. 일종의 신분 세탁을 위해서다. 보다 확실한 양반의 신분을 얻기 위해 혼자 사는 몰락 양반 등과 일정한 대가를 치루고 혼인 관계를 맺기도 한다. 이 경우 흥부의 부친과 놀부의 모친의 결합 가능성이 매우 크다, 물론

30) 이 과정에 주로 참조한 논저는 다음과 같다.
김영모, 현대사회계층론, 한국복지정책연구소, 1999.
김현영, 고문서를 통해 본 조선시대 사회사, 신서원, 2003.
전형택, 조선 양반사회와 노비, 문현, 2010.
정석종, 조선 후기 사회변동 연구, 일조각 1990.
조승희, 조선후기 사회신분사 연구, 지식산업사, 2003.
한국역사연구회, 조선시대 사람들은 어떻게 살았을까 1·2, 청년사, 2005.6.

그 이전 세대의 결합일 가능성도 배제할 수 없다. 혼인 관계는 사실혼도 있지만 서류상으로만 혼인관계를 유지하고 한 집안에서 동거의 형태만을 취하기도 한다. 따라서 흥부와 놀부는 형제이지만 서류상의 형제일 가능성이 매우 크다. 두 사람의 판이한 차이는 이로써 설명될 수도 있다. 이 경우 경제적인 문제는 분리되는 것이 당연하다. 즉 대가로 치른 재물이나 재산 외에는 독립적인 경제 운용을 한다. 놀부가 유산을 다 물려받고 흥부에게는 주지 않았다는 설정은 이와 같은 맥락에서 설명 가능하다. 실상은 계약에 의해 놀부 측이 가져 온 재산의 환원과정이다.

그런데 이러한 결합 양상이나 신분 획득의 과정은 순탄하지 않은 경우가 많다. 도망 노비의 경우 추노꾼 등으로 대표되는 인물들에 의해 추적당하거나 상민 또는 천민 출신임을 알고 있는 자가 폭로하여 그 지역에서 양반으로 살아가기가 쉽지 않은 상황에 놓이게 되는 경우도 많다. 원래의 신분 폭로를 빌미로 금품을 요구하는 등의 어려움에 처하는 경우도 당연히 발생한다. 이로 인해 경제적으로 파산하여 원래의 상태로 되돌아가는 상황도 자주 일어난다. 이 같은 상황은 법적인 가족 관계에서도 나타나는데 몰락양반들의 협박과 배신은 비일비재하였다. 추노꾼이나 협박을 통해 한몫을 챙기려는 거간꾼들도 활개를 치고 있었다.

위와 같은 당시의 사회적 정황을 고려한다면 흥부와 놀부의 관계에서 나타나는 논리적 충돌 양상은 상당히 해소될 수 있으며 여러 서사적 장치들의 연관성 또한 해석의 가능성이 열리게 된다. 이 사회적 정황들은 소설적 정황으로 전환되기에 충분한 자질들을 지니고 있어

<흥부전>의 의미망을 확장하는데 중대한 영향을 미칠 수 있는 요소들로 판단된다.

3. 종합하여 지평 열기

이상에서 세 가지로 나누어 살펴본 분석적 접근들을 종합하면 이러한 해석이 가능할 것이다.

몰락양반의 후손인 흥부와 상민(또는 천민) 출신으로 부를 축적하여 양반 신분을 획득한 집안의 후손인 놀부는 부모 세대가 상호 필요에 따라 혼인관계를 맺음으로써 법적인 형제가 된다. 두 사람은 그 출신이 다른 만큼 천성과 가치관이 다르다. 경제적인 분리가 가능해진 시점에서 흥부와 놀부는 분가를 하게 되고 흥부는 무일푼으로 쫓겨난다. 정상적인 생활이 어려워진 흥부는 당시 사회적 상황에서 가능한 방법을 다 써서 생활을 유지코자 하나 여의치 않자 놀부를 찾아 가지만 인간 이하의 대접을 받고 극단적인 상황에 놓이게 된다. 이때 흥부 앞에 도움 주기를 자청한 자가 나타나(도승) 인도한다. 도승은 흥부가 살 방도를 마련해주는데 그것은 놀부의 이력에 대한 정보를 제공해 주는 것이었을 가능성이 크다. 흥부는 이 정보를 바탕으로 제비라는 매개자(당시 존재하던 거간꾼 등의 유형)를 통해 놀부로부터 함구 대가로 거액의 재물을 받는다. 그러자 놀부는 흥부를 방문해 흥부로부터 더 이상 문제를 삼지 않겠다는 약속이 담긴 문서를 받아내 가지고 온다. (격에 맞지 않고 익숙하지 않은 화초장을 짊어지고 오는 이유) 그러나 제비라는 거간꾼이 자신도 몫을 챙기고자 놀부를 직접 압박하고 이에 놀부가 거간꾼에게 위해를 가하나(제비 다리를 부러뜨림) 거간꾼은 놀부에게 보복을 한다.[31] 결국 놀부는 패가망신하게 되고 흥부에게 의탁하게 된다.

<흥부전>은 조선 후기의 사회사적인 문제들 중 대중들에게 가장 민감하고 실체적인 문제들을 다루되 환상성이 아닌 고도의 은유를 통해 형상화하고 있는 서사물이라 할 수 있다. 현실의 문제로부터 벗어나고자 하면서도 귀속되고자 하는 이중 심리와 태도를 지닌 대중들의 문학적 욕구는 결국 놀부를 흥부에 의탁해야 하는 존재로 자리매김한 셈이다. 또한 개인으로서의 창작 주체와 집단으로서의 창작 주체가 공존하는 텍스트인데서 비롯되는, 이질적인 상징이나 장치들이 혼융되는 양상이 나타나지만 그것들이 현실적인 문제라는 탄탄한 토대위에서 오히려 깊이 있는 해석을 가능하게 하는 서사적 장치로 재탄생하고 있다는 의미부여가 가능하다.

이렇게 해석되는 <흥부전>의 현대 사회의 정합성은 매우 풍부해진다. 조선 후기 사회를 성찰해 보게 하는 텍스트에 머무는 것이 아닌 이 시대를 살피는데도 손색이 없는 텍스트가 된다. 지금 이 사회에도 흥부와 놀부, 화초장과 제비 등은 여전히 존재하고 있으며 소설, 드라마, 영화 등을 통해 끊임없이 재현되고 있기 때문이다.

---

31) 놀부의 박에서 나오는 제반 사회적 존재들은 상당히 사실적인 요소들로 실제로 거절을 당한 거간꾼들이 말단 관리, 부랑패 등을 동원해 놀부와 같은 존재들에게서 재물을 탈취했다는 사실을 감안할 때 이 설정들은 매우 현실성을 지닌 은유들이다.

<흥부전>의 '현대적 수용'이라는 맥락에서 시도된 다양한 접근 노력들은 그 자체로도 충분한 의미가 있다. 그러나 '고전'과 '현대'라는 단절적 이분법에 가까운 발상으로 접근해 가는 일은 재고될 성질의 것이라 판단된다. <흥부전>을 전사(前史)로서 다루어야 할 소설사적 접근이나 문화콘텐츠로서의 접근, 국어사 자료로서의 접근 등은 모두 <흥부전>의 '해석적 지평'의 확대가 가능할 때 보다 풍부하고 새롭게 이루어질 수 있을 것이다. '해석'은 제2의 텍스트 생산이며 텍스트의 재발견이라는 점에서 그러한 접근들의 질적 발전을 이룰 수 있는 근거가 될 것이기 때문이다.

필자가 시도해 본 해석이 최소한의 설득력을 지닌다면 <흥부전>은 전근대 사회나 근대 사회에서나 보편적으로 존재하는 인간의 욕망과 갈등, 제도와 관습, 가치관 등을 매우 치밀하게 형상화하고 구조화한 서사물이다. 이 보편성은 <흥부전>을 원작의 훼손이나 변형없이 다양한 방식의 수용과 재생산을 가능하게 해줄 근거가 될 것이다.

그리고 이 지점에서 여로 구조와의 접점을 생각할 수 있다. 위에서 세워 본 가설들이 어느 정도의 타당성을 지닌다면, 그래서 놀부가 신분 세탁을 위해 흥부네 마을까지 왔다고 한다면 그의 지난 시간들을 힘든 역경의 시간들이자 매우 어려운 여로를 경험했던 시간들로 인정할 수 있다. 내포된 여로 구조라 한 것은 이런 연유 때문이다.

3장

근대 이후 소설의 여로 구조

〈혈의 누〉와 〈무정〉의 여로 구조와 사적 의미

> 도보, 가마나 말, 기껏해야 배를 통해 이루어졌던 공간 이동 방식에 대변혁이 일어났다. 기차의 등장....이 기차는 여로 구조에 어떤 변화를 가져오게 되었는가......

고전 소설 작품을 여로 구조를 통해 바라볼 때 해당 소설에 대한 새로운 해석적 접근이 가능했던 것처럼, 근대 이후 소설에서 여로 구조가 발현되는 양상을 살펴보는 일도 소설사의 전개 과정을 바라보는 한 축이 될 수 있을 것이다. 여기서는 개화기와 근대 초기의 여로 구조가 지니는 소설사적 의미망을 살펴보고자 한다.

개화기 소설의 사적 성격에 대한 기존 소설사의 기술은 '과도기' 또는 '변혁기'로 압축된다. 그리고 이러한 성격의 구체적인 면모에 대해서는 이념이나 정치성, 시대성으로 설명된다.[32] 또한 이렇게 판단하는 일차적인 근거가 될 수 있는 '새로움'에 대해서는 당시의 상황에서 소설이 왜 필요했는지에 대한 접근이 주를 이루고 있다. 계몽이나 새로운 가치관의 제시 등이 그 예이다.

소설사의 전개의 측면에서 새로움의 정체는 연속성과 단절성을 아울러 살필 때 보다 분명한 면모가 드러날 수 있을 것이다. 특히 이 시대의 소설들의 사적 의미를 가치관이나 주제의 측면에서 새로움을 드러낸 데서 찾는 경우 연속성의 문제가 소홀히 된다는 판단을 하게 된다. 가치관 주제 등의 새로움은 개화기만의 문제는 아니기 때문이다. 물론 개화기의 소설들이 이전 소설들과는 편차가 큰 것은 사실이지만 시대적 특성의 반영에 기인하는 바가 절대적이라는 점에서 소설사의 연속성이 최소화된다.

그런 의미에서 개화기 소설의 연속성을 양식적 측면에서 접근해 가는 것은 의미가 있을 것이다. 물론 개화기 소설에 대한 양식적 접근이 이루어졌지만 거의 대부분이 새로움, 즉 이전 소설들과의 단절성의 측면에서 접근하고 있다. 여기서는 연속성의 측면을 토대로 새로움의 문제를 탐색해 보고자 한다.

우리 소설사를 통해 지속적인 생산의 양상을 보여주는 여로 구조의 선택은 그 자체로 연속성의 표상이라 할 수 있다. 또한 여로 구조가 이전 소설들과 다르게 진행되는 양상은 무엇인지를 판단하는 일은 새로움의 문제가 될 수 있다. 그렇다면 개화기 소설의 여로 구조는 이전 소설들의 양식적 자산인 여로 구조를 어떻게 이어받으면서 동시에

---

32) 김윤식·정호웅, 한국소설사, 예하, 1993, p.11.
권영민, 한국현대문학사 1, 민음사, 2002, p.123.

어떤 차별성을 보여주고 있는가를 살펴보기로 한다.

개화기 소설의 첫 장에 놓이는 <혈의 누>는 전형적인 여로형 소설이다. '신소설'이라는 명칭을 표나게 내세우고 있지만 스토리 라인의 초점은 주인공 옥련의 여행에 놓여 있다. 앞서 살펴본 <사씨남정기>나 판소리계 소설에서 두드러지게 구조적 장치로 자리잡고 있는 여로가 '신소설'에도 그대로 이어지고 있다.

기존 소설사들이 대체적으로 주목하고 있는 이념이나 주제 등의 새로움을 추구하기 위해서는 안정적인 스토리 라인이 뒷받침 되어야 할 터인데, 독자들의 인식에 매우 익숙하게 자리잡고 있는 여로 구조는 가장 효율적인 대안이었을 것이다. 서사 구조가 매우 낯설다면 내용상의 새로움이 전달되기에 어려움이 있었을 것이다. 독자들이 낯선 형식을 따라가느라 내용 상의 새로움을 인식하는데 필요한 집중력이 분산될 가능성이 크기 때문이다.

그렇다고 스토리 라인을 형성하는 핵심 장치로 선택한 여로 구조에 새로움이 없다면 새로운 내용을 담아내는 장치로는 미달형에 가까울 것이다. 굳이 내용과 형식이 분리될 수 없다는 평범한 논리를 내세우지 않아도 이런 판단은 가능할 것이다. 더군다나 '신소설' 작가로서의 이인직의 세계관은 한반도를 넘어서고 있기 때문이다. <혈의 누>에서 이 새로움을 창출하는 기제는 바로 이동 수단에 있다.

1. 공간 이동의 새로운 기제 – '기차'의 등장

앞서 여로형 소설의 전제적인 요건으로 공간 이동을 설정한 바 있다. <혈의 누>에서 여로 구조의 새로움은 이 공간 이동을 수행하는 수단에서 비롯되는데, 그 핵심은 바로 '기차'라는 이동 수단에 있다.

'기차'는 우리 역사에서 전근대에서 근대로의 이행기에 근대적인 것을 상징하는 대표적인 문물로 인식되어 왔음은 주지의 사실이다.[33] 여기서는 그 점을 논하는 일보다는 그것이 어떤 새로움을 제공하는가에 초점을 맞추고자 한다. 결론적으로 말하면 '신소설'로서의 <혈의 누>의 소설사적 의미를 여러 가지로 평가할 수 있는데 양식 상의 발전 양상을 보여준다는 데서 그 일차적인 의미를 찾을 수 있다. 작가가 의도했든 의도하지 않았든, 전대 소설이 지닌 소설 양식 상의 문제를 극복하는 양상을 보여주기 때문이다. 이 점을 구체적으로 살펴보기로 한다.

먼저 근대소설로의 이행 단계의 작품군인 신소설의 첫머리에 놓이는 <혈의 누>에 나타나는, 여로와 관련된 주요 장면을 보기로 하자.

<혈의 누>는 '기차'가 가장 처음 나타나는 소설이다. 한국에 기차가 처음 등장한 것이 1899년이고 <혈의 누>가 발표된 시점이 1906년이니 매우 근접한 거리에 있다. <혈의 누>에 처음으로, 즉 우리 소설사에 처음으로 '기차'가 등장하는 장면은 다음 부분이다.[34]

---

33) 근대소설과 기차 모티프를 연관지어 살핀 논의들은 이미 상당한 정도로 이루어졌다. 그러나 대부분의 논의들이 이광수 이후의 소설들을 중심으로 근대 문물의 수용, 소설적 장치의 하나로 다루고 있다. 그러나 본고와 같이 전대 소설과의 연관성에 주목한 논의는 찾기 어려웠다.

34) 기차가 등장한 1899년 이후부터 거의 모든 서사물을 직접 탐색한 결과 <혈의 누>의 이 장면에서 처음 기차가 등장하는 것으로 판단하게 되었다.

옥련의 눈에는 모두 처음 보는 것이라. 항구에는 배 돛대가 삼대 들어서듯 하고, 저자거리에는 이층 삼층집이 구름 속에 들어간 듯하고, 지네같이 기어가는 기차는 입으로 연기를 확확 뿜으면서 배는 천동지동하듯 구르며 풍우같이 달아난다. 넓고 곧은 길에 갔다왔다 하는 인력거 바퀴 소리에 정신이 없는데, 병정이 인력거 둘을 불러서 저도 타고 옥련이도 태우니 그 인력거들이 살같이 가는지라. 옥련이가 길에서 아장아장 걸을 때에는 인해 중에 넘어질까 조심되어 아무 생각이 없더니, 인력거 위에 올라앉으매 새로이 생각만 난다.[35)]

이 장면은 옥련이 구완서를 만나게 되는 상황의 계기에 해당한다. 처음 기차라는 말이 우리 소설에 등장하는 의미있는 장면이다. 그러나 이 장면에서 기차의 존재는 미미하다. 기차가 본격적으로 서사구조에 등장하게 되는 것은 다음과 같은 장면들에서이다.

정한 마음 없이 정거장으로 나가니, 그때 일번(一番) 기차에 떠나려 하는 행인들이 정거장으로 모여드는지라. 옥련의 마음에 동경이나 가고 싶으나 동경까지 갈 기차표 살 돈은 없고 다만 이십 전이 있는지라. 옥련이가 대판만 떠나서 어디든지 가면 남의 집에 봉공(奉公) 하고 있을 터이라 결심하고 자목 정거장까지 가는 기차표를 사서 일번 기차를 타니, 삼등차에 사람이 너무 많이 들어서 옥련이가 앉을 곳을 얻지 못하고 섰는데 등 뒤에서 웬 서생이 조선말로 혼자 중얼중얼하는 말이,

---

35) 이인직, <혈의 누>, 동아출판사, 1995, p.33.
이하 작품 인용은 이 책이며 해당 페이지만 표시함.

"웬 계집아이가 남의 앞에 와 섰다."

하는 소리에 옥련이가 돌아다보니 나이 열 칠팔 세 되고 얼굴은 볕에 그을려 익은 복숭아 같고 코는 우뚝 서고 눈은 만판 정신기 있는데, 입기는 양복을 입었으나 양복은 처음 입은 사람같이 서툴러 보이는지라. (46쪽)

이 부분은 옥련과 구완서가 만나는 장면이다. 일단 아무데로나 떠나야 하는 옥련과 미국으로 가기 위해 움직여야 하는 구완서가 자연스럽게 만나는 장면이다. 여기서 '자연스럽다'는 것은 당시의 교통수단의 상황을 놓고 볼 때 사람들이 만날 확률이 매우 높다는 점을 의미한다. 높은 확률의 근거는 두 가지이다.

하나는 당시의 다른 어떤 교통수단에 비해 빨리, 편하게 목적지에 도달할 수 있다는 점에서 이용객이 빠르게 늘어나는 양상을 보여준다는 점이다. 이용객이 집중되니 불특정 다수 중에 인물들이 만나게 될 확률이 높아지게 된다. 다른 하나는 보다 중요한 근거가 되는데, 이 기차라는 교통수단은 아무데서나, 언제나 탈 수 있는 것이 아니라 일정한 시각에, 일정한 곳에서 타고 내리도록 되어 있는 수단이라는 점에서 사람들이 만날 확률이 높다는 것이다. 예전처럼 도보나 말 등을 통해 이동하게 될 경우 여러 길이 열려 있고 떠나는 곳도 정해져 있지 않기 때문에 어떤 사람들이 만나게 될 경우는 매우 우연적이다. 그렇지만 기차를 통한 이동은 역이라는 공간과 출발 시간이 한정되어 있기에 어떤 사람들이 만나게 될 경우에도 이전 단계에 비해 우연성이 현저히 줄어들게 된다.

> 옥련이가 얼굴빛을 천연히 하고 고쳐 앉더니, 모란봉에서 총 맞고 야전병원으로 가던 일과, 정상 군의의 집에 가던 일과, 대판서 학교에서 졸업하던 일과, 불행한 사기로 대판을 떠나던 일과, 동경 가는 기차를 타고 구완서를 만나서 절처봉생(絕處逢生)하던 일을 낱낱이 말하고, 그 말을 마치더니 다시 얼굴빛이 변하며 눈물이 도니, 그 눈물은 부모의 정에 관계한 눈물도 아니요, 제 신세 생각하는 눈물도 아니요, 구완서의 은혜를 생각하는 눈물이라. (60쪽)

〈혈의 누〉에서 기차가 서사구조 상에서 차지하는 위상은 위 대목에서 여실히 드러난다. '절처봉생'이라는 표현은 기차가 인물들의 인연을 맺어주고 이후의 서사가 가능하게 하는 장치였음을 말해준다. 이렇듯 기차가 처음 등장하는 신소설에서 기차는 단순한 문물의 상징이 아닌 서사구조의 진행에 중요한 역할을 담당하고 있는 장치로 나타난다는 점에서 주목을 요한다.

이와 함께 개화기 소설에 이어 기차가 등장하는 〈무정〉의 경우를 보기로 하자. 〈무정〉에서는 시간상으로는 영채가 청량리에서 배학감에게 '몹쓸 일'을 당한 후 평양으로 가기 위해 기차를 탄 것이 먼저이나 서술상으로는 그런 영채를 뒤따라 찾아가는 형식이 기차를 타는 장면이 먼저 나온다. 그 두 장면을 보기로 하자.

> (형식은 노파와 함께 남대문역에서 기차를 탔다.) 형식은 어느덧 잠깐 잠이 들었다 번쩍 눈을 뜨니, 승객들은 혹은 창에 기대어, 혹은 팔을 베고, 혹은 고개를 잦기고 곤하게 잠이 들었다. 서넛쯤 저편 걸상에 어떤 인부 패장 같은 사람이 혼자 깨어서 눈을 번뜻번뜻하면서

담배를 피운다. 어느덧 차창에는 새벽빛이 비치었다. 형식은 맞은편 걸상에서 입으로 침을 흘리며 자는 노파를 보았다. 그러고 '더러운 계집' 하고 얼굴을 찡그렸다. 형식은 노파의 일생을 생각하여 보았다.[36)]

위 장면은 <무정>에서 처음으로 '기차'라는 용어가 등장하는 대목이다. 괄호로 표시한 점이 눈에 띄지만 공간 이동의 시작이고 의식의 흐름을 보여주기 시작하는 대목으로서 주목할 만한 장면이다. 다음으로 영채가 기차를 타는 장면을 보자.

이때에 누가 영채를 가볍게 흔들며,

"여봅시오. 고개를 드셔요" 한다. 영채는 깜짝 놀라 고개를 들어 겨우 한 눈을 떠서 그 사람을 보았다. 어떤 일복 입은 젊은 부인이 수건을 들고,

"이리 돌아앉으세요. 눈에 석탄 가루가 들어갔어요? 제가 씻어 내 드리지요" 하고 방그레 웃더니 영채의 얼굴에 슬픈 빛이 있는 것을 보고 한번 눈을 치떠서 영채의 얼굴을 본다. 영채는 감사한 듯도 부끄러운 듯도 하면서 그 부인의 말대로 돌아앉으며,

"관계치 않습니다" 하고 고개를 숙였다. 부인은 영채를 안을 듯이 마주앉으며,

"아니야요. 석탄 가루가 눈에 들어가면 잘 나오지를 아니해요" 하고 수건을 손가락 끝에 감아 들고 한편 손으로 영채의 눈을 만지며,

---

36) 이광수, <무정>, 동아출판사, 1995, p.168.
이하 작품 인용은 이 책이며 해당 쪽수만 표시함.

"이 눈이야요? 이 눈이야요?" 하다가 영채의 오른 눈 윗시울을 들고 가만히 들여다보다가 수건으로 살짝 씻어 낸다. 그 하는 모양이 극히 익숙하고 침착하다. 영채는 하는 대로 가만히 앉았다. 그 부인의 피곤한 듯한 따뜻한 입김이 무슨 냄새가 있는 듯하면서도 향기롭게 자기의 입과 코에 닿는 것을 깨달았다. 부인은 좀더 바싹 영채에게 다가앉으며, 눈을 비집고 연해 고개를 기울여 가며 씻어 낸다. 부인은 화가 나는 것같이, "에그, 남들이 없었으면 혓바닥으로 핥았으면 좋으련만" 하더니, "에라! 나왔어요. 이것 보셔요. 이렇게 큰 게 들어갔으니까" 하고 수건에 묻은 석탄 가루를 영채에게 보인다. 그러나 영채는 눈이 부시고 눈물이 흘러서 그것이 보이지를 아니한다. 부인은 걸상에서 일어나 영채의 겨드랑에 손을 넣어 일으키며, "자, 세면소에 가서 세수를 하셔요" 하고 앞서 간다. 차가 흔들리건마는 그 부인은 까딱없이 평지로 가는 모양으로 영채를 끌고 차실 저편 끝 세면소로 간다. 가다가 차실 중간쯤 해서 자기와 같이 앉았던 양복 입은 소년에게서 비누와 수건을 받아 들고 간다. 그 맞은편에서 책을 보고 앉았던 어떤 양복 입은 사람이 두 사람의 모양을 우두커니 보고 앉았더니 다시 책을 본다. 영채는 비틀비틀하면서 그 부인의 뒤를 따라 세면소에 갔다. (267쪽)

마치 누에가 고치를 짓고 그 속에 들어 엎디인 모양으로, 영채도 알 수 없는 정절이라는 집을 짓고 그 속을 자기 세상으로 알고 있었다. 그러다가 이번 사건에 그 집이 다 깨어지고 영채는 비로소 넓은 세상에 뛰어나왔다. 더구나 기차 속에서 병욱을 만나며 자기가 지금껏 유일한 세상으로 알아 오던 세상이 기실 보잘것없는 허깨비에 지나지 못하는 것과, 인생에는 자유롭고 즐거운 넓은 세상이 있는 것을

> 깨닫고, 이에 비로소 영채는 자유로운 사람이 되고, 젊은 사람이 되고, 젊고 어여쁜 여자가 된 것이라. 영채의 가슴에는 이제야 비로소 사람의 피가 끓기 시작하고 사람의 정이 타기를 시작한다. 영채는 자기의 마음이 전혀 변하여진 것을 생각한다. 마치 나서부터 어둡고 좁은 옥 속에서 지내다가 처음 햇빛 있고, 바람 불고, 꽃 피고, 새 우는 세상에 나온 것 같다. 영채는 거문고를 타고 바이올린을 울린다. 그러나 그 소리가 모두 다 새로운 빛을 띤다. 그러고 영채의 눈에는 기쁨과 슬픔이 섞인 듯한 눈물이 핑 돈다. (287쪽)

앞 부분은 영채와 김병욱이 처음 만나게 되는 장면이다. 기차를 탄 후 몸이 불편해진 영채를 눈여겨보고 있던 김병욱이 영채에게 관심을 갖고 이후 서로 소통하게 되는 계기가 되는 장면이다. 이 장면을 두고 김동인은 '기차상의 기연(奇緣)'으로 규정하고 있고, 최근의 연구자들도 대체로 이에 동의하고 있지만[37] 필자의 생각은 다르다. 당대의 상황을 고려할 때 이를 기이한 인연으로 보는 것은 적절치 않다. 서울에서 평양으로 이동하려는 사람들의 대부분은 이 기차를 이용하게 되고, 기차 시간은 한정되어 있었기 때문에 이전 단계의 소설에서 나타나는 '기연'이나 '우연'과는 본질적으로 다른 '만남'이 되는 셈이다.

〈혈의 누〉나 〈무정〉에서 나타나는 기차역이나 기차 속에서는 인물들의 만남은 기연이나 우연으로 보기보다는 필연성이 강화된 만남으로 봐야 할 것이다.

---

37) 김동인, 춘원연구, 김동인전집 16 (조선일보사, 1988), p.55.
최근의 주목할만한 연구로는 다음 참조.
김미영, 근대소설에 나타난 '기차 모티프' 연구, 한국언어문학 54집, pp.235~262.

2. 여로 구조의 기여 - 우연성의 해소, 묘사와 회상

최초의 신소설인 <혈의 누>와 최초의 근대적 장편소설인 <무정>에 등장하는 기차 장면에 대해 살펴보았다. 여기서 '최초'라는 표현을 굳이 쓴 것은 전대 소설과의 연관성이라는 맥락을 고려한 때문이다.

여로 구조를 중심으로 전대 소설과 개화기 및 근대 초기 소설의 연관성은 두 가지 측면에서 살필 수 있다. 하나는 전대 소설의 소설적 결함으로 지적되는 '우연성'의 문제이고 다른 하나는 '묘사와 회상'의 문제이다. 그런데 이 두 가지는 여로 구조의 전제 요건인 공간 이동을 수행하는 이동 수단과 직접적으로 연관되고 있다.

우연성은 서사 구조의 유기적 성격을 논할 때 반드시 등장하는 요소이다. 소설사 전체의 흐름으로 볼 때 우연성은 발전적으로 극복될 요소로 보는 것이 일반적이다. 따라서 서사의 진행 과정에서 이루어지는 인물들의 만남이 우연적으로 이루어지는 고전소설은 발전 도상에서 긍정적이지 못한 상태로 인식되고 있다.

그런데 <혈의 누>나 <무정>을 보면 이 '우연성'의 '질적인 해소'가 나나타난다. 인물이 만나는 장면이 장소와 시간의 범위가 제한되는 환경이 조성됨으로 인해서 우연성보다는 필연성이 강화되는 양상을 보인다는 점이다. 즉 고전소설에서는 서사의 전개 상 만나야 할 사람들이 아주 넓은 장소에서 특정되지 않은 시간에 만나게 될 수밖에 없다는 점에서 우연성을 피해갈 수는 없다. 앞 장에서 살펴본 <사씨남정기>의 다음 장면을 다시 들여다보자.

(돌아가신 사씨의 모친이 꿈에 등장하여)

ᄉᆞ씨 읍 ᄃᆡ왈,

혈혈ᄒᆞᆫ 녀ᄌᆡ 엇지 칠 년을 유리ᄒᆞ리잇고 젼두길흉을 알고ᄌᆞ ᄒᆞᄂᆞ이다

소ᄉᆡ 왈 이는 텬싊니 엇지 알니오 다만 ᄒᆞᆫ 말이 잇ᄂᆞ니 이후 육년 ᄉᆞ월 십오일에 ᄇᆡ를 ᄇᆡᆨ빈쥬에 ᄆᆡ엿다가 급ᄒᆞᆫ ᄉᆞᄅᆞᆷ을 구ᄒᆞ라 ᄎᆞ는 명심불망ᄒᆞᆯ지어다

ᄒᆞ고 왈

그ᄃᆡ 이곳에 오ᄅᆡ 머무지 못ᄒᆞᆯ 거시니 ᄲᆞᆯ니 도라가라

ᄉᆞ씨 왈

이제 존안을 써ᄂᆞ오니 어ᄂᆡ ᄂᆞᆯ 다시 뵈오리잇고

인ᄒᆞ야 읍 고하고 늣기니 유모와 ᄎᆞ환이 ᄭᆡ오거ᄂᆞᆯ ᄉᆞ씨 놀나 ᄭᆡ다르니 한 ᄭᅮᆷ이라

〈중략〉

ᄉᆞ시 혜오ᄃᆡ

사ᄅᆞᆷ이 셰상에 나ᄆᆡ 부귀빈쳔이 팔ᄌᆞ에 잇스나 녀ᄌᆞ로셔 허다 누명과 고초를 지ᄂᆞ되 맛ᄎᆞᆷᄂᆡ 이곳에 일으러 의지ᄒᆞᆯ 곳이 어시 되니 죽ᄂᆞᆫ 것이 샹칙이로다

ᄒᆞ더니 홀연 묘문으로셔 두 사ᄅᆞᆷ이 드러와 고왈

부인이 ᄯᅩᄒᆞᆫ 어려움을 맛나 물에 ᄲᅡ지려 ᄒᆞᄂᆞ잇고

부인이 놀나 눈을 드러보니 ᄒᆞ나흔 리괴오 하ᄂᆞ흔 녀동이라 ᄉᆞᆷ 인이 ᄃᆡ경 문왈

엇지 우리 일을 아ᄂᆞ뇨

리괴 황망이 례ᄒᆞ고 합장 왈

소승은 동졍 군산ᄉᆞ의 잇더니 앗가 비몽간에 관음이 현몽ᄒᆞᄉᆞ 왈

어진 녀ᄌᆡ 환란을 맛나 갈 바를 모르고 장찻 익수코져 ᄒᆞᄂᆞ니 쌜니 황능묘로 가 구ᄒᆞ라 ᄒᆞ시ᄆᆡ 급히 ᄇᆡ를 져어 왓더니 과연 부인을 맛ᄂᆞ니 부쳐 녕험ᄒᆞ미 신긔토소이다[38] (68쪽)

그러나 기차의 등장은 이 상황을 바꿔 놓게 된다. 공간의 이동을 필요로 하는 과정에서 특정한 지역(기차역이 있는 곳), 특정한 시간(기차가 도착하고 출발하는 시간)이라는 요건이 작용하다 보니 인물들의 만남은 보다 제한적인 조건에서 이루어지기 때문에 우연성은 상당한 정도로 해소되게 된다. 당시 사회구성원들이 이동의 수단으로 기차를 생각하는 정도가 커질수록 이 우연성은 더욱 줄어들게 된다.

장소와 시간의 제한에 따른 서사 구조상의 필연성의 강화는 <무정>의 다음과 같은 장면에서 보다 분명하게 확인할 수 있다.

실로 현대의 문명은 소리의 문명이라. 서울도 아직 소리가 부족하다. 종로나 남대문통에 서서 서로 말소리가 아니 들리리만큼 문명의 소리가 요란하여야 할 것이다. 그러나 불쌍하다. 서울 장안에 사는 삼십여 만 흰옷 입은 사람들은 이 소리의 뜻을 모른다. 또 이 소리와는 상관이 없다. 그네는 이 소리를 들을 줄을 알고, 듣고 기뻐할 줄을 알고, 마침내 제 손으로 이 소리를 내도록 되어야 한다. 저 플랫폼에 분주히 왔다갔다하는 사람들 중에 몇 사람이나 이 분주한 뜻을 아는지, 왜 저 전등이 저렇게 많이 켜지며, 왜 저 전보

38) 신해진 선주, 조선후기 가정소설선, 월인, 2000, pp.55~68. 이 텍스트는 앞장에서 다룬 텍스트보다 당대 표기에 가깝게 되어 있고 대화의 처리나 서술이 다른 면모가 있어 비교의 측면에서 선택했다.

기계와 전화 기계가 저렇게 불분주야하고 때각거리며, 왜 저 흉물스러운 기차와 전차가 주야로 달아나는지…… 이 뜻을 아는 사람이 몇몇이나 되는가.

이렇게 북적북적하는 속에 영채는 행여나 누가 자기의 얼굴을 볼까 하여 가만히 고개를 숙이고 앉았다. 병욱은 혹 자기의 동창 친구나 만날까 하고 플랫폼에 내려서 이리저리 거닐다가 아무도 만나지 못하고 도로 차실로 들어오려 할 적에 누가 어깨를 치며,

"병욱 언니 아니야요?" 한다.

병욱은 놀라 돌아서며 자기보다 이태를 떨어졌던 동창생을 보았다.

"에그, 얼마 만이어!"

"그런데 어디로 가오?"

"지금 동경으로 가는 길인데……."

"왜, 어느새에…… 여보, 그런데 좀 만나 보고나 가는 것이 아니라…… 그렇게 무정하오" 하고 썩 돌아서더니, "아무려나 내립시오. 우리집으로 갑시다" 한다.

"아니오. 동행이 있어서…… 그런데 누구 작별 나왔소?"

"응, 아니, 언니 모르셔요?"

"무엇을?"

"에그, 저런! 저 선형이 알지요. 선형이가 오늘 미국 떠난다오."

"선형이가 미국?" 하고 놀란다. 그 여학생은 저편 이등실 앞에 사람들이 모여선 것을 가리키며,

"저기 탔는데…… 이번에 혼인해 가지고 양주가 미국 공부하러 간다오. 잘들 한다. 다 미국을 가느니 일본을 가느니 하는데 나 혼자 이렇게 썩는구먼!" (314쪽)

영채와 선형의 만남이 필연성을 띠게 해주는 장치는 병욱의 매개적 역할이다. 병욱은 영채와 달리 신여성으로 신학문을 배운 인물이고 따라서 선형과의 연결고리는 영채보다 큰 터인데 그러한 매개적 역할이 기차역에서 유기적으로 드러나는 셈이다.

이런 측면에서 근대 소설 일반에서도 여전히 서사적 계기로 남아있는 우연한 만남과는 구별되는, 고전 소설 서사적 약점인 우연성이 기차라는 이동 수단에 의해 '극복'된다는 가설은 충분히 설득력이 있으리라 본다.

한편, 우연성과는 다른 측면에서 기차 모티프가 근대적 서사의 내적 형식으로 기여하는 바는 <무정>의 다음과 같은 장면에서 잘 드러난다.

> 차는 지금 신막 남천역을 지나 경의 철도 중에 제일 산이 많은 옛날 금천 큰고개 근방으로 달아난다. 초생달은 벌써 넘어가고 창 밖은 캄캄하다. 달빛의 없는 것이 도리어 산들의 모양을 보기에는 편하다. 하늘과 산과의 경계는 굵은 붓으로 되는 대로 구불구불하게 그린 곡선(曲線) 모양으로 아주 분명하게 보인다. 왈칵왈칵 하는 찻바퀴 소리 사이로 산 강물이 조약돌 많은 여울로 굴러 내려가는 소리가 들린다. 이따금 기관차 굴뚝으로 나오는 불빛에 조고마한 산골짜기에 초가집 두어 개가 번적 보이고 혹 오랜 가물에 얼마 아니 되는 물이 가기 싫은 듯이 흘러가는 산강의 한 토막도 보인다. 차가 산모퉁이를 돌아설 때에 저편 컴컴한 속에 조고마한 불빛이 반작반작한다. 그 불빛이 차가 달아남을 따라 깜박깜박 있다가 없다가 함은 아마 잎이

무성한 나무에 가리워짐인 듯, 그 불은 꽤 오랫동안 형식의 차창에서 보인다. 형식은 물끄러미 그 불을 본다. 저 불 밑에는 누가 앉아서 무엇을 하는고. 가난한 어머니가 아이들을 잠들여 놓고 혼자 일어나 지아비와 아이들의 누더기를 깁는가. 잘 보이지 아니하는 눈으로 바늘구멍을 찾지 못하여 연방 불을 돋우고 눈을 비비는가. 그러다가 '아아 늙었구나!' 하고 깁던 누더기에 굵은 눈물을 떨구는가. 그때에 아랫목에서 자던 앓는 어린아이가 꿈에 놀라서 우는 것을 껴안고 먹은 것이 없어서 나지도 아니하는 젖을 물리고 있는 것이나 아닌가. 또는 앓는 외아들을 가운데 놓고 늙은 내외가 자리 위에 서서 번갈아 아들의 몸을 만지고 번갈아 울고 위로하면서 마음속으로 '하느님 내려다봅소서' 하는 것이 아닌가. 이에 형식은 십여 년 전에 세상을 떠난 자기 부모를 생각하였다. (204쪽)

차가 개성 터널을 지나서 황해도 산 많은 데로 달아난다. 푸푸 소리를 내며 고개를 올라가다가는 수루루 하고 고개를 내려가며 또 푸푸하고 비스듬한 산모퉁이를 돌아가서는 수십 길이나 될 듯한 길로 미끄러지는 듯이 내려간다. 좌우에 풀 깊은 산골짝으로 푸푸 하고 올라갈 때에는 그 풀숲에서 단김이 후끈후끈 올라오다가 수루루 내려갈 때에는 서늘한 바람이 지켜 섰던 모양으로 휙 지나간다. 길가에 산 옆에 이물스럽게 생긴 바윗돌들이 내려쪼이는 햇빛에 빠직빠직 하는 소리가 나는 것 같고 여기저기 외롭게 선 나무들도 졸린 듯이 잎새 하나 움직이지 아니하고 가만히 섰다. 이따금 평평하게 뚫린 곳이 있어 거기는 냇가에 누워 자는 소도 보이고 한 뼘이나 넘어 자란 조밭에 김을 매다가 지나가는 (차를) 쳐다보는 모자(母子)도 있다. 그러나 영채는 여전히 꿈을 꾸는 듯이 차창에 턱을 걸고 앉았다.

> 차가 길게 고동을 울리며 어떤 산굽이를 돌아설 때에 기관차의 석탄 연기가 영채의 앞으로 (획) 지나가며 영채의 오른편 눈에 석탄 가루를 집어넣었다. 영채는 눈을 감고 얼른 머리를 차 안으로 끌어들였다. 그러고 손에 들었던 명주 수건으로 눈을 씻었다. 그러나 석탄 가루는 나오지 아니하고 눈물만 흐른다. 눈이 몹시 아팠다. (265쪽)

이 장면들을 보면 묘사와 회상이라는 근대 소설적 장치들이 확연하게 드러난다. 이는 고전소설과는 분명하게 구별되는 장치이다. 그런데 묘사와 회상이 '기차'라는 문물에 의해 가능해진다는 점에서 근대 소설의 새로움의 근거를 찾을 수 있다.

'묘사'는 '서사'의 중단을 필요로 한다. 일반적으로 서사가 진행되는 동안에는 묘사는 자리잡을 수 없게 되고 서사가 중단될 때 묘사가 비로소 이루어질 수 있다. 기차를 타고 움직이는 상황에서는 서사의 중단이 쉽게 이루어진다. 그리고 이 서사의 중단은 밀도 높은 묘사를 유발한다는 점에서 매우 유의미하다.[39)]

기차 같은 매개를 이용한 공간 이동에서는 인물의 움직임을 기차라는 장치가 대신해 주므로 서사의 중단이 이루어진다. 묘사가 개입될 여지가 생기는 셈이다. 고전소설에서 인물이 움직이는 한 계속적으로 서사가 따라야한다는 점은 고전소설 몇 장면만 들춰보아도 쉽게 확인할 수 있다.

---

39) 고전소설에서 인물들이 움직이는 과정은 지속적으로 서사의 대상이 되어야 한다. 물론 정도의 차이는 있어 모든 고전소설에서 서사의 중단이 근대적 소설에 비해 현저히 낮다는 것은 아니다. 그렇지만 기차를 이용하는 경우 그 양상이 사뭇 달라진다는 점에서 이러한 진술이 가능할 것이다.

그런데 기차를 타고 가는 인물에게는 묘사할 시간이 주어지고 그러다보니 회상과 같은 내부 의식의 흐름이 작동하게 된다. 고전소설에서도 인물이 지나간 시간을 되돌아보는 장면들(예를 들어 길을 가면서 또는 잠자리에 누워 과거의 일을 생각하며 뉘우치거나 하는 장면들)이 있기는 하지만 기차 안의 풍경이나 기차 밖의 풍경을 보면서 어떤 기억들을 이끌어내거나 떠올리는 일은 '묘사'와 같은 방식으로 이루어지는 경우가 많다는 점에서 내적 형식으로서의 비중이나 역할이 다르게 나타난다. 근대소설에서 묘사의 중요성은 굳이 설명하지 않아도 될 터이다. 그 묘사가 우리 소설사에서는 개화기 소설은 물론 근대 초기 소설에서 분명하게 자리잡고 있다는 점은 우리 근대소설의 대응력을 보여준다는 점에서 일종의 미덕이라 할 수 있을 것이다.

이상의 논의에서 고전 소설 일반을 논할 때 자주 거론되는 우연성의 해소, 묘사와 회상의 본격적인 도입이 여로 구조를 통해 이루어지고 분명해진다는 점을 확인할 수 있을 것이다. 이를 바탕으로 소설사적 전개 과정에서 〈혈의 누〉와 〈무정〉을 바라보게 되면 이들 작품들의 소설사적 의미망에 대한 또 다른 이해와 접근이 가능해질 것이다.

여로 구조의 '공간 탈출 의식'과 소설사 서술의 가능성

우리 근대 문학의 전개 과정에 끼친 근대사의 영향은 다기하고 다대하다. 여로 구조에 미친 영향은 '탈출'이라는 개념으로 시작된다. 어딘가로부터 '탈출'을 해야 한다는 의식에서 비롯되기도 하는 문제적 개인들의 여로를 어떻게 볼 것인가?

1. 소설사 서술과 여로 구조

우리 소설의 여로 구조를 논하게 된 이유 중의 하나는 소설사 기술의 방법에 대한 고민이다. 많은 소설사가 저술되었고 소설사 기술에 대한 논의들이 이루어졌지만 내적 형식을 중심으로 한 소설사의 필요성을 자주 느끼게 된다. 특히 문학교육의 현장에서 학생들과 소설사를 공부하면서 더욱 절실하게 느끼는 문제이다. 여기서는 그 같은 맥락에서 여로 구조를 중심으로 소설사를 기술하는 것이 가능한 것인지를 살펴보되, 구체적인 기술 초점이 될 수 있는 '공간 탈출 의식'을 중심으로 접근해 보고자 한다.

여기서 여로 구조를 특징짓는 많은 요소들 중에서 '공간 탈출 의식'을 선택한 것은 대학생들과의 소설사 수업에서 제기된 중요한 문제로 보았기 때문이다. 결론적으로 말하면 학생들이 여로형 소설을 학습할 때 이런 전형적인 사고를 하게 되는 점을 발견했기 때문이다. '여로 구조는 공간으로부터 출발한다. 그리고 공간을 거쳐 공간에 머물거나 처음 공간으로 돌아 온다. 그런데 문제적인 소설에서는 도달한 공간에서 어떻게 탈출해 오는가를 다룬 소설이 제일 의미가 있다고 생각한다.' 이런 사고는 대학생들이 가장 많이 기억하고 있는 소설인 이상의 <날개>와 김승옥의 <무진기행>이라는 사실과 무관하지 않다.

이는 십수 년간 소설비평 수업과 소설사 수업을 진행하면서 관찰하고 분석한 결과이다. 물론 시기별 학습 집단에 따라 다르게 나타나기는 하지만 두 작품을 근현대 소설 중 가장 먼저 떠올리고 기억하고 있다는 점, 두 작품에서 가장 인상적인 장면이 마지막 부분의 '탈출' 장면이라는 점은 거의 변하지 않았다. '탈출'이라는 용어는 조금씩 다르게 쓰기도 하지만 그 속성은 별반 다르지 않다. 이런 선경험을 지닌 상태에서 여로 구조에 대한 학습이 진행되면 학생들은 으레 '공간 탈출'을 염두에 두고 논의를 시작하곤 한다.

이런 경험을 바탕으로 이 절에서는 내적 형식을 중심으로 한 소설사 서술의 한 기제로서 여로 구조의 활용 가능성을 찾아 보되, 그 전제적인 단계로 '공간 탈출'이란 요소를 중심으로 접근해 가는 것이 가능할 것인지를 탐색해 보기로 한다. 다소 길게 여겨질 수 있겠으나 여기에 이르기까지의 필자의 사고 과정도 여과없이 기술해 봄으로써 이 절의 바탕을 이루는 논리적 틀이 타당한지를 판단할 근거를 제시해 보고자 한다. 이 책의 논리를 발전시켜 궁극적으로 도달하고자 하는 것은 여로 구조를 바탕으로 한 소설사의 기술이기 때문이다.

한국 현대 소설[40]을 연구하는 입장에서 늘상 부딪히는 고민 중의 하나는 역설적이게도 '소설이라는 양식의 본질적인 속성을 무엇으로 정의해야 하는가'라는 문제였다. 너무 기본적인 문제이기에 그것으로 고민을 한다는 일 자체가 무의미한 것이 아닐까 하는 생각이 들기도 하지만 수많은 연구물들을 접할 때마다 반복되곤 한다. 특히 소설사와 관련된 문제를 탐색하고 있는 연구물들을 접할 때 더욱 그러하다. 최근에 들어 다양한 자리에서 이루어진 문학사 서술 관련 논의들을 통해 볼 때 이런 문제는 우선적으로 우리 현대 소설사가 안고 있는 특수성 때문에서 비롯된 것이 아닐까하는 판단이 든다. 그리고 그 특수성이란 한국 사회에서는 '근대'라는 개념이 매우 포괄적이고 특수한 맥락에서 적용되고 있으며, '근대 소설'이라는 개념이 한국의 소설사를 기술하는데 과연 적절한가 여부가 끊임없이 제기되고 있다는 점으로 설명할 수 있다.

이러한 특수성 때문에 한국의 현대소설에 대한 깊이 있는 연구 성과

40) 여기서는 그동안 대체로 근대·현대 소설로 구별되어 오던 개념을 현대(modern) 소설로 통칭하기로 한다. 그 이유는 이 논문이 '소설사' 서술의 방법론과 관련된 문제를 다루고자 하기 때문인데, 소설사의 측면에서 볼 때 근대(modern), 현대(contemporary)의 구분법은 재고할 필요가 있다고 본다.

들이 축적되었음에도 불구하고 정작 연구자들이 모범적이거나 문제적인 소설사로 동의할 수 있는 결과물이 아직 제시되지 않고 있는 것으로 판단된다. 물론 소설사에 대한 관점은 다양하고 개별적인 것이며 문학작품 역시 수용자에 따라 수용방향이 많이 달라질 수 있는 것이어서 쉽게 동의할 수 있는 소설사를 기대하는 것이 어려울 수 있다. 그러나 소설 연구와 소설사의 관계를 고려할 때 연구자들이 많은 관심을 두어야 할 문제라고 생각한다.

문학 연구의 목적의 하나가 올바른 문학사 서술에 기여하는 것임을 인정한다면 소설 연구의 목적의 하나도 역시 분류사로서의 소설사 서술에 있다고 할 수 있다. 연구자로서 고민을 하게 되는 동인은 여기에서 출발한다. 개별적인 작품을 대상으로 하는 접근과정에서는 느끼지 못하던 문제들을 소설사와 관련된 논의에서 발견하게 되는데 그 해결이 쉽지 않다. 특히 소설사를 어떤 사적인 매개개념을 통해 서술해 갈 것인가라는 맥락에 이르게 되면 더욱 그러하다. 필연적으로 소설을 무엇으로 볼 것인가 하는 문제가 떠오르기 때문이다. 소설을 무엇으로 보느냐에 따라 소설사의 서술 방향이 본질적으로 달라지게 될 것임은 굳이 설명할 필요는 없을 것이다. 그런데 언뜻 보기에 '소설을 무엇으로 본다'는 것은 아주 간단한 일이어서 특별히 큰 비중을 두고 논의할 성질의 것이 아니라고 할 수 있다. 하나의 관점을 세우고 그에 따르면 그만이기 때문이다. 그러나 현재의 소설사를 검토할 때 연구자들이 아직 이 문제에서 자유롭지 못한 것은 아닐까 하는 판단이 든다.

그간 우리 소설사 서술 작업은 지속적인 연구 성과에 힘입어 여러 결과물을 낳았다. 그 대표적인 것으로 김우종의 〈한국현대소설사〉(선명문화사, 1968), 이재선의 〈한국현대소설사〉(홍성사, 1979), 김윤식·정호웅 〈한국소설사〉(예하, 1993)를 들 수 있다. 논의의 필요상 각 소설사의 특성을 간단히 살펴보고자 한다.

김우종의 〈한국현대소설사〉는 뚜렷한 방법론이 제시되어 있지 않고 서술체계상의 흐름이 일관성을 유지하지 못하고 있다는 점에서 높은 평가를 받고 있지는 못하나 소설사의 선편을 쥐었고 비평적 안목이 돋보인다는 측면에서 의의를 인정받고 있다. 체계상의 문제를 예를 들어본다면 신소설을 다루는 부분에서는 테마, 플롯, 문체 등의 항목으로 나누어 서술하고 있으나, 30년대의 소설들의 경우에는 사조에 바탕을 두고 개별 작가를 다루고 있다. 또한 대상 작가나 작품을 선정하는데 저자의 취향이 다분히 드러나고 있으며 선호하는 대상과 그렇지 아니한 대상에 대한 평가가 이분법적으로 이루어지고 있다. 그렇지만 몇몇 작품에 대한 분석과정을 통해 엿볼 수 있는 뛰어난 감각이 뒷받침되고 있다는 점이 장점으로 꼽히고 있다.

이재선의 〈한국현대소설사〉는 '역사와 문학의 미학이 긴밀한 유기성을 지니고 해명될 때 온당한 문학사가 탄생할 수 있다'는 전제하에 수용미학과 내재적 접근을 방법론으로 내세우고 있다. 현대소설의 기점을 '20세기에 접어든 문턱'으로 보고자 하는 관점은 서구에서의 근대소설이 사실주의 소설의 발달로부터 기인하고 있음을 염두에 둔 것이어서 다소 무리가 따르는 논지로 보이지만 내재적 접근을 통해 확인하는 과정을 거치고 있기에 경청할 만한 대목이라 여겨진다. 그러나 실제 서술과정에서는 이러한 방법적 토대들이 충분히 작용하지 못하는 것으로 판단되는데 그 주된 원인은 수용미학의 한 방향으로 받아들인 독자비평이라는 개념이 추상적인데 있다고 본다. 이 소설사의 가장 큰 장점은 '비평의 다원성과 미학적 접근'을 추구한데 있다. 테마론에 가까운 작품 해석에서 얻어진 결과를 미학적 지평으로 확대시켜 나간 부분은 그동안 역사주의적 방법에 지나치게 기대어 온 데 대한 반성의 차원에서도 매우 의미 있는 시도로 평가할 수 있다.

김윤식·정호웅의 〈한국소설사〉는 개화기에서 1980년대에 이르기까지의 소설들을 대상으로 하고, 작품을 중심으로 기술하며, 내적 형식을 존중하고 구조주의적 태도를 취한다는 점을 명확히 하고 있다. 이러한 관점은 곧바로 서술체계와 연결되어 기존의 소설사와는 다른 면모를 보여주고 있다. 특히 내적 형식을 존중함으로써 얻어진 것으로 판단되는 작품 분석의 치밀함은 소설사 일반이 갖기 쉬운 단점, 즉 문학적 사실의 나열을 중심으로 함으로써 개별 작품에 대한 분석이 깊이 있게 이루어질 수 없다는 점을 극복해 냈다는 측면에서 높이 평가할 수 있다. 이 소설사의 문제점으로는 서술 초점을 명확히 하고 그것을 강조하는 장별 기술 형태를 취하다보니 대상 작가와 작품이 매우 한정되고 있다는 점을 지적할 수 있다. 또한 각 대상 작품들의 '선택과 나열'[41]이 어떤 일관된 맥락에서 이루어지기보다는 개별적으로 의미 있다고 판단되는 작품들을 집합체로 만들어 놓았다는 평가를

---

41) 문학사를 서술하는데 가장 핵심적인 일은 대상들을 어떤 기준으로 '선택'하고 어떤 틀에 따라 '나열'할 것인가 하는 문제일 것이다. 외국의 문학사를 살펴보면 각국의 문학적 전통에 따라 이 두 가지 요소가 확연하게 다르게 나타난다. 〈New Literary History〉에 실린 글들을 통해 이 두 요소가 문학사 서술의 핵심임을 확인할 수 있다.

받기도 한다. 그렇지만 앞의 장점들과 함께 그동안의 연구결과들이 집약적으로 반영되어 있고 당대의 문학적 사실들까지를 서술 대상으로 하고 있다는 점에서 이후의 소설사나 문학사 서술에 많은 시사점을 주리라 판단된다.

이 소설사들을 검토하면서 필자가 가졌던 생각은 매우 단순하다. 우리 소설사를 서술하는데 있어 그 흐름을 연속적(궁극적으로는 발전의 개념을 포함하는)으로 설명해 줄 수 있는 설득력 있는 '사적 자질(historical property)'[42]로는 어떤 것들을 설정할 수 있을까 하는 것이었다. 물론 한 나라의 소설사가 반드시 어떤 공통적인 자질에 의해 그 흐름이 일관되게 서술되어야 하거나 그것이 언제나 가능하리라고 생각하지는 않는다. 그럼에도 불구하고 분류사로서의 소설사의 위상을 생각하게 되면 그러한 가능성 탐색은 궁극적으로 의미 있는 문학사 서술의 한 토대가 될 수 있을 것으로 본다. 개별적인 연구에서는 어떤 대상을 선택해서 어떤 방법론으로 접근해가도 문제시되지 않는다. 오히려 그 접근 시각의 독특함이나 결과의 개별성이 미덕으로 여겨지기도 한다. 그러나 소설사 서술의 경우에는 다르다고 본다. 적어도 '선택'과 '배열'의 문제가 공감대를 얻을 수 있고, 논리적인 범주 내에서 해결되어야 하기 때문이다.

한국 현대소설에 나타나는 공간 탈출 의식을 탐색해보고자 한 의도는 교육 현장의 경험과 함께 이런 맥락에서 비롯되었다. 소설사 서술을 위한 사적 자질을 사적 실체를 인정받는 여로 구조의 중심 요소 중의 하나인 '공간'이라는 요소에서 구해보고 그 요소를 구체화하는 방향을

---

42) D. Brown, What is literary history, New Literary History, 1998.

공간에서의 탈출이라는 쪽으로 설정해 본 것이다.

'공간'이라는 요소를 사적 자질로 내세운 것은 필자가 이전부터 여러 논문들을 통해 소설의 양식적 속성을 검토하면서 서사양식을 서사양식으로 유지시켜 준 가장 기본적인 요소가 시간 및 공간이라는 보편적 측면과 함께, 우리 근대사와 긴밀하게 연관지어 문학사를 바라볼 때 시간보다는 공간이 보다 의미 있는 요소가 아닐까 라는 생각을 해왔고 거기에 이 책의 주제인 여로 구조에 대한 연구 결과를 접목시킨 때문이다.

이 절이 의도하는 바는 그 자체로 바로 적용할 수 있는 소설사 서술 방법론을 마련하는 데 있지는 않다. 그러한 방법론은 수많은 모색과정을 거쳐 마련될 수 있는 것이기에 우선 여러 가능성 중 한 가지를 점검하는 데 초점을 맞추고자 한다. 즉 공간이라는 요소가 과연 '사적 자질'로 설정될 수 있는지, 그리고 '공간탈출' 의식이라는 개념이 구체적인 방법 개념으로 성립될 수 있을지에 대해 필자의 의견을 제시하고 그에 대한 독자들의 견해를 얻고자 하는 것이다.

2. '공간 탈출 의식'의 방법적 개념으로서의 가능성과 그 방향

1) 소설사 서술 이론의 속성

소설의 발생은 역사와 개인의 측면에서 설명될 수 있다. 소설이라는 양식이 인류의 역사 발전과 더불어 이루어진 것이라면 구체적인 작품은 개인의 창조적 소산이다. 사실 문화의 한 하위 구조물로서의 소설과 관련된 현상들은 매우 다양하고 복잡한 양상을 지니고 있어 그 발생이나 전개과정을 일률적이고 규범적으로 설명하기란 그리 쉽지 않다. 그렇지만 소설의 양식적 성격을 통해 그 발전적 흐름을 설명하고자 하는 노력들은 충분히 공감할 수 있는 법칙들을 우리에게 제시해 주었으며, 그 법칙의 토대를 살피면 역사와 개인이라는 두 축이 내재해 있었다. 즉 소설 양식의 전개과정을 설명하는데 역사라는 개념으로 표상되는 현실과의 관련성, 그리고 개인이라는 개념으로 표상되는 인간의 의식과의 관련성을 아울러 포괄하고 있다. 그러한 설명 방식에서 유래된 이론적인 틀의 대표적인 것으로 '현실 반영'과 '내면 묘사'를 들 수 있다.[43]

'현실 반영'과 '내면 묘사'는 소설의 근본적인 성격이 무엇인지에 대한 서로 다른 접근법의 결과이기도 하다. 그리고 이 두 접근법은 오랜 동안 소설 연구에서 지배적인 영향력을 행사해 왔다. 그것은 우리 소설 연구, 소설사 서술에서도 마찬가지였다. 그런데 이러한 이론적인 틀들을 마련하는데 근거로 삼았던 서구 작품들은 아무래도 그 이론이 토대를 두고 있는 민족문학의 대표적인 작품들로서 그 문학사적 전통이 매우 강하게 드러나 있는 작품들이라는 점에서 여과장치 없이 다른 문학사에 적용하는 일은 주의를 요한다. 문학사적 전통이란 보편성보다는 그 민족문학의 특수성에 기대는 측면이 강하기 때문이다.

---

43) 이에 대해서는 다음 참조.
G. Gebauer & C. Wulf (trs. by D. Reneau), Mimesis, Univ. of California Press, 1995.

물론 이런 이론 틀들은 문학의 속성 때문에 보편적인 성격도 아울러 지니고 있기에 큰 무리는 없어 보이지만 정작 구체적인 작품의 정체성을 확보해 주는 것은 그 작품이 생산된 특수한 사회·역사적 구조이기 때문에 그 적용의 과정이나 변용의 맥락이 적절하지 않을 수 있다. 그동안 우리 소설 연구에서 중요한 기준 틀로 작용했던 '현실 반영'의 문제를 보더라도 이 점은 곧바로 확인된다. 큰 범주에서는 '현실 반영'이라는 틀의 적용이 가능하지만 구체적이고 세부적인 방법의 적용 단계에서는 과연 우리 소설을 분석하고 비평하는데 적절한가라는 문제가 논란이 되는 경우가 많았다. 이 점에서 서구 각국의 소설문학사가 소설 이론사와는 달리 독특한 시·공간에 내포되어 있는 작품의 변별적 내용 요소들을 중심으로 서술되고 있음을 참고할 필요가 있을 것이다.

소설사 서술과 관련된 문제를 또 다른 측면에서 검토해 보자. 우리 문학 연구에서 이론적 틀을 확보하고자 하는 노력들은 기본적으로 상당한 어려움을 안은 채 진행될 수밖에 없었다. 이 어려움은 시와 소설을 비교하건대 소설 쪽이 상대적으로 더 컸다고 할 수 있다. 그것은 소설이라는 양식상의 특성이 작용한 탓이라고 본다. 원래 서사양식은 그 발생론적 속성상 서정 양식에 비해 그 접근과정에서 많은 관여 요소를 필요로 한다. 이 점을 아브람스의 견해를 빌어 설명한다면 반영론, 표현론, 효용론, 존재론의 측면에서 고려할 요소가 서정 양식에 비해 현저히 많게 되기에 그 이론적 틀을 마련하는데 어려움이 많다는 것이다.[44] 이를 염두에 두고 우리 현대 시사와 소설사를 비교해 보면

44) 이 점에 대해서는 다음 참조.

그 점을 확인할 수 있을 것이다.

이와 같은 맥락에서 살펴볼 수 있는 또 다른 문제로는 현대 소설 연구의 경향성을 들 수 있다. 70년대 후반 이후 현대 소설 연구사를 되돌아보건대 대체로 수년의 기간을 주기로 특정한 이론들이 하나의 흐름을 형성하다가 다른 이론으로 옮겨가는 경향이나 같은 시기에 대립적인 두 흐름이 존재하는 경향을 보여 주고 있다. 실증주의 - 리얼리즘 - 모더니즘 - 포스트모더니즘 - 민족주의 등은 그 주요한 흐름들을 이룬 화두였다고 판단된다. 그런 상황에서는 소설사 서술이라는 과제는 큰 관심의 대상이 되기 어려웠다. 다양한 이론의 공존은 곧 작품들에 대한 다양한 재해석과 평가를 가져오기에 어느 정도의 합의된 평가를 전제로 하는 소설사가 서술될 수 있는 여건이 조건이 충족되지 못했기 때문이다.

2) 한국 현대 소설에서의 '공간' 요소

우리 현대소설의 흐름에는 내적인 발전 법칙보다는 외적인 상황이 보다 큰 비중으로 작용한 것으로 볼 수 있다. '개화' '식민지' '해방' '전쟁' '분단' 등의 역사적 상황 요소들이 문학적 전통이 미미한 상태에서 강렬한 영향을 미쳤기에 그것들 자체가 문학현상을 형성시키는 가장 중요한 요인이 된 것이다. 또한 작가들로서는 그러한 상황에서는 당대 사회의 지식인으로서의 의식을 작가 의식보다 앞세울 수밖에 없었

I. 와트(전철민 역), 소설의 발생, 열린책들, 1988.
M. 로베르 (김치수·이윤옥 역), 기원의 소설, 소설의 기원, 문학과지성사, 1999.

던 탓[45]에 우리 문학의 내적인 발전 법칙은 그 형성이 지체될 수밖에 없었을 것으로 판단된다. 우선적으로 현실이 부여하는 의무와 중압감에서 벗어나기 어려웠을 것이기 때문이다. 그렇다고 문학작품들이 전적으로 외적 상황에 기댄 상태에서 창작되었다고 보기도 어렵다. 왜냐하면 문학작품은 한 개인의 창조적 활동의 소산으로 그 형상화 과정에서 상상력에 의거하게 되기 때문이다.

이 맥락에서 관심사로 떠오르는 것은 그 상상력의 속성을 무엇으로 규정할 것인가의 문제이다. 문학론 일반에서 사용하는 상상력이 아닌 한국의 현대소설이 안고 있는 특수성을 포괄할 수 있는 개념이 필요한데, 본고에서는 그것을 역사적 상상력으로 보고자 한다.[46] 우리의 현대사를 살펴보면 생존과 직결될 정도의 비중을 지닌 상황 요소들이 많았던 역사적 상황 속에서 지식인이자 창조적 개인으로서의 작가는 역사적 상상력을 통해 그것들에 대응해 갔다고 볼 수 있다. 그 과정에서 역사적 상상력은 우리 문학의 외적·내적 법칙을 제어하는 일차적인 원리로 작용했을 것으로 판단된다. 문제는 역사적 상상력이 어떤 요소를 통해 구체화되고 형상화되는가 이다. 본고에서는 그 요소를 '공간'으로 설정해 보고자 한다.

소설에서 배경(setting)이상의 의미를 지니는 '공간(space)'의 역할에 대한 논의를 굳이 들추어 본다면 최근의 서사이론(narratology)에서 유

---

45) 조남현, 한국 지식인 소설 연구, 일지사, 1984.

46) '역사적 상상력'이라는 용어는 그리 낯선 것은 아니다. 문화사 또는 지성사에서 문학과 관련하여 이 용어를 폭넓게 사용한 논의로는 다음 참조.
헤이든 화이트 (천형균 역), 19세기 유럽의 역사적 상상력, 문학과 지성사, 1991.

추해 낼 수 있다. 최근의 서사이론들은 현대 소설의 장르적 차별성의 핵심으로 기능론을 들고 있는 바 그 중심 요소를 서술자의 역할, 시점, 구조 등으로 설명하고 있다. 그런데 이 서사이론들은 소설에서 전통적으로 시간과 더불어 다양한 층위에서 역할을 하는 요소로 인정되던 공간이라는 요소에 대해 표면적으로는 독립적인 논의나 의미부여를 하고 있지는 않다. 그러나 그 저변에 접근하다 보면 그 기능적 역할을 이전보다 더욱 중시하고 있음을 알게 된다. 즉 서술자의 역할이나 시점, 구조 등은 공간이라는 요소와 결합하면서 구체성과 사실성을 얻게 되어 서사성을 끌어올리는 역할을 담당한다고 보고 있다. 특히 특수한 문학적 상황에서는 소설적 공간이 인물 또는 인물들 간의 관계가 존재하고, 사회적 변화들이 온전히 감지되는 곳으로서의 성격을 지니게 되기에 일종의 종합적 기능을 담당하는 것으로 설명하고 있다.[47]

이러한 맥락은 우리 소설사 서술 과정에 고려할만한 여지를 충분히 지니고 있다고 판단되는데 그 중에서도 공간이 종합적 기능을 담당할 수 있다는 부분이 주목된다. 우리 문학에서 공간이 종합적 기능을 담당하는 것으로 설정 가능한 연유는 우리 역사의 특수성에서 기인한다. 개화기에서 최근에 이르기까지 우리 역사는 예측 가능한 것이거나 지속성을 기반으로 한 것과는 거리가 멀었다. 불확실하고 불가측한 방향성을 지닌 상황들로 이루어져 왔다. 史實(historical event)과 事實

47) 여기서 언급한 서사이론들에 대해서는 다음을 참조.
P.Rice & P.Waugh, Modern Literary Theory, Arnold, London, 1996.
Robert Hodge, Literature as Discourse, Polity Press, 1990.
R. Cohen(ed), The Future of Literary Theory, Routledge, 1989.
S.Onega & J.A.G. Landa(ed), Narratology, Longman, 1996.

(fact)의 구별조차도 힘든 흐름이었다고 해도 과언이 아닐 것이다. 바로 이런 상황이었기에 작가의 역사적 상상력이 무엇보다도 중요한 요소로 작용하며, 그 상상력을 구체화될 수 있게 하는 매개 대상으로 공간을 설정할 수 있다고 보는 것이다. 공간은 세계를 구성하는 여러 요소들 중 상대적으로 불변성이 강하기에 가변적인 것으로 가득 찬 상태에서는 인식의 출발점으로 삼기에 적절한 때문이다. 이런 측면에서 우리 소설사에서 공간의 요소를 하나의 방법적 개념의 원천으로 삼아 탐색해 보고자 한다.

그렇다고 해서 공간 자체의 탐구만으로 만족할 수는 없다. 문학작품이 인간의 삶의 제 국면을 섬세하게 다루는 것이기에, 소설에서의 공간은 거기에 작용하는 주체의 문제가 작용할 때 비로소 본래적 의미를 지닐 수 있을 것이다. 우리 현대사의 경우 역사적 상황 요소들인 '개화' '식민지' '해방' '전쟁' 등은 그 상황 속에서 어떤 삶과 행동을 취하고자 하는가 라는 방향성에 따라 주체의 윤리적, 사회적 존재 의의와 평가가 달라지게 했기 때문에 더욱 그러하다. 그런 측면에서 설정 가능한 것이 공간에 대한 주체의 작용 양상이 될 것이다.

공간에 대한 주체의 작용 양상은 우선 의식과 무의식의 측면에서 접근할 수 있고 전자는 다시 공간 내에서의 정지와 공간의 내외부로의 이동이라는 측면으로 나눌 수 있을 것이다. 여기에서는 지식인으로서의 문인들의 대응이라는 점에서 가장 적극적인 것이라 할 수 있는 의식 - 이동의 축을 중심으로, 우리 소설사의 대표적인 작품들에서 드러나는 양상을 검토해 보고자 한다.[48)]

48) 이상 공간에 대한 내용들에 대해서는 다음을 참조.

3) '공간 탈출' 의식의 양상과 의미

우리 현대 소설에서 공간 개념은 상당히 광범위한 양상으로 형상화되고 있다고 본다. 우리가 개화기에서 70년대에 이르기까지 문학사적 비중이 높은 것으로 대체적으로 동의하는 작품들에서는 보다 구체적으로 나타난다. 그런데 이 공간 개념들은 주로 '의식적인 이동'의 방식으로 발현되며 이동의 방향성은 '탈출'에 속하는 것으로 볼 수 있다는 점에서 주목을 끈다. 즉 '공간탈출'의식이 의미 있는 대응양상으로 나타난다는 점이다.

일반적인 논리에서 볼 때 '공간탈출'이란 공간의 성격에 따라 그 의미가 달라질 것인데, 공간을 현실과 동의어로 설정할 수 있는 맥락에서는 탈출 주체의 의식에 따라 현실도피가 될 수도 있고 적극적인 현실대응일 수도 있다. 이 점을 감안한다면 우리 현대소설에 나타나는 '공간탈출'의식을 검토하는 일은 소설사 서술의 방법적 개념의 모색과 긴밀하게 연관되는 것임을 이해할 수 있을 것이다. 물론 '공간탈출'의식을 통한 소설사 서술 방법은 아직까지는 가설의 차원에서 탐색될 수밖에 없을 것이다. 앞서 설명한 매개 개념들인 '공간적 상상력'을 비롯한 여러 관여 요소들에 대한 검토는 학제간 연구 등의 과정을 거쳐 그 요체를 얻어낼 수 있을 것이기 때문이다. 그렇지만 귀납적 접근을 통해 그 가능성을 확인할 수 있다면 의미 있는 작업으로 연결될

A. N. Whitehead (오영환 역), 과학과 근대세계, 서광사, 1991.
H. 라이헨바흐 (김성룡 역), 시간과 공간의 철학, 서광사, 1986.
P. Henle, Cognition, Culture and Space, Ann Arbor: The University of Michigan Press, 1993.

수 있을 것이다. 이 장에서는 그런 의미에서 몇몇 주요 작품을 통해 그 같은 가능성을 확인해보는 데 초점을 두고자 한다.

(1) <혈의 누>와 <무정>

바로 앞 장에서는 〈혈의 누〉와 〈무정〉을 대상으로 고전 고설과의 변별적인 자질로서의 여로의 수단(기차)을 살펴 봄으로써 고전 소설과의 연계성에 대해 살펴보았다. 여기서는 그와는 다른 맥락에서 이후 소설들과 연계될 수 있는 요소로 '공간'에 집중해서 간단하게 언급해 보고자 한다.

〈혈의 누〉 상권의 공간은 조선과 외국(일본, 미국)으로 설정되어 있다. 주인공의 행적에 따라 교차 등장하는 공간이기는 하지만 그 관계 양상이 흥미를 끈다. 조선 - 일본 - 미국으로 공간이 이동함에 따라 주인공의 의식이 성장해 가는 양상을 보여 준다. 이는 단순한 공간 이동 이상의 의미를 지닌다고 할 수 있는데 주인공이 '조선을 떠난 상황'에서 비로소 조선의 실상을 파악할 수 있게 되었음을 말해 준다. 물론 이 공간 이동이 시간의 흐름을 동반하고 그에 따른 자연적인 인물의 성장을 가져온다는 점에서 흔히 볼 수 있는 시간 - 공간 병렬구조의 하나로 볼 수도 있다. 그러나 서사의 초점이 옥련과 구완서가 조선을 향해 던지는 목소리들, 즉 계몽의 의도에 있다는 점을 감안하면 다른 접근을 필요로 한다.

그렇다면 서술자나 화자를 통해 전달되는 작가의 의식 자체가 조선이라는 공간을 떠나서야 그 실상을 나름대로 파악할 수 있는 상태에 있었던 것은 아닌가 하는 판단을 하게 된다. 옥련과 구완서가 미국에서 옥련

아버지를 만나 조선에 관한 이야기를 하는 과정에서 주고받는 내용이나 그 방식은 조선에서라면 생각하기 어려운 것이라는 점을 상기하면 좀더 쉽게 이해할 수 있을 것이다. 옥련이 조선-일본-미국으로 이동하는 과정은 사실은 공간탈출 의식이 작용한 결과로 볼 수 있을 것이다.

<무정> 역시 이와 유사한 맥락에서 접근할 수 있다. <무정>에서 나타나는 대표적인 공간이동으로는 영채의 서울-평양행과 형식 일행의 서울-부산행을 들 수 있다. 전자를 통해서는 영채의 의식 변화가, 후자를 통해서는 주요 인물들의 민족 의식의 구체적 각성이 이루어진다. 영채는 그 동기가 어떠하든 서울을 떠남으로써 비로소 자신의 삶의 변화를 가져올 수 있게 되었으며 그 변화의 핵심은 자신의 삶을 봉건적 질곡으로 빠지게 할 지 모를, 형식에게 얽매인 범주에서 벗어나게 되는 것이다. 생득적으로 주어진 상황에서 벗어나 새로운 삶을 살아갈 수 있는 것은 그 상황을 온존시키려하는 공간에서 탈출할 때 가능한 것임을 말해주는 대목이라 할 것이다.

연재 122회분을 전후로 하는 대목도 마찬가지이다. 주요 인물들의 막연하고도 개별적이었던 의식들은 삼랑진 수해 장면을 계기로 집단적인 민족의식으로 변화하게 되는데 이는 외국 유학이라는 요소가 개재되어 있었기에 가능한 것이다. 즉 "저들에게 힘을 쥬어야 ᄒᆞ겟다. 지식을 주어야 ᄒᆞ겟다."[49]라는 일행의 생각이자 작가의 의식은 유학 후의 주요 인물들의 변화된 모습을 전제한 것이다. 자신들이 서 있는 공간에서 벗어나고자 했을 때 비로소 그 공간의 실상을 인식하게 되는, 전형적인 공간탈출에 따른 의식의 변화를 보여주고 있다.

---

49) 이광수, <무정> 123회.

이렇게 본다면 〈혈의 누〉와 〈무정〉은 공간 내에서 머물러 있을 때는 관습적인 의식이나 행동을 보여주나 그 공간을 떠남(나게 됨)으로써 그 공간의 속성이나 상황을 인식하고 그에 따른 의식적인 행동을 취하게 되는 과정을 보여준다는 점에서 공통적인 자질을 지니고 있다고 할 수 있다. 두 작품이 아직 고대소설적인 면모를 지니고 있으며 생경한 계몽의 목소리를 강하게 드러낸다는 측면에서 때로 '현대 소설로서의 함량 부족'이라는 부정적인 평가를 받고 있기도 하지만 '공간 탈출' 의식을 통한 역사적 삶과 현실의 형상화라는 측면에서는 또 다른 평가가 가능할 것이다.

(2) <만세전>

여로 구조를 논할 때 대표적인 작품으로 등장하는 〈만세전〉은 주인공 이인화의 '조선 탈출'로 그 여로가 귀결된다고 할 수 있다. 김윤식 교수는 〈만세전〉의 여로를 논하면서 다음과 같이 기술하고 있다.

> "이 여로라는 기본 구조를 東京에서 서울로 옮겨 놓은 것이 〈만세전〉이다. 시발점 동경은 언제나 시발점으로 놓이지만 서울은 종착지일 수 없다. 무덤이지만 그것은 그렇기 때문에 될 수 있는 한 금방 떠나야 할 한 지점이다. 물론 이 지점은 주인공의 뿌리이기 때문에 결코 무시될 수 없다. 언제가 돌아와야 할 그런 곳이다. 즉 고향이지만 그것은 근원적인 고향일 수 없다. 이 탈출의 의미가 동경에의 지향성이다."[50)]

---

50) 김윤식, 한국근대문학양식논고, 아세아문화사, 1980, p.163.

이 글을 통해 김윤식 교수도 분명하게 언급했듯이 <만세전>의 여로는 궁극적으로 '공간 탈출 의식'에 기반하고 있다. 그가 조선이라는 공간을 탈출할 것이라는 예측은 작품 초반부터 지속적으로 등장한다. 이 작품을 읽은 대학생 독자들도 가장 인상적으로 기억하는 구절이 '무덤이다. 구더기가 끓는 무덤이다.'[51]라는 것이라고 밝히면서 당연히 그가 서둘러 조선을 떠날 것이라고 생각하고 있다. 그리고 그 성격은 탈출에 가깝다고 인식하고 있다.

주인공이 동경으로 돌아가는 여로를 탈출로 볼 수 있는 근거는 주인공이 서울에 머무는 시간도 포함된다. 전체 8장으로 구성된 작품 중 1~6장 까지가 동경에서 부산, 서울까지의 여정이고 7장에서 9장까지만 서울에 머무르는 시간이다. 아내의 죽음 앞에서도 눈물을 흘리지 않는 주인공이 기껏해야 15일 남짓의 기간 동안만 머무르고 서둘러 동경으로 떠난다. 그 시간 동안 그의 머릿속에는 동경 술집의 여급인 정자(靜子)가 가득차 있다. 이런 정황들을 놓고 볼 때 '나'의 동경행은 조선의 탈출로 볼 수밖에 없게 된다.

<만세전>의 '공간 탈출 의식'은 앞서 시기의 작품인 <혈의 누>나 <무정>과는 그 연원이나 발현 양상이 다르다. 또 다른 공간을 지향하는 의식이 동반된 두 작품과 달리 지향점이 없이 탈출에만 의미를 두고 있는 셈이다. 이는 식민지 현실에 대한 깊은 자각이자 당대 지식인들의 의식의 저변을 날카롭게 보여준다는 측면에서 사적 의미를 부여할 수 있다. 여로 구조를 소설사 기술의 한 기제로 삼을 수 있는 여지를 여기서도 발견할 수 있다.

51) 염상섭, 만세전, 한국소설문학대계 5, 동아출판사, 1995, p.640.

(3) <날개>

이상의 〈날개〉의 핵심적인 내용은 '방으로부터의 탈출'이다. 이미 수많은 논의들을 통해 이 작품에 대한 분석이 다양하고도 심층적으로 진행되었고 그로 인해 오히려 소설사에서 그 위상을 정립하기가 어려운 문제작이지만, 당대적 자아와 삶의 형상화한 작품이라고 보는 데는 별다른 어려움이 없을 것이다. 물론 그 형상화 방식이 매우 추상화된 것이기에 논란의 여지가 있겠으나 추상화 방식 역시 삶, 현실과의 밀접한 관련하에서 이루어 질 수 있다는 점을 인정한다면 별반 무리는 없을 듯싶다.[52] 오히려 중요한 것은 직접적으로 소설사와 관련된 것이기는 하지만 이전 시기나 이후 시기의 작품들과의 연결 고리일 것이다. 이는 역시 '공간탈출' 의식으로 설명이 가능할 것이다.

〈날개〉의 주제 의식을 어떤 맥락에서 규정하든 그것이 '방'이라는 공간에서 벗어나고자 하는 의식의 구체화임은 부정하기 어렵다. 〈날개〉의 주인공이 자신의 존재를 구속하고 규정하는 공간에서 벗어나고자 했을 때 그의 삶이 비로소 의미를 가진다는 것을 깨닫게 되기 때문이다. 물론 이 소설에서 세계를 그려내는 방식이 외적으로는 철저히 개인의 폐쇄된 삶의 양상을 기반으로 해서 이루어진다는 점에서는 앞뒤에 놓이는 소설들과는 사뭇 다른 양상을 보인다. 이는 〈혈의 누〉 〈무정〉 〈광장〉 등이 집단적 의미를 지니는 공간을 설정하고 있는데 반해, 〈날개〉에서는 개인적 공간으로 설정되고 있다는 점을

52) 이 점에 대해서는 다음 참조.
졸고, "전후소설에 나타난 현실의 추상화 방법", 한국소설의 내적 형식, 태학사, 1996.

통해서도 설명될 수 있을 것이다.

그러나 두 경우 모두 미분화된 의식 상태에서 분화된 의식 상태로 전환하는 계기가 미분화된 의식 상태의 기반인 공간에서 탈출하는 것으로 설정되고 있다는 점에서는 공통적인 자질을 보여 준다. 어떤 면에서는 좀더 섬세하고 심도 있는 역사적 상상력의 소산으로 규정할 수 있다. 〈날개〉에서 형상화된 '방'이라는 공간은 그 외적인 범주를 훨씬 넘어서는 내적 의미를 지니고 있기 때문이다. 우리 모더니스트들 중 그 본래적 정신에 가장 근접한 문학 행위를 보여 준 작가로 이상을 꼽을 수 있다면 그 근거는 이러한 데서 찾을 수 있는데, 추상성 또는 주관적 보편성을 모더니즘의 핵심 개념으로 삼고 있는 관점들을 염두에 둘 때 더욱 그러하다.[53]

(4) <고향>

이기영의 〈고향〉에서는 이 '공간 탈출 의식'이 가출 모티프로 나타난다는 점에서 주목된다.

〈고향〉의 주요 인물들은 가출 경험을 갖고 있다. 김희준, 안갑숙, 방개 등은 가족과의 대립이나 반발로 인한 가출을 하게 되고 인순이와 경호는 가족과의 합의하에 일종의 가출상태에 놓이게 된다. 〈고향〉의 주요 인물들의 가출 모티프는 인물의 의식 성장의 한 계기로 설정되어 있는데, 그 계기가 당대의 현실에서 보편적으로 존재했던 현상이

53) 모더니즘을 공간성의 측면에서 접근한 논의들에 대해서는 다음을 참조.
K. 해리스(오병남 외 역), 현대미술-그 철학적 의미, 서광사, 1991.
오세영, 문학과 공간, 문학연구방법론, 이우출판사, 1988.
Jonathan Culler, On Deconstruction, Cornell University Press, 1982.

라는 점에서 설득력을 가진다. 예를 들어 김희준의 경우를 보면 조혼을 강요하는 부모와 대립을 하다가 가출을 결심하고 동경 유학길에 오른다. 이 조혼과 동경 유학은 당시로서는 불가분의 관계에 있었는데 카프 문인들의 전기적 사실과도 무관하지 않다. 여기에서 문제가 되는 것은 이들에게 조혼이 문제가 가장 전형적인 봉건잔재의 하나로 인식되고 있다는 사실이다.[54] 봉건잔재를 완강히 고집하는 부모(주로 부친)와 맞서 거부하다 가출을 한 김희준이 동경으로 건너가 의식이 성장하는 계기에 대한 언급이 없기는 하나 가출의 동기가 조혼의 반대였다는 사실은 그 암시로서 손색이 없다. 그리고 김희준이 귀향하게 되는 시기가 부친의 죽음 이후 곧 자신의 가출을 야기시킨 대상이 사라진 때였다.

그런데 여기서 한 가지 고려할 점은 당시 사회에서 조혼으로 인한 궁극적인 피해자는 여성이라고 보는 당대의 일반화된 관점이다. 이러한 사실은 일제가 조혼과 관련된 '본부살해(本夫殺害)'를 범죄의 한 유형으로 법률화까지 시키고 있었던 데서도 확인된다.[55] 당시 ≪조선농민≫ 같은 잡지에서도 농촌여성과 조혼의 폐해와 그 대책에 관한 글을 지속적으로 싣고 있다. 즉 여성은 가정이라는 공간을 의지로써 탈출하지 못하고 극단적인 선택을 하게 되는 셈이다. 〈고향〉에서 여성이 아닌 남성을 가출을 시키는 일은 당대의 현실과 비교할 때 다소 미흡한 점은 있으나 공간 탈출 의식이 중요한 소설적 기제로 작동하고 있음을

54) 이러한 인식은 신경향파 시기의 비평문에서부터 나타나고 있다. 김기진의 〈십자로 위에서〉(≪개벽≫ 1925.5)가 대표적인 비평문이다.

55) 工藤武城, 朝鮮特有の犯罪本夫殺害犯の婦人科學的考察(1-5), ≪朝鮮≫, 1933.2~6.

확인할 수 있다.

김희준의 경우와는 달리 안갑숙의 가출은 가출의 동기와 이후의 과정에서 드러나는 갑숙의 행위들이 다소 필연성이 결여된 부분이 많다는 점에서는 그 의미가 축소된다. 물론 가출로 인한 변화의 정도만을 문제 삼으면 안갑숙의 가출이 훨씬 큰 의미를 지니나 그 변화의 폭이 지나치게 크다는 점에서 오히려 설득력이 떨어진다. 특히 소작쟁의의 국면에서 경호와의 관계를 내세워 윤리적인 약점을 통한 해결방식을 취하게 한다는 점에서 그러하다. 가출이 매우 의도적인 장치로 개입되었기 때문이다.

〈고향〉의 인물들에게서 공통적으로 나타나는 가출 모티프는 30년대 후반의 장편소설들에도 그대로 연결되어 나타난다. 〈대하〉 〈봄〉 〈탑〉 등에서는 경향소설의 주인공들의 유년기에 해당하는 시기인 개화기에 어린 소년들이 가출하는 장면이 나오는데 이 가출 소년들이 성장하여 후에 경향 소설의 주인공으로 등장한다고 보았다. 이렇게 볼 때 가출은 우리 근대 소설사의 한 축을 담당했던 경향 소설들의 주요 모티프로 나타나고 있는데 그 근저에는 '공간 탈출 의식'이 자리 잡고 있다고 보았다.

(5) <유예>와 <요한시집>

1955년에 발표된 두 작품은 전쟁이라는 상황을 바탕으로 여로 구조와 '공간 탈출 의식'의 측면에서 접근이 가능한 작품이다. 전쟁은 그 성격상 여로를 수반하게 되는데 특히 전쟁에 참여했다가 낙오가 되거나 포로가 된 인물들은 필연적으로 여로를 경험했거나 경험하게 된다.

<유예>는 낙오자로서의 여로를 경험하고 <요한시집>에서는 포로로서의 여로를 경험한다.

> "때로는 눈보라와 종일 싸워야 했고 알 길 없는 방향을 더듬으며 헤매어야 했다. 발이 얼어 감각이 없다. 불안, 절망이 그를 엄습하기 시작하였다. 내가 잡은 이 방향이 정확한 것인가? 나의 지금 이 위치는? 상의할 아무도 없다. 나 하나뿐. 그렇다고 이대로 서 있을 수도 없다. 그는 한걸음 한걸음 눈 속을 헤치며 걸었다. 어디까지 이렇게 걸어야 하는 것인가? 언제껏 이렇게 걸어야 하는 것인가? 밤이면 눈 속에 묻혀서 잤다. 해가 뜨면 또 걸어야 한다. 계곡, 비탈, 눈에 쌓인 관목숲, 깎아 세운 듯 강파르게 솟은 산마루, 그는 몇 번이고 굴러떨어졌다. 무릎이 깨어지고 옷이 찢어졌다. 피로와 기아, 밤이면 추위와 더불어 고독이 엄습한다. 악몽, 다시 뒤덮이는 악몽, 신음 끝에 눈을 뜨면 적막과 어둠뿐. 자주 흩어지는 의식은 적막 속에 영원히 파묻혀만 간다."[56]

이런 지난한 여로를 거쳐 적군에게 포로가 된 주인공은 이제 그가 원하던 남쪽을 향해 갈 수 있는 길이 허락된다. 그러나 그 길은 죽음에 이를 수밖에 없는 길이다. 주인공은 그 상황에서 '걸음걸이는 그의 의지처럼 또한 정확했다. 아무리 한걸음 한걸음 다가가는 걸음걸이가 죽음에 접근하여 가는 마지막 길일지라도 결코 허튼, 불안한, 절망적인 것일 수는 없었다.'라는 서술을 통해 드러나듯 비록 죽음일지라도 그곳을 벗어나고 싶어한다. 적과 공존하는 공간은 그가 머물 곳이 아

---

56) 오상원, 유예, 한국소설문학대계 36, 동아출판사, 1995, p.415.

니며 죽음을 불사하고라도 떠나야 한다는 점에서 '탈출의 공간'이다. 낙오자가 되어 혼자 포로가 된 인물이 선택할 수 있는 것은 아니지만 그는 의지적으로 그곳을 탈출하고자 한다. 전쟁은 이렇듯 일군의 인물들에게는 필연적으로 '공간 탈출'을 시도하게 만드는 현상이 되는 셈이다.

그렇다면 〈요한시집〉의 경우는 그 요소가 어떻게 드러나는지 살펴보자. 〈요한시집〉은 포로수용소를 배경으로 삼고 있고 주인공 누혜는 포로 신분이다. 그가 포로 수용소로 오기까지의 삶의 내력은 그가 죽기 전에 쓴 유서에 드러나 있다. 전쟁에 참여하게 된 것은 그가 기꺼이 '인민의 벗'이 되겠다는 의지의 결과였다. 그리고 그는 전쟁에서 포로가 되었다. 유서에 나타난 그의 삶의 내력에서는 포로가 된 과정은 나타나지 않는다. 다만 '포로가 되었다'라는 결과만 제시되어 있다. 그러나 그가 전쟁에 참여한 이후의 여로는 굳이 설명하지 않아도 짐작이 된다. 중요한 것은 포로 수용소에 갇혀 있는 누혜의 의식이다.

> "거친 벌판에서 나는 다시 외로웠다. 이미 달은 서산에 졌는데 동녘 하늘에서 해가 솟지 않는다. 그렇다고 나는 내 그림자를 따라갈 생각이 없다. 여기에 그대로 서 있을 수도 없다.
>
> 여기는 땅의 끝. 땅의 시작되는 곳. '온 시간'과 '올 시간'이 이어진 매듭. 발톱으로 설 만한 자리도 없다. 여기는 경계였다.
>
> 그러나 얼마나 넓은 세계이냐. 이 옥토, 생산의 안뜰. 시간과 공간이 여기서 흘러 나가는 혼돈……."[57]

57) 장용학, 요한시집, 한국소설문학대계 29, 동아출판사, 1995, p.336.

그에게는 포로수용소가 경계였다. 자살로 보아 그는 삶과 죽음의 경계로 보고 있다. '발톱으로 설만 한 자리도 없'는 공간이다. 이곳에서 그는 더 넓은 세계를 바라보고 있다. 그가 아직까지 경험하지 못한 세계이다. 그는 자기가 살아 온 세상에 자신도 모르게 갇혀 있었다고 생각하고 있다. 그에게 이념이란 이제 벗어버려야 하는 대상이다. 그 이념은 자신에게 아무 것도 해결해 주지 못했기 때문이다. 오히려 쥐를 먹으려는 인간의 모습만을 보게 만든 존재이다. 그래서 그는 이 이념의 세계와 아직도 이념의 아귀다툼을 벌이고 있는 포로 수용소에서 벗어나고자 죽음을 택한다. 그가 벗어날 수 있는, 그 상황에서는 유일한 방법이었다. 죽음을 통한 공간 탈출이 그것이다.

주인공 누혜의 공간 탈출은 이 작품의 서두에 제시되고 있는 우화에 나오는 토끼의 동굴 탈출과 선명하게 대응된다. 일종의 동굴의 우상으로부터 벗어나고자 하는 의식에 상응한다. 토끼는 내내 갇혀 살아 온 동굴을 벗어나 새로운 세상으로 발을 내딛는 순간 충격을 받고 소경이 되고 만다. 십여 년, 토끼에게는 평생이라고 할 수 있는 동안 자신을 가두고 있던 동굴에서 벗어나기는 그토록 어려운 일이었다. 그러나 토끼가 죽은 자리에 솟아 난 버섯이 '자유의 버섯'으로 명명되었다는 설정은 누혜의 자살이 지니는 의미를 은유적으로 말해주고 있다. 누혜의 자살은 자유를 위한 탈출, 죽음을 담보로 얻은 탈출로 형상화되고 있다. 알레고리의 성격을 띤 '공간 탈출 의식'이 표출되고 있는 셈이다.

현대 소설사에서 6·25 전쟁은 막중한 비중을 차지하고 있다. 그리고 그 전쟁은 거의 필연에 가까울 정도로 여로가 밑바탕에 깔린다. 전쟁을 다룬 소설에서 등장할만한 인물들은 대체로 낙오자나 포로, 전쟁의 상처로 인한 패배적 삶을 살고 있는 사람들이다. 그들은 삶과 죽음의 갈림길이든, 전쟁에 지독한 염증과 회의를 느끼는 상황이든 간에 특정한 공간과 마주하게 된다. 앞서 살펴본 두 작품에서 등장하는 상황적 공간이다. 이 소설들에 등장하는 인물들은 필연적으로 그 공간을 탈출하려고 한다는 점에서 여로와 '공간 탈출 의식'은 전쟁을 소재로 한 작품들을 하나의 흐름으로 엮어낼 수 있는 장치가 될 수 있을 것이다.

(6) <광장>

분단 이후의 우리 문학사에서 '분단 이데올로기에 대한 정면 대결을 시도했다'는 점에서 많은 관심의 대상이 되어 왔던 <광장>의 서사구조의 핵심은 남-북-제삼국으로 이어지는 주인공의 행적이다. 비록 주인공 이명준의 기본적인 의식은 변하지 않는 것으로 보더라도 그의 의식에 미치는 공간의 영향들은 매우 크다. '광장' 또는 '밀실'이라는 개념을 통해 설정된 공간도 그러하거니와 그것들의 구체화된 모습인 남과 북이라는 현실적 공간은 매우 긴밀하게 연결된 서사적 공간이다.

이명준이 두 공간을 추체험하게 되는 계기가 필연이든 우연이든 그것은 중요하지 않을 수 있다. 작품에 나타난 대로 우연에 가깝다고 해서 이명준의 행적의 기능이나 의미가 달라지지는 않기 때문이다. 정작 작가가 말하고자 하는 것은 주인공으로 하여금 두 체제를 체험케 하는 과정에서 분단의 궁극적인 문제가 무엇인가를 드러내 보고자 함이기 때문이다. 그리고 그 드러냄은 양 체제에 대한 균형감각으로 인해 설득력을 얻고 있다. 사실 근본적으로 이질적인 체제에 대해 어느

한 체제에 속한 입장에서 균형감각을 가지고 바라보기란 그리 수월치 않다. 매우 어려운 일이기는 하지만 철저한 '거리 두기'를 통해서야 가능한 일일 것이다. 무엇보다도 공간 이동의 계기나 결과가 그에 부응해야 한다. 〈광장〉에서는 월북 - 포로 - 제삼국 선택이라는 과정으로 설정되어 있는 바, 이는 궁극적으로 두 체제(공간)로부터의 '탈출'을 의미한다. 이는 〈광장〉이 확보하고 있는 가장 의미 있는 부분으로 보인다.

〈광장〉이 쓰여 질 수 있었던 것은 '빛나는 4월이 있었기에' 가능했다는 말을 종종 듣게 되지만 '탈출'이라는 공간 이동 방식을 통해 분단된 두 체제에 접근해 간 것은 작가의 몫이라 본다. 냉전 이데올로기에 침윤되어 있던 당대적 상황에서 그 벽을 넘어 동일한 거리 감각으로 두 체제의 내부를 드려다 본 작가의 역사의식이 돋보이는 대목이다. 동지나 해상에서의 이명준의 죽음이 선명한 백색 이미지를 통해 그려지고 있는 것은 바로 분단 상황이 그 누구를 위한 것도 아닌, 아직은 '無(白)'의 상태임을 말해 주는 것이라 판단된다. 이 같은 맥락을 고려해 볼 때 분단을 꾀하거나 원하는 존재들을 향해 보내는 냉정한 시선은 〈광장〉의 소설사적 위상을 결정해 줄 고리가 될 것이다.

(7) <무진기행>

앞에서 잠깐 언급했듯이 대학생 독자들이 여로 구조를 학습할 때 떠올리는 대표적인 작품이 〈무진기행〉이다. 주지하다시피 〈무진기행〉에서 '무진'이라는 공간은 절대적인 무게를 지니고 있다. 가상의 공간이기는 하지만 안개라는 자연현상에 가려 있는 그 속에서의 삶의 모습들은 무엇보다도 사실적으로 그려져 있다. 그리고 '서울'이라는 공간과 대척적으로 설정되어 있다. 이 두 공간을 넘나드는 주인공의 의식은 당대를 살아가는 사람들이 가질 수밖에 없는 필연적이고 보편적인 것으로 보이게끔 한다. '무진'이라는 공간이 이 소설에서 차지하는 비중과 역할을 말해주는 대목이기도 하다. 그렇지만 무진으로의 입장은 여행일 수 없다. 주인공의 지난 기억들이며 무진에서 살아가는 사람들의 삶의 양상이 그것을 말해 준다. 서울 또는 그와 유사한 곳에서 '탈출'했을 때 입장이 가능하고 그것으로부터의 퇴장도 '탈출'일 때 가능하다.

주인공의 입장에서 볼 때는 서울과 무진은 근대화라는 정책이 빚어낸 '물질의 공간'과 '의식의 공간'으로 설명할 수 있다. 근대화가 추구하는 물질과는 거리가 먼 삶을 살아왔고 물질에 앞서는 자유라는 환상을 좇는 기질[58]을 지닌 당대의 문인들이었다. 그들의 입장에서 물질의 무게를 이겨내고 당대 사회의 본질을 드러내 보여줄 수 있는 길은 그 물질적 공간을 탈출하는 과정을 겪음으로써 가능했을 것이다. 김승옥의 소설에서 '죽음'이나 '환상으로의 여행' 등이 빈번히 등장하는 것은 그 좋은 예이다. 이는 <무진기행>에서 전형적으로 드러나는데 술집 여자의 죽음, 서울행을 부탁하는 인숙의 탈출 욕구, 그것을 뒤로하고 탈출하는 주인공의 의지 등에서 확인된다. 주인공이 도망치듯 무진을 떠나면서 '마지막으로 꼭 한 번만 무책임을 긍정하기로 하자'는 독백은 당대적 삶의 모습에 정면으로 대응하는 작가의 감각이다.

흔히 소설사에서 이 작가를 포함한 당대의 문인들을 '감수성의 세

58) 김윤식, "1960년대 문학의 특질", 한국현대문학사, 서울대출판부, 1992.

대'로 부른다. 그러나 이 작가가 보여주는 것처럼 감수성 자체만으로는 의미 있는 문학 행위는 가능하지 않을 것이다. 단순히 현실을 넘어선 감수성이라면 그 문학이 담당할 수 있는 몫은 그리 많지 않다. 감수성 속에 굳건히 자리잡고 있는 현실의 모습과 그것의 본질을 포착하는 의식을 발견할 수 있어야 의미가 있을 것이다. <무진기행>은 당대의 삶의 모습을 가장 구체적으로 담고 있을 서울과 대립되는 공간으로서의 무진이라는 가상적 공간의 설정, 그리고 두 곳을 번갈아 탈출하는 과정을 통해 현실의 본질을 보여준다는 점에서 소설사적 위상을 확보하고 있다.

물론 주인공의 서울행이 탈출이라는 단어로 설명될 수 있는지에 대해서는 반론이 있을 수 있다. 그러나 마지막 장의 제목인 '당신은 무진을 떠나고 있습니다'라는 구절에서의 '떠남'이 명백한 '탈출'에 해당한다는 점은 분명하다.

> "덜컹거리며 달리는 버스 속에 앉아서 나는 어디쯤에선가 길가에 세워진 하얀 팻말을 보았다. 거기에는 선명한 검은 글씨로 '당신은 무진읍을 떠나고 있습니다. 안녕히 가십시오'라고 씌어 있었다. 나는 심한 부끄러움을 느꼈다."[59]

단순한 떠남이라면 굳이 부끄러움을 느낄 이유는 없었다. 그러나 '당신은 제 자신', '적어도 제가 어렴풋이나마 사랑하고 있는 옛날의 저의 모습'이라고 지칭했던 하인숙에게 쓴 편지를 찢어 버리고 부끄러

59) 김승옥, 무진기행, 한국소설문학대계 45, 동아출판사, 1995, p.180.

움을 느끼며 급하게 무진을 떠나는 주인공의 모습은 '탈출'로 설명하는 것이 타당할 것이다. 〈무진기행〉의 구체적인 여로의 분석은 4장에서 다시 이루어진다.

(8) <철쭉제>

1982년에 발표된 문순태의 〈철쭉제〉는 여로 구조를 통해 전쟁으로 인한 한(恨) 풀이와 화해를 시도하고 있다. 여로 구조의 전형적인 모습과 분단 극복 소설로서의 가능성을 보여준 매우 주목할 만한 작품이다.

소설은 지리산 화엄사에서 세석평전에 이르는 길을 동선으로 하는 여로 구조를 취하고 있다. 이 여로는 며칠 만에 끝날 수밖에 없는, 닫힌 여로에 해당한다. 주인공과 박판돌이라는, 전쟁 전에 주인공의 집에서 일을 돕던 인물의 아들과 그리고 박판돌이 데려 온 술집 여인 등 세 사람만이 참여하고 있다. 이 여로는 깊은 산속으로만 이어져 있기에 다른 누구의 개입이 이루어질 수 없으며 예정된 일이 끝나면 곧바로 소멸될 여로라는 점에서 닫힌 여로이다.

그런데 여기에는 몇십 년 전에 동일한 동선으로 이루어진 두 개의 여로가 선행되고 있다. 하나는 6·25 전쟁 전에 주인공의 부친이 박판돌의 부친을 사냥을 핑계 삼아 살해하기 위해 걸었던 여로이며, 다른 하나는 전쟁이 난 후에 박판돌이 주인공의 부친을 끌고 자신의 아버지의 시신을 찾기 위해 걸었던 여로이다. 현재의 여로를 포함하여 세 여로의 동선은 정확히 일치하고 있다.

이 세 개의 여로가 의미하는 바는 한의 생성과 풀이, 그리고 화해이다. 첫 번째 여로에서는 박판돌의 한이 생성된다. 주인공의 부친이 그 아버지를 세석평전 부근에서 살해했기 때문이다. 아버지의 이해할 수 없는 죽음이 누구의 소행인지를 능히 짐작하면서도 종이라는 신분 때문에 감히 밝힐 수 없어 한으로 남겨 두어야 했던 박판돌이었다. 지금 현재의 두 사람은 그 첫 번째 여로에는 동참할 수 없었고 그 양상도 알기 어려웠다. 어렴풋한 비밀로 전해져 왔기 때문이다.

두 번째 여로에서는 박판돌이 주체가 된다. 그가 이끈 여로의 목적은 죽은 아버지의 시신을 찾기 위한 것이었다. 그러나 그는 주인공의 부친이 보여주는 태도에 그만 주인공의 부친이 자신의 아버지에 가했던 것과 같은 행동을 하면서 한을 풀게 된다. 그런데 그 한풀이는 또 다른 한을 낳게 되는데 주인공의 한이 그것이다. 전쟁이라는 상황은 힘의 역전 관계를 가져 와 종이 옛 주인을 살해하는 기회를 만들어 주었고, 그 결과로 주인공은 힘든 청년기를 보내야 했다.

세 번째 여로의 목적은 주인공의 한 풀이이다. 자신의 부친이 어디에서 살해당했는지를 모르는 주인공은 자신이 검사라는 힘을 이용해서 박판돌을 끌고 길을 나서게 된 것이다.

그런데 이 세 여로는 한의 생성 - 한 풀이 - 한의 생성 - 한 풀이로 이어지는 연결고리를 갖고 있으면서 또 한편으로는 '비밀의 폭로'와 '화해'의 단계로 이어진다. 즉 세 번째 여로는 그 진행 과정에서 하나의 비밀이 폭로되고 그로 인해 여로의 목적에 따른 예정된 귀결이 현저하게 달라지는 양상을 보인다.

세 번째 여로에서 드러나는 비밀이란 바로 첫 번째 여로가 선행되었다는 점이었다. 주인공은 그동안 자기 부친이 박판돌의 아버지를 살해했다는 사실은 모른 채 박판돌을 응징할 날만을 기다리며 현실적 힘을 키우기 위해 검사가 되는 길에 매진했었다. 그런데 여로가 진행되면서 그 비밀을 알게 된다. 두 사람 모두 아버지를 잃는 비극을 겪게 되는데 그 원초적인 계기는 오히려 주인공의 아버지에게 있었던 것이다. 그 비밀을 알게 되면서 주인공의 여로의 목적은 흔들리게 된다. 한 사람의 가해자와 피해자의 동행길이 아닌 두 피해자의 동행으로 여로의 성격이 바뀌게 된 것이다. 그리고 주인공은 그 길고 긴 한 풀이의 여정을 화해로 마치게 된다. 이 작품의 여로에 대해서는 뒷장에서 ≪장길산≫과 함께 다시 상론하게 될 것이다.

이 여로를 확장해서 이해하면 동족 간의 전쟁, 한 마을 사람들이 서로에게 총부리를 겨누게 되는 비극적 상황을 연출함으로써 수많은 한의 소유자들을 배태시킨 6·25 전쟁으로 인한 한 풀이의 해법 제시가 될 것이다. 자신의 눈 앞에서 벌어진 일들만을 기억한 채 상대를 향한 분노와 한을 키워 온 사람들이 존재하는 한 전쟁의 상처를 극복하기란 쉽지 않다. 남과 북의 이념적 대립의 극복이라는 거창한 담론이 아닌 남과 남의 대립이라는 비극적 상황이 더욱 무거운 상황이며 해결할 문제라는 인식이 이 작품의 근저에 깔려 있다고 보았다. 그런 의미에서 분단 극복 문학이라 지칭되는 작품들 중에서 이 작품이 던지는 문제의식은 매우 유의미하다고 보았고 그 소설적 장치로서의 여로 구조의 효용성도 높은 평가를 받을 수 있으리라 판단하고 있다. 두 사람의 논리적·정서적 해한(解恨)이 그 해법의 요체인 셈인데 거기에는 자신의 사고의 틀 안에서만 문제를 상황을 바라보는 일의 위험성에 대한 깊은 경계의식이 깔려 있다.

이 여로 구조에서 '공간 탈출 의식'을 논할 수 있는 것은 바로 두 사람이 이 여로를 통해 오랜 시간 동안 벗어나지 못한 '세석평전'이라는 공간이 주는 압박감에서 비로소 벗어날 수 있었기 때문이다. 혈육의 주검과 한이 묻혀 있는 세석평전은 그들의 삶을 지배해 온 트라우마의 공간이자 벗어나야 할 공간이었다. 두 인물이 서로에 대해 가질 수밖에 없었던 삶의 질곡의 현장에서 벗어나는 일은 그들에게 절실히 필요한 일임과 동시에 전쟁이 가져다 준 비극적 상처들을 극복해야 할 사회적 과제이기도 하다. 그런 의미에서 이 여로의 목적은 '공간 탈출 의식'과 긴밀하게 연관되고 있다.

이상에서 대상이 한정적이기는 하였지만 우리 현대 소설사 서술과 관련된 매개개념을 찾아보고자 하는 맥락에서 '공간 탈출'의식을 검토해 보았다. 몇 개의 작품을 선택적으로 분석한 것이기에 일반화의 오류로 지적될 수도 있겠으나 그 가능성을 확인할 수 있었다고 판단된다.

이 절은 그 성격상 전체적인 측면에서는 가설의 제시 차원에 머물렀지만 그 세부적인 국면에서는 많은 가능성을 확인할 수 있었다. 우리 현대 소설의 경우 역사적 상황 요인으로 인해 '공간'을 서사에서 종합적인 기능을 담당하는 요소로 설정하기에 충분한 요건을 지니고 있다는 점, 주요 작품들에서 '공간 탈출' 의식이 드러나며 그것이 소설사적 의미망의 차원에서 평가될 수 있다는 점, 공간에 대한 다양한 대응 양상이 발견된다는 점 등이 그것이다.

내적 논리를 공고히 하기 위해서는 고전 서사 양식과의 관련성도 필요하다고 판단했지만 이 절에서 다루기에는 적절하지 않았다. 예컨대 <단군신화>나 <동명왕신화>를 비롯하여 많은 설화문학에서, 그리고 이후의 고전 소설에서 '의미 있는 공간'의 요소를 찾을 수 있다고 본다. 이 절을 기술하면서 고전문학 연구자들에 의해 '공간'에 대한 심도 있는 논의가 이루어진 것을 확인하였고, 논지 전개에도 도움을 받았다. 고전소설과 현대소설을 연속선상에서 논의해야 할 필요성도 절감하였는데 소설사 서술이라는 측면에서는 더욱 그러하였다.

이 논의를 이어나가기 위해서는 '공간'이라는 요소의 무게 중심화의 설득력, '공간탈출' 의식의 정체성 여부 등에 대해 철저한 재검토가 이루어져야 한다고 판단했다. 그리고 탈출자와 남은 자의 관련 양상에 따른 탈출의 의미, 공간에 대한 체계적인 유형화 등도 보강해야 될 과제이다. 앞으로 지속적인 작업을 통해 그 과제들을 해결해 가고자 한다.

한(恨)의 정서와 여로 구조의 상동성

> '남도'라는, 개념은 부정확하나 명확한 정서를 지닌 공간..... 그 공간을 넘나드는 한의 여정을 밟는 사람들의 이야기를 통해 작가가 전하고자 하는 바는 무엇일까? 그들은 언제까지 걷고자 하는가......

필자는 이청준 작가께서 타계하시기 전에 초청 강연에 모신 적이 있다. 학생들과 함께 남도 문학 답사를 가기 위해 작품들을 검토하는 과정에서 학생들이 이청준 작가의 작품에 대해 많은 관심을 보였기 때문이다. 작가께서는 흔쾌히 학생들을 위해 강연을 수락하셨고 직접 학교에 나오셔서 상당이 긴 시간 동안 강연과 질의 응답을 이어 가셨다.

작가께서는 최근의 소설이론이 현대 소설이 독자의 입장에서 볼 때 전반적으로 난해한 쪽으로 나아가고 있다는 판단하에 '어떻게 읽을 것인가'라는 문제를 중심으로 논의가 진행되기를 희망한다는 고언을 주셨다. 그러시면서 굳이 그러한 논의들에 이름을 붙인다면 '독서이론' 쯤이 적절할 것이며, 구체적인 읽기 방법을 제시하는 데 연구자와 비평가들이 관심을 쏟아야 한다는 제언도 주셨다.

작가께서 사례로 든 구체적인 방법의 하나로는 소설적 공간을 중심으로 한 독법이었다. 작가의 입장에서 소설의 공간적 요소는 해당 소설의 정체성을 담보해주는 가장 중요한 요소임을 강조하면서 자신의 작품을 원작으로 한 영화 〈서편제〉를 예로 들어 주셨다. 영화 〈서편제〉가 당시로서는 최고의 흥행을 이룬 요인으로 많은 사람들이 스토리의 전개와 판소리라는 소재를 꼽고 있지만 자신의 입장에서는 공간의 힘과 여로 구조의 힘이 가장 컸다고 생각한다며 공간 중심의 소설 독법을 강조하셨다. 여기에서는 그 점에 착안하여 ≪남도사람≫ 연작을 중심으로 다섯 편의 여로 구조와 공간적 정체성을 살펴보고자 한다.

소설은 언어를 통해 인간의 가치있는 삶의 모습을 형상화하여 보여주는 대표적인 문학 양식이다. 여기에서 형상화란 작가가 파악한 삶의 본질을 효과적으로 전달하여 독자들이 충분히 이해하고 받아들일 수 있도록 하기 위한 일련의 과정을 일컫는다. 이 과정에서 사실, 허구, 상상, 상징 등의 다양한 개념들이 작용하게 된다. 소설의 역사는 바로 이러한 제 개념들의 상호관계와 작용원리들이 어떻게 나타나는지를 잘 보여준다. 따라서 독자들은 소설 작품을 감상할 때 작품을 구성하는 다양한 장치들에 대해 세심한 주의를 기울이며 읽어나가지 않으면 안된다. 본고에서는 이런 맥락에서 소설의 여러 장치들 중 '공간'이라는 요소에 대해 이청준의 소설을 중심으로 살펴보고자 한다.

소설에 관한 여러 이론들을 살펴보면 소설의 구성요소에 대한 논의들의 대부분은 인물이나 시점, 시간성, 담론 등을 중심으로 이루어져 왔다. 우리가 흔히 말하는 배경으로서의 '공간'에 대한 논의는 매우 소략한 편에 속한다. 그 원인으로는 대략 두 가지 정도를 들 수 있을 것이다. 첫째, 소설 속의 공간을 고정된 어떤 것으로, 즉 이야기의 도입이나 전개를 위해 필요한 기본 형식 정도로 이해해 온 전통적인 인식을 들 수 있다. 소설은 어떤 인물이 특정한 상황 속에서 맞이한 사건을 해결하는 과정을 다룬 양식이기에 그에 대한 논의는 당연히 이러한 측면에 초점을 맞추어야 한다는 견해들이 주를 이루어 왔기 때문이라 판단된다. 둘째, 소설속의 공간은 다른 요소들에 비해 특수한 성격을 띠고 있기 때문에 그것들을 유형화하고 그 과정을 통해 보편적인 법칙을 찾아 내는 일이 상당히 어려운 과제가 될 수밖에 없었기 때문이었을 것으로 판단된다. 극단적으로 말하자면 소설의 공간에 대한 이론은 검토 대상이 되는 작품 수만큼 존재하게 된다는 논리가 성립하는 것이다.

이런 연유로 해서 소설의 공간에 대한 이론적 접근이 그리 폭넓게 진행되지 못함으로써 어느 정도의 이론을 염두에 둔 채 소설을 읽어 나가는 독자들에게는 자연스럽게 공간에 대해서는 소홀히 하는 관습들이 생겨나게 되었던 것으로 보인다. 그러나 이러한 관습들은 작가의 창작과정이라는 측면에서 보면 상당한 문제점을 안고 있다. 작가가 특별히 어떤 공간을 중요한 요소로 부각시키지 않은 작품이라 할지라도 그 공간은 작가의 무의식이나 잠재의식과 밀접한 관련을 가질 수밖에 없다고 보기에 그러하다. 소설 자체가 허구의 양식이기는 하지만 그렇다고 해서 배경이 되는 공간을 사전적 의미의 허구 그 자체로 치부할 수는 없다. 아마도 허구성을 논의하면서 그것과 사실성의 관계를 문제 삼게 된다면 '공간'은 가장 첨예한 대립점이 되리라고 본다.

작가가 구성해 낸 공간은 선험적 의식의 소산에서 치밀한 의식의 소산에 이르기까지 다양한 속성을 지니고 있을 것이라 보기 때문이다. 더군다나 어떤 작가가 자신의 여러 작품들을 통해 일관되게 동일한 속성을 지닌 공간들을 설정하고 있다면 그 공간은 독서과정에서 다른 어느 요소에 못지않게 중요한 내용 요소로 간주되어야 할 것이다. 독자들은 이런 유형에 속하는 작품들을 써나가는 작가는 어떤 특정한 공간이 설정되어야 비로소 이야기를 풀어 나갈 실마리를 찾게 되는지도 모른다는 개연성을 인정해야 할 것이다.

이청준의 소설들 중 ≪南道사람≫ 연작에 속하는 작품들[60]은 이런 측면에서 주목된다. 여기에 속하는 다섯 편의 작품들은 작가가 지속

---

60) 이청준은 두 계열의 연작소설을 지속적으로 발표해 왔는데, 그 한 계열에는 '언어사회학서설'이라는 부제를 단 5편의 작품이, 다른 한 계열에는 '남도사람'이라는 부제로 역시 5편의 작품이 속해 있다. 이 중 ≪南道사람≫ 연작은 문학과비평사(1988)에서 '연작소설1'로 묶여 나온 바 있다. 참고로 두 계열의 작품들을 제시하면 다음과 같다.

'언어사회학서설' 연작	'남도사람' 연작
떠도는 말들 - 언어사회학서설 1 (1973)	서편제 - 남도사람 1 (1976)
자서전들 쓰십시다 - 언어사회학서설 2 (1976)	소리의 빛 - 남도사람 2 (1977)
지배와 해방 - 언어사회학서설 3 (1979)	선학동나그네 - 남도사람 3 (1979)
夢魘發聲 - 언어사회학서설 4 (1980)	새와 나무 - 남도사람 4 (1980)
다시 태어나는 말 - 언어사회학서설 5 (1981)	다시 태어나는 말 - 남도사람 5 (1981)

위 작품들 중 <다시 태어나는 말>은 서로 다른 부제를 단 채 각 계열의 마지막 작품으로 동시에 설정되어 있다. 이는 그동안 작가가 두 계열의 작품들을 통해 추구해 왔던 바를 이 한 편을 통해 완성한다는 의미에서 그리한 것으로 판단된다.

적으로 추구해 온 '恨'의 세계를 형상화하고 있으며 주요 인물이나 사건이 상당부분 중첩되는 양상을 보이고 있다. 이는 동일한 주제를 서로 다른 접근법을 통해 심도있게 다루고자 한 의도로 파악된다. 따라서 각 작품들의 차별성은 인물이나 사건이 아닌 다른 요소들을 통해 드러나게 되는데 그 대표적인 요소는 바로 '공간'과 '여로 구조'로 나타난다. 그렇다면 이 작품들의 배경은 어떤 성격을 지니고 있으며 그것들을 통해 드러내고자 하는 바가 무엇인가를 파악하는 것이 이 연작소설들을 이해하고 평가하는데 핵심이 될 것이다.

1. 《南道사람》 연작의 소설적 공간과 여로 구조

≪南道사람≫ 연작에 나타나 있는 공간의 모습을 살펴보자.

① "전라도 보성읍 밖의 한 한적한 길목 주막. 왼쪽으로는 멀리 읍내 마을들을 내려다보면서 오른쪽으로는 해묵은 공동묘지들이 길가까지 바싹바싹 다가앉은 가파른 공동묘지 ─ 그 공동 묘지 사이를 뚫어 나가고 있는 한적한 고갯길목을 인근 사람들은 흔히 소릿재라 말하였다. 그리고 그 소릿재 공동 묘지 길의 초입께에 조개껍질을 쌓아 놓은 듯 뿌연 먼지를 뒤집어쓰고 들앉아 있는 한 작은 초가 주막을 사람들은 또 너나없이 소릿재 주막이라 말하였다. 곡성과 상여 소리가 자주 지나는 묘지 길이니 소릿재라 부를 만했고, 소릿재 초입을 지키고 있으니 소릿재 주막이라 이를 만했다."

– 〈서편제〉

② "주막집은 장흥읍(長興邑)을 아직 10여 리쯤 남겨놓은 탐진강(耽津江) 물굽이의 한 자락을 끼고 돌아앉아 있었다. 이웃 고을 강진에서 장흥읍을 들어가는 지방도로 가로수열이 저만치 마주 달려가고, 장흥읍의 표상처럼 얘기되는 억불산 바위 정봉이 10여 리 저쪽 하늘 위로 뽀얗게 솟아올라 보이는 강물굽이 — 바로 이 탐진강 강물굽이의 버스길 양편에 10여 가호의 작은 초가집들이 옹기종기 모여 앉아 있고, 주막집은 이 작은 마을에서도 좀더 물가 가까이까지 아래켠으로 자리를 내려가 앉아 있었다. 주막이라야 술손이 붐빌만큼 한 길목이 못되고 보니 길을 지나가는 반뜨내기 술손들만으로는 술청살림 요량도 제대로 세워나가기가 어려운 집이었다."

- 〈소리의 빛〉

③ "남도 땅 장흥(長興)에서도 버스는 다시 비좁은 해안 도로를 한 시간 남짓 내리 달린 끝에, 늦가을 해가 설핏해진 저녁 무렵이 다 되어서야 종점지인 회진(會鎭)으로 들어 섰다……그리고는 이내 선창 거리를 빠져 나와 선학동 쪽으로 늦은 발길을 재촉해 나서기 시작했다……선학동까지는 이 회진포에서도 아직 십릿길은 족히 되고 남은 거리였다……한동안 물깃을 따라 돌던 해변길이 이윽고 산길로 변하였다. 선학동으로 넘어가는 돌고개 산길이 시작되고 있었다. 왼쪽으로 파란 회진포의 물길을 내려다보며 산길은 소나무 숲 무성한 산굽이를 한참이나 구불구불 돌아나가고 있었다……사내도 이젠 거의 마지막 산굽이를 돌아들고 있었다. 선학동 쪽으로 길을 넘어설 돌고개 모롱이가 눈앞에 있었다……이제 마지막 산모롱이를 하나 올라서고 나면, 거기서 다시 오른쪽으로 길게 뻗어들어간 선학동 포구의 물길이 눈앞을 시원히 막아설 것이었다. 그리

고 거기서 그는 보게 될 것이다. 장삼자락을 길게 벌려 선학동을 싸안은 도승 형국의 관음봉(觀音峰)과 만조에 실려 완연히 모습지어 오를 그 신비스런 선학(仙鶴)의 자태를. - 〈선학동나그네〉

④ 보성과 장흥과 강진땅을 돌아 오던 길이었다..... 발길은 그새 강진 고을의 지계(地界)를넘어 해남땅으로 접어들고 있었다...... 면소 마을의 입구에 이르러 그는 그 과수원 비슷한 수림을 보았고...... 과원수림은 면소 마을을 북쪽으로 병풍처럼 둘러싸고 있는 산줄기들의 한낮은 기슭에 안겨 들어 있었다......무질서한 조림상태나 절반 이상 낙엽이 지고 만 썰렁한 계절의 느낌 탓도 있겠지만 어찌보면 오랫동안 사람의 손이 가 닿지 않은 빈 폐원처럼 보이는 곳이었다.....지대는 별로 높지 않았지만 그래도 그 사내네 과원 숲이 눈 아래로 훨씬 내려다 보였다. 과원의 수림을 지나선 가을을 끝낸 빈 들판이 한참이나 멀리 트여져 나갔다......

하지만 다음 순간, 그는 마침내 소리를 다시 찾아내고 말았다. 잃어버린 소리를 찾으려 한동안 귀를 귀울이고 있던 그가 텅빈 가슴으로 드디어 산을 내려 오려고 자리를 일어섰을 때였다. 무심히 눈길이 머문 서쪽 하늘에 저녁 노을이 붉게 불타고 있었다. —노을만 붉게 타네.....노을만 붉게 타네.

죽은 시장이가 그토록 애가 타서 그 노을을 노래하려 했다는 소리가 생각났기 때문이었을까. 그는 그때 문득 그 붉은 노을에서 사라져버린 노랫가락을 다시 들은 것이었다. - 〈새와 나무〉

⑤ 2킬로의 오르막 산길이 힘은 몹시 들었지만, 암자를 오르고 보니 그만한 보람이 충분하였다. 암자가 가까이 오면서부터는 좁은 숲

길조차 눈 속으로 사라져 버린 바람에 한눈을 팔 겨를이 없었지만, 암자를 올라서 보니 눈 아래로 펼쳐진 원경의 암자가 완연한 별천지요, 선경이었다. 일지암은 거기서도 대를 쌓아올린 듯한 높다란 반지 위에 두 개의 건물로 이루어져 있었다. 하나는 부처님을 모시는 불당이었고, 그 불당 한 옆으로 역시 정자처럼 높직하게 비켜 앉은 초옥은 옛날 초의 스님이 기거하던 거처를 다시 복원해 놓은 곳이라 하였다. 마당가에 둘러선 찻나무들이나 그 건물의 지붕들 위에는 아직도 눈이 수북해 있었다. 인적 소리 하나 없는 인근의 적막경이 창자 속까지 시리게 해 왔다.

……

술과 숙식을 겸하고 갈 수 있는 고풍 건물의 한식 여관이었다.

- 遊仙旅館 - 〈다시 태어나는 말〉

위에서 살펴본 공간들이 속한 지명은 ①-보성 ②-장흥 ③-회진 ④-강진 ⑤-해남(대흥사)으로 정리할 수 있다. 이 지역들을 지도에서 찾아보면 다음과 같이 동서(東西)로 이어지는 동선(動線)상에 놓여 있음을 발견하게 된다.

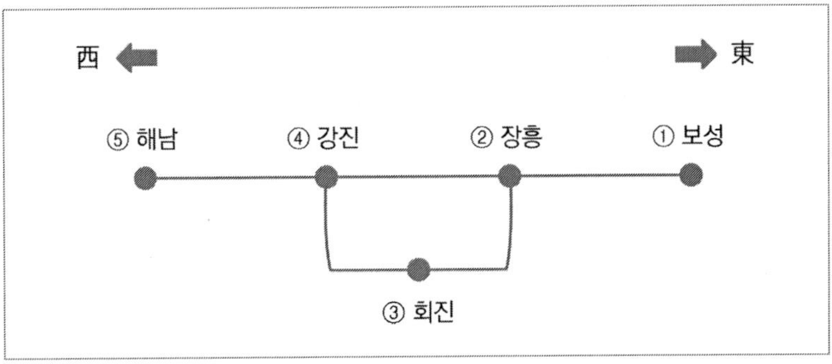

그런데 이 동선은 <서편제>에서 시작하여 <떠도는 말들>에 이르기까지 일관되게 나타나는 스토리 라인과 밀접하게 연결되어 있다. 즉 5편의 연작 소설에서 나그네의 모습으로 등장하는 '사내'가 소리꾼인 의붓아비와 씨 다른 누이동생 곁에서 도망친 때[61]로부터 30여년이 지난 후 이들을 찾아 나서는 정처없는 여정의 과정 중에 ①에서 ⑤에 이르는 길이 놓여 있다. 이 점에 대해 좀더 자세히 살펴보기로 하자.

먼저 <서편제>의 배경이 되는 ①에서 '사내'는 오래 전에 자기 누이동생과 의붓아비가 그 동네에 머물렀었다는 사실을 확인하게 된다. 이때는 이별시점으로부터 30여년에 2-3년을 더한 시간이 흐른 뒤이다. '사내'가 그 두 사람을 찾아 나서기 시작한 때는 '세월은 30년 가까이나 흐르고 있었'[62]고 여기에 도착하기 전에도 이미 꽤 오랜 시간동안 그들이 떠돌았음직한 남도 지방 여기저기를 찾아 다녔다는 점을 감안할 때 그러하다. 그리고 여러 곳을 다니면서 수소문한 결과를 토대로 ①을 찾아 와 비로소 누이동생과 의붓아비의 소식을 구체적으로 접하게 된 것이다. 그렇다면 ①은 '사내'의 의미있는 여정이 시작되는 공간이 되는 셈이다.

<소리의 빛>의 배경인 ②에서 '사내'는 드디어 누이동생을 만나게 되는데[63] 시간상으로 볼 때 ①에서 들은 내용을 토대로 다시 누이동생을 찾아 나선지 2-3년 쯤 지난 뒤이다.[64] 그토록 오랫동안 찾아 헤

---

61) 이때를 편의상 '이별시점(離別時點)'으로 부르기도 한다.

62) 이청준 <다시 태어 나는 말>, ≪南道사람≫, 문학과비평사, 1988, p.166.

63) 이때는 편의상 '재회시점(再會時點)'으로 부르기로 한다.

64) 영화 <서편제>에서는 성인이 된 '사내'가 곧바로 이곳을 찾아 오는 것으로 되어 있는데 이는 극적 집중도를 높이기 위해 <서편제>와 <소리의 빛>

매던 누이동생을 만난 곳이기에 새로운 삶의 출발점이 될 수도 있었으나 그곳이 나그네들이 그저 하룻밤 묵고 떠나는 장소인 '주막'임을 상기시키기라도 하듯 '사내'는 자신이 누구임을 밝히지 않고 다시 길을 떠나게 되고 누이동생 역시 그 '사내'가 오라비임을 알고 있으면서도 내색하지 않고 말없이 떠나 보낸다. 그 두 오누이가 도달해야 할 그 어떤 경지를 향한 삶의 여정이 아직은 끝나지 않았음을 상징적으로 보여 주고 있는데 이는 다음 구절에서 잘 드러나고 있다.

> ""오라버니가 예까지 다시 절 찾아 온다고 해도 우리 남매는 이제 이것으로 두 번 다시 상면을 할 수도 없는 처지고요."
>
> 심상찮은 여인의 말에 주인 사내가 문득 수상한 눈길로 그녀를 돌아다 보았으나 여인은 이미 마음을 굳게 작정해 버린 다음인 것 같았다.
>
> "오라버니가 제 소리를 아껴주시는데, 저한테도 그 오라비의 한이나마 제것 한가지로 소중스럽게 아껴드릴 도리를 다 해드려야 할 듯 싶소."
>
> 말을 하고 있는 여인의 표정은 그녀가 술청마루 끝 햇볕 속으로 나와 앉아 보이지도 않는 눈길로 먼 산허리 쪽을 더듬어대면서 끊임없이 무엇인가를 기다리고 있는 듯하던 그 하염없는 표정 그대로였다."[65]

이 작품의 마지막 대목에서 누이동생은 자신이 더 이상 그곳에 눌러 있지 않을 것임을 밝히고 있는데 실제로 다음 작품인 〈선학동

두 작품을 합쳐 새로운 시나리오로 각색한 결과이다.

65) 〈소리의 빛〉, p.55.

나그네>에서 그 점을 확인할 수 있다.

<선학동 나그네>의 배경이 되는 ③은 ①, ②와 달리 전체 스토리 라인 상에서 중복되어 나타나는 공간이다. 이 공간이 처음 등장하는 시간대는 이별시점보다 3-4년 앞선 때로 의붓아비가 사내와 누이동생을 이끌고 소리품을 팔러 다니던 시절에 이 선학동에 들른 것으로 서술되어 있다. 다음 시간대는 이별시점에서 20여년 쯤 지난 뒤로, 누이동생이 죽은 의붓아비의 유골을 이곳에 묻기 위해 잠시 머물렀던 때이다. 세 번째는 이별시점에서 보면 16년 정도 흐른 뒤이고 재회시점에서 보면 1년 뒤로, 누이동생이 장흥의 주막집의 주인 사내와 같이 와서 아비의 소리를 회상하던 때이다. 마지막 시간대는 이 작품의 실제 서술시간에 해당하는 때로 재회시점에서 보면 3년이 흐른 뒤로, '사내'가 30여년 전의 기억을 떠올리며 이곳을 찾았다가 의붓아비의 유골이 이곳에 묻혀 있고 2년 전에 누이동생이 왔다 갔음을 확인한 때이다. 두 남매가 오랜 세월만에 만났다가 다시 기약없이 헤어진 뒤 각각 이곳을 찾게 된 것이다. 그리고 이후로는 두 사람의 만남은 더 이상 이어지지 않게 된다. 따라서 이곳은 두 사람간의 피맺힌 사연의 한 장이 접히는 공간이 되는 셈이다. 이곳을 떠난 누이동생은 더 이상 흔적을 찾을 수 없고 '사내'도 이제는 누이동생을 찾지 않을 것임을 암시하면서 이 작품이 마무리되고 있기 때문이다. 그럼에도 불구하고 '사내'의 여정은 아직 끝나지 않았다. 작가는 여기에 두 편의 작품을 더 보태고 있다.

<새와 나무>는 이 연작소설들 중 가장 이질적이다. 우선 이 작품의 이야기 자체가 전체 연작의 스토리 라인 상에서 벗어나 있고 주요

인물로 앞의 작품들과는 연관이 없는 한 시인이 등장하고 있다는 점에서 그러하다. 그렇다면 이 작품은 어떤 맥락에서 연작소설의 하나로 인정할 수 있는 것인가. 그것은 이 작품이 배경이 되는 공간이 ④에서 확인할 수 있듯이 '소리가 존재하는 곳'으로 설정되어 있는 데서 찾을 수 있다. 물론 그 소리 자체가 실제로 존재하는 것이 아니고 환청에 가까운 것이지만 주인공(작품의 전후 맥락으로 보아 앞선 작품들의 주인공인 '사내'로 판단됨)이 평생을 두고 가슴에 묻어 두고 귀에 달고 다니던 남도 소리이기에 중요한 의미를 지니고 있다. 그리고 비록 실재하지는 않지만 그 남도 소리를 들을 수 있었던 것은 바로 ④가 전형적인 남도의 공간이기 때문에 그러하다. 그렇다면 이 작품은 앞선 작품들의 근저를 이루고 있는 '소리'가 존재하는 남도의 전형적인 공간이라는 점에서 연작의 성격을 유지해 나가게 되는 것이라 본다. 여기에 덧붙인다면 <선학동 나그네>에서 보이지 않는 비상학을 보는 것처럼 들리지 않는 소리를 듣는다는 모티브 측면에서도 동질성이 유지된다.

<떠도는 말들>의 배경인 ⑤는 해남의 대흥사에 속해 있는 일지암이라는 암자와 유선여관(遊仙旅館)이라는 구체적인 공간으로 구성되어 있다. 그리고 '사내'가 이 공간으로 들어 온 때는 재회시점으로부터 6년 정도가 흐른 뒤이다. 물론 이 작품의 중심 인물들은 앞의 작품들과 달리 '사내'나 누이동생이 아닌 제3의 인물들이지만 이 인물들의 이야기 속에서 '사내'와 관련된 부분이 중심 흐름을 이루고 있다는 점에서 그 맥락이 이어지고 있다. 그리고 이 공간에 이르러 '사내'가 40여년에 걸친 여정을 마무리하게 되는 것으로 설정되어 있다. 즉 이 공간은 다섯 편의 연작소설의 도달점이라 할 수 있다.

2. 소설적 공간의 정체성

≪南道사람≫ 연작 소설들의 공간은 두 가지 측면에서 그 독특한 성격을 찾아 볼 수 있다. 그 하나는 이 공간들이 작가의 구성적 상상력의 원천으로 작용한다는 것이며 다른 하나는 주제를 구현하기 위한 장치로서의 의미를 지닌다는 것이다.

1) 구성적 상상력의 원천으로서의 공간 선택

문학작품이 작가의 상상력의 소산임은 굳이 재론하지 않아도 누구나 인정할 수 있는 사실이다. 그러나 그 상상력의 성격이 어떠한 것이지에 대해서는 다양한 견해가 있다. 보이지 않는 그 무엇을 보이는 것처럼 그려내는 능력으로 보기도 하고, 흔히 보는 것에 새로운 의미나 이미지를 부여하는 능력을 가리키기도 한다. 또한 세계나 현상을 바라보는 독특한 방식을 일컫기도 한다. 이러한 여러 견해 중에 이미 존재하는 것들을 새로운 질서 속에 재편하여 독특한 형상적 세계를 만들어 내는 정신작용을 의미하는 구성적 상상력[66]이라는 개념이 있다. 즉 경험적이고 가시적인 어떤 현상들을 특정한 표현욕구를 달성하기 위해 창조적으로 재구성해 내는 상상력을 가리킨다. ≪南道사람≫ 연작의 공간 선택을 이러한 맥락에서 설명하기에 매우 적절한 것으로 판단되어 이를 적용해 보기로 한다.

---

66) 폴 벤느 (김지영 역), 그리스인들은 신화를 믿었는가, 솔, 1993, pp.219~238.

(1) 경험과 소망의 합출(合出)로서의 공간 : '주막' '포구'

≪南道사람≫ 연작 중 앞의 세 작품에서 의미있는 공간으로 설정되고 있는 '주막'이나 '포구'는 경험적 상상력의 소산이라 할 수 있다. 우선 주막은 조선시대 이후 시장과 더불어 서민들의 삶의 애환이 담겨 있는 공간으로 인식되어 왔다. 전통적인 5일장시 주변에 있으면서 장꾼들은 물론 길가는 사람들의 숙식을 제공하는 장소[67]로서 전설이나 민담에서도 자주 등장하는 소재가 되기도 했다. 이 주막은 장이 서는 날을 전후로 해서는 장돌뱅이나 타지 상인들이 머무는 곳이기도 했는데 장이 서는 날을 기해 소리품이나 곡예품을 파는 남사당, 소리꾼들이 머물기도 했다. 술과 밥을 팔면서 더러는 소리를 하는 사람들을 두어 손님을 끌기도 하였다. 웬만큼 유명한 광대가 아니고서는 소리가 좋아 소리를 배우고 소리품을 파는 또랑광대나 화초광대들로서는 주막이 중요한 생활의 근거가 되는 셈이다. 따라서 이 주막에는 숱한 소리꾼들의 애환이 서려 있게 마련이다. 작가는 무엇보다도 이 주막이 지니고 있는 공간적 속성을 잘 알고 있을 것이다.

≪南道사람≫에서 형상화하고 있는 인물들의 삶의 실체는 바로 이 주막에서 찾아냈을 것이다. 그리고 작가가 실상은 그렇지 않더라도 매우 의미있고 미적인 형상으로 그리고자 했던 그 인물들의 삶의 모습이나 정서는 이 주막을 통하지 않고서는 제대로 그려낼 수 없음을 잘 알고 있었기에 그곳을 핵심적인 공간으로 선택한 것으로 보인다. 그렇다면 한 소설 작품은 작가의 경험적 사실에서 출발한다는 견해를 받아들일 때 ≪南道사람≫ 연작은 그 전형적인 모습을 가장 잘 보여

---

67) 이재하·홍순하, 한국의 場市, 민음사, 1992.

주는 작품이라 할 것이다. '소리'가 존재하는 공간 그리고 언제나 들고 날 수 있는 공간, 이별이 격식이 될 수 없는 공간, 그러나 그 떠남이 뚜렷한 목적지나 도달점이 없는 상태에서 이루어지는 공간이기에 기약없는 삶의 모습들을 형상화하기 위한 배경으로서 손색이 없는 셈이다. 그리고 작품들마다 정도의 차이는 있지만 상당히 비중있게 다루어지고 있다. 그러나 거기에는 단순한 사실이 아닌 진실을 추구하고자 하는 작가의 소망이 짙게 배여 있다. 이 삶들을 통해 우리가 배워야 할 그 어떤 진실을 위해서가 아니고는 이 공간들이 그런 큰 비중을 차지할 수는 없다. 그래서 경험과 소망의 합출로 보는 것이다.

'포구' 역시 마찬가지이다. <선학동 나그네>에서 볼 수 있듯이 넓고 시원하게 펼쳐진 바다를 향한 공간이 아니라 그저 그곳만 벙긋 열린 듯 자리하고 있는 포구이다. 그곳에 사는 사람들이 바라보는 포구는 '넓은 곳' '바깥 세상'으로 향하는 길목이 아닌 영원한 떠남을 전제로 하지 않고서는 벗어날 수 없는 오히려 폐쇄된 공간이다.[68] 망연하게 바라보되 다시 삶의 터전으로 돌아와 묵묵히 일을 해야 하는 공간, 때로 죽음의 소식만을 전해오는 공간으로서의 포구는 그래서 남도의 독특한 한의 정서를 물씬 담고 있는 곳이기도 하다. 작가가 이 포구를 설정했을 때 그가 독자에게 전달할 수 있는 정서는 바로 이 한의 정서

---

68) 이 점은 일반 독자로서는 실제로 그곳을 답사해 보기 전까지는 쉽게 떠올리기 어렵다. 공간이 지니는 이미지와 독자가 가지고 있는 공간적 이미지와의 거리감은 때로 그 편차가 매우 심해 작품의 정조가 쉽게 전달되지 않는 경우가 많음을 확인할 수 있다. 물론 남도의 전형적인 이미지를 잘 알고 있는 독자들은 그 편차를 쉽게 줄일 수 있겠지만 그렇지 않은 독자의 경우에는 오독의 가능성이 크다. 이 소설들과 같이 공간적 이미지가 서사구조의 주된 추동력을 이루고 있는 작품들에서 그 가능성이 더욱 크게 나타난다.

이다. 그의 또 다른 작품인 <이어도>의 이미지도 이에서 비롯되는 것으로 본다. 삶을 유지하기 위해 고기잡이로 나서는 일 외에는 떠날 수 없는 그곳, 반드시 돌아와야만 하는 곳, 그렇다고 풍요롭지도 못한 곳. 애절한 가락이 저절로 생길 수밖에 없는 그런 공간이다. 이 '포구' 역시 작가의 태생적 경험이 바탕이 되는 상상력에서 선택된 공간으로 '주막'과 같이 소리꾼들의 삶과 정서의 미적 형상화를 위한 의미있는 장치이다.

(2) 남도정서의 구상화를 위한 공간 : '길' [動線]

위에서 살펴본 '주막'과 '포구'에 이르고 그곳에서 떠나는 길은 늘 아스라이 나타난다. 멀리서 바라다보이는 주막은 가물가물 사라지는 길모퉁이에 아슬아슬하게 걸려있는 형국이다. 실제 주막들은 그렇지 않지만 작품 속의 주막은 늘 외딴 곳에 있다. 그곳으로부터 또 다른 곳으로 나 있는 길도 산모퉁이를 돌아 가물가물 사라지는 길이다. 양 옆에 죽 늘어선 가로수들을 따라 가다보면 어느덧 '갈 수 없는 나라'로 접어드는 느낌을 준다. 물론 지금의 그 길들은 매끈하게 포장이 되어 그 정취가 많이 사라졌지만 그 옛날 포장이 되지 않는 신작로길은 그저 외롭고 고독한 분위기로 휩싸여 있다. 이 길들을 바라보거나 걷다 보면 영락없이 정처없는 '나그네'가 됨을 느끼게 된다. 그만큼 아련하고 애틋한 정서를 자아내게 하는 길인 것이다. 그래서 작품 속의 주막들은 오가는 사람도 별로 없는 고갯길에 있거나 굽이굽이 들판과 산 사이에 동그맣게 얹혀 있는 형상으로 그려져 있다. 여기에는 남도의 길이 지니고 있는 정서를 충분히 드러내고자 한 작가의 의도가 개재되어 있다. 굳이 말을 통해 설명하지 않아도 될, 시감각(視感覺)으로서의 정서를 표현하고자 하는 것이다. 만일 그 정서를 읽어내지 못한다면 이 작품들의 의미는 반감이 된다. 이 작품들에서 보여주고자 하는 것은 그저 어떤 한 기구한 일생을 사는 사람들의 이야기가 아닌 것이다.

〈서편제〉에서부터 지속적으로 나타나는 '태양'의 이미지가 가장 잘 살아나는 것도 바로 이 남도의 길 위에서 맞는 태양일 것이다. 뜨거운 햇볕이 내리쬐이는 오뉴월에 이 길들을 걷게 되면 그 뜨거움의 정체가 왜 서러운지, 인생이 고독하다고 했을 때 그 색깔이 무엇인지를 저절로 체감하게 된다. ≪남도사람≫ 연작에서 주인공들이 수행하는 동선은 바로 이 정서를 구상화해서 보여주기 위해 설정된 것이라고 할 수 있다. 이 점에서 우리는 이 작품들이 전해주는 미학을 공간의 미학이라 불러도 좋을 것이다. 영화로 제작된 〈서편제〉에서도 이 공간의 미학을 보여주려 한 노력이 보이지만 그 공간에서의 인물들의 모습이 그리 썩 어울리지 않는다는 판단이다. 의붓아비, 누이동생, '사내'가 얕으막한 돌담들과 밭자락 사이로 난 길을 가며 남도소리를 흥에 겨워 부르는 대목이 나오는데 거기에는 남도의 길이 담고 있는 정서가 배여 있지 않다. 남도의 길은 흥이 겨워 가는 길이 아닌 고즈넉한 분위기 속에서 그 무엇인가를 찾아 가는 애상이 담겨 있어야 한다. 남도소리와 판소리에 나타나는 한의 정서는 결코 소리 자체에서 비롯한 것이 아니고 삶에서 우러나온 것이기에 그러하다. 그 한의 정서를 보여줄 수 있는 것은 바로 남도의 곳곳에서 발견되는 그런 길이다. ≪남도사람≫ 연작을 읽으면서 바로 '사내'가 지친 몸을 이끌고 돌아다니는 그 길 자체에서 이 한의 정서를 찾아낼 수 있을 때 비로소 그 작품의 의미를 제대로 파악했다고 할 수 있는 것이다.

보성에서 장흥, 장흥에서 회진에 이르는 길들은 바로 이 전형적인 남도의 길들이다. 산모퉁이와 강물, 움푹 패인 곳에서 바라다보이는 바다 등이 '사내'의 삶의 무게를 고스란히 떠받치고 있는 것이다. 스토라 라인 상에서는 벗어나 있지만 〈새와 나무〉에서도 바로 이 전형적인 남도의 모습을 형상화해 보여주고자 한 작가의 의도가 강하게 드러나고 있다. 보이지 않는 소리를 들을 수 있는 것은 주인공의 심리 상태가 그리해서가 아니라 바로 공간이 그 가능성을 안고 있기 때문이다. 잠시 스토리 라인에서 벗어난 한 작품을 통해 그러한 공간적 속성을 밀도있게 그려보고자 한 것이 바로 〈새와 나무〉일 것으로 보인다. 거기에서 비로소 '사내'가 두고 도망친 누이동생을 그토록 사무치는 심정으로 찾아 나서게 된 연유를 읽게 된다. 남도이기에 있었던 일, 남도이기에 주어진 운명적 사연 등이 고스란히 드러나게 되는 셈이다.

2) 주제의 구현을 위한 공간 배치

(1) 여로 구조

공간을 검토하는 자리에서 살펴본 바 있듯이 ≪南道사람≫에 등장하는 공간들은 한 방향을 향해 동선을 이루고 있다. 그리고 이 동선은 수십년에 걸친 여로에 해당한다. 우선 이 길은 '사내'가 어렸을 적 의붓아비와 누이동생과 같이 삶을 위한 떠돌이 생활을 했을 때 오갔던 길들에 해당한다. 어미를 잃고 의붓아비 손에 이끌려 소리품을 팔아 삶을 연명하기 위해 다녔던 이 길은 어린 '사내'에게는 고행의 길이나 다름없었다. 작품에서는 그 여정동안 의붓아비에 대한 살의와 배고픔, 육체적 고달픔 때문에 늘 벗어나고 싶었던 '가고 싶지 않은 길'들로 표상되어 있다. 하지만 이후 누이동생을 찾아 나설 때의 이 길은 늘 그리움과 회한으로 가득찬 발걸음이 대신하고 있었다. 그 여정은 어렸을 때와는 달리 무엇인가를 찾아야 할 것이 있었다는 점에서 사뭇 다르다. 그리고 누이동생을 만난 이후에는 가슴 속에 묻힌 한을 풀어야 하는 구도의 길로 바뀌고 있다. <선학동 나그네> 이후이다. 무엇이 자신의 일생을 이토록 끊임없이 '나그네'의 길로 내몰았는지 그것을 생각하며 여전히 나그네의 길을 가고 있는 셈이다.

소설의 역사에서 여로구조는 오랜 전통을 지니고 있다. 소설의 전 단계인 서사시의 시대부터 여로구조는 그 구조 자체가 지닌 독특한 성격 때문에 중요한 구성법으로 자리잡고 있었다. 신비한 세계로의 여행, 모험으로 가득찬 여행, 무엇인가를 찾고 발견하고 깨닫게 되는 과정으로서의 여행, 그리고 돌아오게 되어 있는 여행. 이것들을 통해 인간은 삶의 의미를 발견하고 인생의 법칙을 알게 되고 의식을 성장을 이루게 되었다. 그래서 소설의 역사는 인간 의식의 성장의 역사와 궤를 같이 한다고 말해 왔다.[69] ≪南道사람≫에서도 이 여행은 작품의 서사구조의 근간을 이루고 있다. 그 초기 단계에서는 자기에게 주어진 운명으로부터의 도피의 성격이 강했다면 후반부에서는 잃어버린 자신의 운명을 찾아 나서고 그리고 그로부터 비로소 온전히 벗어나게 된다는 구도로 되어 있다.

69) Michael Holquist, Dialogism, Routledge, 1992, pp.81~89.

그렇다고 이 소설이 운명적인 한 '사내'의 회한의 삶을 그리려 한 것만은 아니리라 본다. '사내'의 삶의 여정에서 운명에 패배한 자로서의 모습이나 삶의 터전을 갖지 못한 무기력한 자의 모습은 나타나지 않는다. 진정 인간의 삶이 무엇인가를 찾는 '사내'의 진지한 역정이 그려져 있다. 이는 작품들이 제시하는 공간들에 의해 뒷받침되고 있다. 그가 도달하는 공간들마다 '그것 대로의 질긴 삶'들이 자리잡고 있다. 공간과 인간이 조화를 이루고 있기 때문이다. 그가 누이동생의 소식을 듣거나 만나는 장소인 주막들은 그 어떤 운명의 억누름 속에 놓여 있지만 초탈하여 살고 있는 삶들이 나타난다. 누이동생도 마찬가지이다. 그 공간들에 얽혀 있거나 유리되어 몸만 의탁하고 살고 있는 것이 아니라 그 속에서 자신의 삶을 만들어 가고 있는 것이다. 이는 삶의 여정과 마찬가지이다. 사람은 누구나 자신의 의지대로만 살 수 있는 것은 아니다. 주어진 조건에, 환경에 맞게 살려고 노력하는 것일 따름이다. '사내'가 이 동선을 따라 움직이면서 만나는 사람들의 삶에는 바로 인간들이 태어나서 자라고 죽어가는 과정에서 만나게 되는 제반 형상의 삶의 모습들이 압축적으로 제시되어 있다. 이 소설의 여로구조 자체가 곧 삶의 여정이 되는 셈이다.

작가는 성장하면서 자신이 태어난 고향을 몹시 싫어(부끄러워) 했음을 고백한 적이 있다. 그 가난과 촌스러움이 싫었던 것이라 했다.[70] 그러나 그가 성장하고 인생을 경험하면서 다시 고향을 품에 안게 되었다는 고백은 이 소설을 이해하는데도 많은 도움을 준다. 도회지에서

70) 이청준, "가위 밑그림의 음화와 양화", 키 작은 자유인, 문학과 지성사, 1990, p.121.

살면서 겪어야 했던 고달픔과 고통이 큰 만큼 고향에 대한 지향성은 커갔을 것이고, 결국은 자신의 고향을 하나의 찾아 가야 할 곳, 자신의 품에 안아야 할 곳으로 인식하게 되는 과정은 '사내'의 의식의 변화와 일치하고 있다. 이때 작가 자신의 공간에 대한 경험적 상상력이 큰 몫을 차지했을 것이며 그 구체적인 양상이 여로 구조로 나타난 것이라 판단된다.

그렇다면 이 여로구조는 분명 하나의 도달점을 향해 나아가는 흐름으로 구성되어 있을 것이며 그 도달점의 성격을 통해 주제를 구현하려 했으리라 판단된다.

(2) 닫힌 공간에서 열린 공간으로의 전환

이 작품의 여로구조의 일차적인 도달점은 선학동이고 이차적인 도달점은 대흥사의 일지암으로 파악된다. 그런데 이 두 공간은 처음에는 닫혀 있었던 공간으로 설정되어 있다가 열린 공간으로의 내적 변화가 이루어지고 있다. 바로 이 변화를 통해 주제가 구현되고 있다고 본다.

먼저 선학동은 이 연작소설의 주요 인물들에게 어떤 의미를 지닌 곳인가. 앞뒤, 좌우로 산에 둘러싸여 있고 멀리 보이는 한 쪽 끝인 '포구'만이 빼꼼하게 뚫린 곳인 이 선학동은 처음 단계 즉 '사내'가 어렸을 때 들렀을 때와 이후 누이동생이 의붓아비의 유골을 수습하기 위해 들렀을 때는 닫힌 곳으로 설정되어 있다.[71] 그러나 누이동생이

---

71) 사전 답사시에 들렀던 이곳에서 평소에 일반적으로 가져왔던 바다에 대한 공간적 이미지가 어떻게 달라질 수 있는지를 확인할 수 있었다. 본 답사에서는 도로사

마지막으로 찾았을 때는 열린 공간으로 변화해 있다. 물론 실제적인 상황은 그 반대이다. 누이동생이 마지막으로 그리고 '사내'가 30여 년 만에 들렀을 때는 간척사업으로 인해 포구는 사라지고 물도 보이지 않던 때이므로 물리적으로는 오히려 열린 공간에서 닫힌 공간으로 변해 있는 셈이었다. 그러나 작가의 구성적 상상력은 그 공간을 반대로 읽어 내고 있다. 다음 인용문에서 확인해 볼 수 있다.

"그러나 마을은 옛부터 이름이 선학동(상례대로라면 관음리 정도가 어울릴 것임 - 인용자)이라 하였다. 까닭인즉, 마을 앞 포구에 밀물이 차 오르면 관음봉이 문득 한 마리 학으로 그 물 위를 날아오르기 때문이었다. 포구에 물이 들면 관음봉의 산그림자가 거기에 떠올랐다. 그런데 그 물 위로 떠오르는 관음봉의 그림자가 영락없는 비상학의 형국을 지어냈다. 하늘로 치솟아오른 고깔 모양의 주봉은 힘찬 비상을 시작하고 있는 학의 머리요, 길게 굽이쳐 내린 양쪽 산줄기는 그 날개의 형상이 완연했다.

포구에 물이 차오르면 관음봉은 그래 한 마리 학으로 물 위를 떠돌았다. 선학동은 그 날아오르는 학의 품안에 안겨진 마을인 셈이었다. 동네 이름이 선학동이라 불리게 된 연유였다……

그러자 여자는 정작으로 그 비상학을 좇듯이 보이지도 않는 눈길로 벌판 쪽을 한참이나 더듬어대고 있었다. 그러다 그녀는 비로소

정상 거기에 가보지 못했던 점이 큰 아쉬움으로 남는다. 한정된 경험이나 사전지식 형태로 주어지는 공간적 이미지가 얼마나 많은 한계를 지니고 있는지를 깨닫게 되는 점도 문학사 탐방의 주된 지향점임을 확인할 수 있는 기회를 놓쳤기 때문이다. 이 공간적 이미지에 대한 문제는 문학사 탐방시 주요한 테마로 설정되어야 할 것이다.

채비가 완전히 끝난 노인 쪽을 돌아보며 비탄조로 말했다.

"아배의 소리는 그러니께 그 시절에 늘 물위를 날아오른 학과 함께 노닐었답니다."

주인 사내로선 갈수록 예사롭지 않은 소리들이었다. 눈 아래 들판엔 물도 없고 산그림자도 없었다. 게다가 여자는 어렸을 적 그녀가 그 아비와 함께 이곳을 왔을 때라 하더라도 그녀가 정작 물이나 산그림자를 보았을 리 없었다. 하지만 여자는 눈을 못 보기 때문에 오히려 성한 사람이 볼 수 없는(포구를 막아 간척지로 만들었기 때문 - 인용자) 물과 산그림자를 보고 있는지도 몰랐다……

여자가 마침내 소리를 시작하고 있었다. 한데 사내는 그 여자의 오장이 끓어 오르는 듯한 목소리 속에서 자신도 문득 그것을 본 것이다. 사립에 기대어 눈을 감고 가만히 여자의 소리를 듣고 있자니 사내의 머릿 속에서 오랫동안 잊혀져 온 옛날의 그 비상학이 서서히 날개를 펴고 날아 오르기 시작한 것이었다. 그리고 여자의 소리가 길게 이어져 나갈수록 선학동은 다시 옛날의 포구로 바닷물이 차오르고 한 마리 선학이 그곳을 끝없이 노닐기 시작했다……

"아깟번에 내가 그 여자는 학이 되어 지금도 이 포구 위를 떠돌고 있다고 말한 적이 있지요. 그건 실상 내가 생각해서 한 말이 아니랍니다. 그것도 그 여자가 처음 한 말이었다오. 오라비에게 나를 찾게 하지 마시오. 전 이제 이 선학동 하늘에 떠도는 한 마리 학으로 여기 그냥 남겠다 하시오…… 그게 그 여자가 내게 남긴 마지막 부탁이었소."[72]

72) 〈선학동 나그네〉, pp.61~81.

누이동생은 보이지 않는 학을 발견하고 주위 사람들에게 그것을 인식시킴으로써 비로소 지난한 삶의 여정을 마무리할 수 있는 여지를 얻게 된 셈이다. 이제 오라비를 만나지 않아도 되는 체념과 달관의 상태가 그녀를 그러한 상태로 이끌게 된 것이다. 그래서 이 선학동은 누이동생의 삶의 도달점이 되는 셈이다.

그렇다면 작품 상에서나 동선 상으로 다음 도달점으로 되어 있는 대흥사의 일지암은 어떤 곳인가. 이 공간 역시 물리적으로는 산사의 암자답게 산 속에 놓인 닫힌 공간이었고 처음 이곳을 찾은 주인공에게도 심리적으로 닫힌 공간으로 나타난다. 그러나 '사내'의 이야기를 듣고 난 후, '사내'가 여기에 이르러 비로소 기나긴 삶의 의미를 정리하고 거기에서 '기다림과 용서'라는 말의 뜻을 깨달았음을 알고 나서는 그 공간이 열린 공간으로 변화하게 된다.

기다림은 무엇이고 용서란 무엇인가. 초의 선사의 가르침에서, 차를 마시는 과정에서 수십년 동안 모르고 지냈던 진정한 의미의 용서를 배우고 나서 비로소 '사내'의 여행은 끝이 나는 셈이다. 자신이 그토록 누이동생을 찾아 헤매었지만 아직도 그 가슴 속에서는 그러한 한을 심어 준 의붓아비에 대한 미움이 자리잡고 있었다는 것, 누이는 아무래도 자신을 장님으로 만든 의붓아비를 증오하고 있을 터이기에 자신과는 쉽게 화합할 수 있었으리라는 생각 등을 이 기다림과 용서의 의미를 깨닫고 나서는 버리게 되었고 비로소 여정을 마무리할 수 있었다는 것으로 정리할 수 있다.

"사내의 헤매임은 말할 것도 없이 자신의 삶에 대한 깊은 화해와 용서의 마음 때문이었다. 아비를 죽이고 싶어한 부질없는 자신의 원망을 후회하고, 그 아비와 누이를 버리고 달아난 자신의 비정을 속죄하고.....그러나 이제 와선 이미 서로를 용서하고 용서받을 길이나 사람이 없음을 덧없어하면서, 그 회한을 살아가고 있는 사내였다. (중략)

하지만 아마 작자가 그때 깨달은 것 중엔 이런 것도 있었지 않았나 싶습니다. 그가 설령 그 때 그 누이 앞에 모습을 드러내고 화해와 용서를 구하고 그걸 누이가 받아들여 주었다 하더라도 그 누이나 자신 앞에는 여전히 그 회한과 용서로 살아내야 할 자기 몫의 삶이 남을 수밖에 없다는 사실을 말입니다. 그래 사내는 누이를 단념하고 길을 되돌아 섰던 것일 거외다. 그리고 아직도 그 소리에 의지하여 자기 몫으로 점지된 그 회한과 용서를 필생의 빚으로 살아가는 걸 거외다. 그리고 보면 아마 그 위인이 그 누이를 찾아다닌다는 것은 처음부터 구실에 불과했을 수도 있는 일이겠구요......"[73]

누이동생은 이미 선학동에서 '사내'에게 용서와 화해를 구하려 하는 그의 여정이 자신에게는 더 이상 의미없음을, 즉 자기 자신은 '사내'에 대해 그 어떤 '말'도 할 필요가 없음을 간접적으로 전하고 있다. 자신이 비상학이 되어 날아 오른 것으로 알아달라는 말을 대신 남겨 두고 홀연 사라져 버렸었다, 그러나 아직 '사내'는 그 '용서와 화해'라는 굴레 속에서 벗어나지 못하고 있던 차에 여기에 이르러 초의 선사의 차마심의 법도 속에서 그것을 깨닫게 된다. '사내'가 깨달은 법도란 다름아닌 '차를 마시는 일은 곧 기다림이요 그 기다림은 용서의 마음'

73) 〈다시 태어나는 말〉, pp.167~171.

이라는 초의선사의 마음이었다. 그런데 차마심이란 무엇인가. 수많은 사람들이 하는 일, 그러나 그 진정한 이치는 잘 깨닫지 못한 채 이루어지는 일이다. 그렇다면 그것은 인생의 한 단면이 아닌가. 결국 그 차마심의 평범한 법도 속에서 삶의 진정한 법칙을 깨닫고 유선여관에서 한 여자를 품에 안음으로써 그 여정을 마치는 셈이 된다. 아마도 '사내'는 그 여관집 여자를 학이 된 누이동생이 하늘로 날아 올라 선녀가 되어 환생한 것쯤으로 여겼을 것이다. 유선(遊仙)이라는 옥호가 심상치 않게 다가오는 대목이다.

이청준의 ≪南道사람≫ 연작에서 공간들은 구성적 상상력의 원천으로서, 그리고 주제구현의 한 장치로서 중요한 역할을 하고 있다. 일반적으로 소설 작품에서의 공간이 그리 적극적이고 본질적인 역할을 하지는 못한다는 점에 비추어 볼 때 독특한 정체성을 지니고 있는 셈이다. 그러나 이 작품을 일반적인 독법과 달리 읽어 나가지 않으면 그 점을 놓치기 십상이다. 이 작품들을 연작소설로 묶어 주는 것은 바로 이 공간적 정체성이며 그 정체성을 통해 작가가 말하고자 하는 특유의 정서가 배어 나오게 된다. 이 특유의 정서를 가슴으로 느끼지 못하면 이 작품들은 별스런 인생을 산 한 가족사의 이야기에 불과할 것이다. 작품이 개별적인 한 삶의 표현정도로 남게 되는 셈이다.

이청준의 소설이 의미를 지니는 것은 바로 이 지극히 개별적인 것으로 보이는 삶의 모습들이 우리네 삶의 가장 기본적인 정서와 틀로 형상화된다는 점이다. 여기에 작가의 역량이 놓여 있는 셈이다. 그저 값싼 정서로 치부하는 사람들도 있지만, 그리고 그 정서가 어두운 그림자에 쌓여 있다고 해서 부정하려 드는 사람들도 있지만 작가는 그에 아랑곳하지 않고 흔히 말하는 '한'의 정서를 담담하게, 그리고 값싼 감정이 아닌 고급스러운 무게있는 것으로 그려내고 있다. 자칫 이 작품을 머릿속으로만 이해하려 든다면 이 작품들의 의미는 반감되리라 본다.

이청준의 작품들을 그것들을 보다 밀도있게 이해하려면 스토리 위주의 독법에서 벗어나 그 정조를 체득하려는 태도가 필요하다. 특히 이 ≪南道사람≫ 연작들은 더욱 그러하다. 그리고 그 핵심은 작품들에 등장하는 공간들이 어떤 정조를 지니고 있는지를 체험하는 일일 것이다. 만일 영화 〈서편제〉를 보면서 그 공간의 미학을 충분히 맛보았다고 생각한다면 그것은 오산일 것이다. 화면을 통해 고정된 것만 보았을 뿐 기계장치를 통해 이루어지는 감각의 일반화내지는 탈감각 작용을 간과했기 때문이다. 그렇다고 소설 일반을 대할 때 늘 그리할 수는 없다. 문제는 공간적 이미지가 도식화된 채 독서과정에 투영되는 것이 어떤 함정을 지니고 있는 지를 점검해 보아야 할 필요성을 인식할 기회가 있어야 할 것이다. 한번쯤은 눈으로 소설을 읽는 데서 벗어나 가슴으로 읽는 경험을 할 필요가 있다. 문학사 탐방과 같은 활동이 의의를 가지기 위해서는 이러한 맥락을 가장 앞세워야 할 것이라 판단된다.

공간과 역사의 만남으로서의 여로 구조

자신의 힘을 넘어서는 존재들과의 힘겨운 싸움...... 그리고 나서야 하는 여로들. 소설 속에서는 개별적인 존재들이겠으나 역사적 맥락에서는 집단인 주체들이 밟게 되는 여정과 공간의 정체성은 어떤 연관성을 지니는가......

1. 역사적 개인들과 여로의 반복

고향은 근원적인 범주에 속하는 여로형 소설에서는 전형적인 출발지로 설정되어 왔다. 원점회귀의 과정을 보여주는 경우에는 다시 돌아가야 할 도착지 또는 목적지이기도 하다. 그런데 근대의 특정 지점에서부터는 이 고향이 여로가 끝난 후 돌아갈 수 있는 공간이 아닌 부재나 결여의 공간으로 나타나기 시작한다. 여로가 끝나도 고향을 상실했기에 돌아갈 곳이 없는 상황이나, 찾아가야 하는 고향이 고향으로서의 의미를 상실하는 등의 상황으로 인해 여로가 중단되거나 보류되는 상황이 자주 형상화된다. 이 양상을 가장 잘 보여주는 작품들은 대체로 문학사나 비평적 텍스트에서 '근대화' '산업화' 등의 용어로 설명되기 시작한다. 이문구의 〈관촌수필〉은 이러한 맥락에 가장 부합하는 여로형 소설일 것이다.

그런데 근대화나 산업화에 따른 목적지의 부재 또는 결여형 소설에 앞서 살펴볼 필요가 있는 것이 역사적 상황과 맞물린 경우이다. 역사적 사건이 빚어낸 상황에 의해 필연적인 여로가 형성되고 출발지나 목적지가 결정되는 소설들이 이에 해당한다. 여기서는 문순태의 〈철쭉제〉를 중심으로 살펴보되 황석영의 ≪장길산≫을 비교 텍스트로 삼아 여로형 소설의 한 양상을 탐색해 보기로 한다.

필자는 문순태의 〈철쭉제〉가 김승옥의 〈무진기행〉과 더불어 매우 높은 완성도를 보여주는 여로형 소설로 판단하고 있다. 〈무진기행〉에 대해서는 뒤에서 다시 살펴볼 것이지만 두 작품의 차별성은 여로의 주체인 주인공의 성격에서 찾을 수 있다. 〈철쭉제〉가 역사적 개인으로서의 주인공의 여로를 생성하고 있다면 〈무진기행〉은 역사적 맥락과는 거리가 있는 개인으로서의 주인공의 여로를 생성하고 있다는 점에서 그렇다. 그리고 〈철쭉제〉가 기반하고 있는 역사적 상황은 6·25 전쟁이라는 점에서 그 무게감을 더하고 있다.

〈철쭉제〉의 여로 구조는 다음과 같이 도식화할 수 있다.

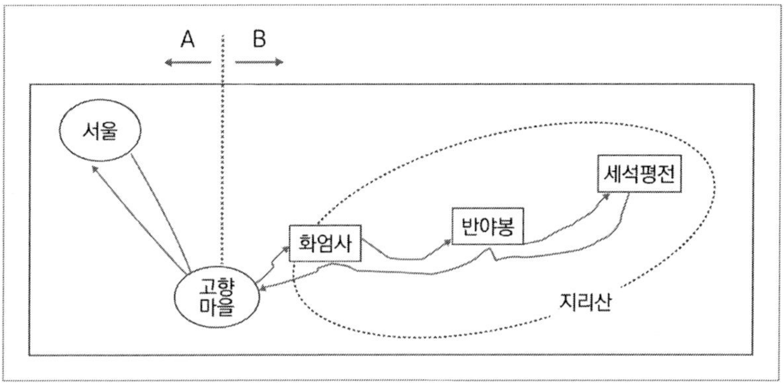

이 여로 구조는 중층적으로 이루어져 있다.

먼저 이야기의 중층성이다. 도식에서 이야기 A와 B는 고향 마을을 중심으로 나뉘게 된다. 먼저 이야기 A를 살펴보자. '나'는 주인공으로 6·25 전쟁 중에 아버지를 잃고 난 후 고향을 떠나 서울로 가게 된다. 아버지의 죽음이 대대로 자신의 집안에서 종의 위치에 있던 박판돌에 의한 것임을 알게 되었으나 주종 관계가 해제된 상황에서 그 책임을 물을 수 있는 힘이 없었기에 힘을 기르기 위해 고향을 떠난 것이다. 30년 가까운 세월이 지나 검사라는 직에 올라 힘을 기른 '나'는 아버지의 죽음의 비밀을 찾고 한을 풀기 위해 다시 고향 마을에 나타나게 된다. 이후 박판돌과 함께 B의 여로를 거치는 동안 자신의 목적을 달성하고 다시 서울로 향하게 된다.

이야기 B는 박판돌이 아버지를 살해하고 매장했다는 '세석평전'에 다녀 오는 여정으로 구성된다. 30년을 기다려온 여정이기도 하다. 이 여정에는 권력이 동력으로 작용하고 있다. 검사라는 현실적인 힘을 바탕으로 박판돌을 앞세울 수 있었기 때문이다. 박판돌이 자신의 집안과 '나'의 집안과의 과거 관계를 말해 주는 호칭인 '도련님'을 사용하고 있기는 하지만 이미 주종관계는 해제되어 있었고, 검사라는 현실적 지위를 인정할 수밖에 없었던 상황이 더 크게 작용하고 있다. 그렇게 시작된 여로 B는 이 작품의 중심을 이루는 이야기의 틀이다. 이야기 A와 B는 주인공의 목적에 따라 긴밀하게 연결되어 있는 중층 구조를 형성하고 있는 셈이다.

두 번째의 중층성은 시간 상의 차이를 둔 여로의 반복이다. B의 여로는 서술 시간이 아닌 이야기 시간으로 볼 때 30여 년의 간격을 두고 반복된다. 첫 번째 여로는 6·25 전쟁 중에 수행된다. 박판돌은 어렸을 때 죽음을 당한 자신의 아버지가 '나'의 아버지에 의해 그렇게 되었을 것이라는 강한 의구심을 지니고 있었고, 그 이유를 알고 싶어한다. 그러나 주인집 아들 즉 '나'의 아버지에게 따져 볼 현실적 힘도 없었고, 주인집 아들 또한 그럴 의사는 추호도 없던 터라 박판돌은 한을 품고 살아갈 수밖에 없었다. 그러던 차에 발발한 전쟁은 두 사람 사이의 권력 관계가 역전될 수 있는 계기를 제공했던 것이다. 대립하는 두 이념 중 어느 진영이 마을에 더 큰 영향력을 행사하는 상황이냐에 따라 구성원들 간의 힘의 우열관계가 달라지기 때문이었다. 박판돌은 자신과 같은 계층에게 힘을 실어주는 인민군 득세 시기에 '나'의 아버지를 이끌고 B와 똑같은 여정에 나서게 된다. 그 여정을 통해 자신의 아버지의 죽음의 비밀을 이끌어 낸 박판돌은 결국 '나'의 아버지의 비굴한 변명에 보복과 한풀이를 행하게 된다. '나'가 고향 마을을 떠나게 되는 원인이 형성되는 지점이다.

이러한 저간의 상황은 다음 구절을 통해 잘 드러난다.

"육이오가 터지고 세상이 뒤집히니께, 지 마음도 세상과 함께 뒤집힙디다요. 좌우당간에 어르신한테 한번 따져봐야겠다는 생각이 들드만요. 그래서 그 어른을 데리고 지리산으로 들어갔지요. 어르신한테 지가 오래오래 품 속에 간직해 왔던 지 조부님 종문서하고 도련님 조부님이 지어주셨다는 우리 부자 이름이 적힌 종이를 보이면서 지 신분을 밝혔어요. 그러고 우리 아버지를 어디서 줴였느냐고 성질을 냈어요……또 지 부자가 도련님댁 족보에 오르는 것이 싫어서 멧돼지 사냥을 나와 세석평전까지 끌고 가서 쏴 죽였다고 허드만요. 어르신은 그러면서 보잘 것 없는 지헌테 용서를 빌었어요. 저는 그런 어르신이 싫었든 거지요. 차라리 그때 나헌티 불호령을 치셨더라면 마음이 약해서……."[74]

이 대목은 작품 전체를 통해 사건 전개의 계기적 모멘트를 제공하고 있다. 현재의 여로가 30년 전에도 똑같이 반복되었다는 구조적 중층성의 정점을 이루는 동시에 '나'의 여로가 뜻하지 않은 변수를 만나는 지점이기도 하다. 여로의 반복성은 '나'의 목표 행위의 정당성을 약화시킴과 동시에 더 이상의 반복은 차단되어야 한다는 당위성을 배태시키기 때문이다. '나'가 믿고 있던 바가 정보의 일방성으로 인해 반쪽의 믿음이며, 그 믿음에서 비롯된 한풀이의 정념은 더 이상 반복되어서는 안된다는 작가의 메시지가 드러나는 장면이기도 하다.

이 장면 이전까지는 '나'는 오로지 '나'의 입장, 내가 알고 있던 바에 의해서만 상황을 판단하고 인물을 대하고 자신의 정서에만 몰입해 있었다. 그의 여로는 그러한 제한된 정보 위에서 마련된 여로이며 그

---

74) 문순태, 철쭉제, 제3세대 한국문학 문순태 편, 삼성출판사, 1983, pp.187~188.

도달점은 철저한 복수였다. 하지만 여로를 통해 점차 드러나는 진실은 '나'의 여로가 애초부터 잘못 설정되었음을 분명하게 말해주고 있다. 전쟁의 비극이 가장 오래도록 잔존했던 지리산 일대라는 공간적 성격, 그 중에서도 핏빛을 연상시키는 철쭉꽃으로 유명한 세석평전으로의 여정은 비밀의 심연으로 한발자국 씩 다가가는 과정이었고, 결국 '나'는 진실과 마주하게 된다는 점에서 그러하다. 복수 또는 해한(解恨)의 일념으로 시작된 여로는 자신이 가해자의 일원이었다는 사실과 마주쳐 행로를 변경해야 하는 상황에 놓인다. 30년 여로와 지금의 여로는 '비밀과 대면하기'라는 측면에서는 동질적이다. 오히려 30년 전의 여로로 인해 비롯된 피해의식이 거꾸로 가해의식으로 바뀌면서 '나'의 여로는 정반대의 방향으로 변경된다.

그렇다면 30년 뒤의 '나'의 여로는 어떻게 마무리되어야 하는 것인가라는 질문과 마주서게 된다. '나'는 세석평전을 반환점으로 돌아오는 과정에서 박판돌과 화해를 하게 된다. 그 화해는 대립과 갈등을 넘어서는 것이지만 애초의 대립과 갈등이 '나'의 일방적인 인식에서 비롯되었다는 점에서 자책과 성찰을 동반해야 했다. 그러나 30년 동안 이어져 온 회한의 정서는 쉽게 변할 수 없는 것이기에 일정한 여건이 필요하다. 며칠이 소요되는 산행, 일단 나서면 똑같이 되돌아 올 수밖에 없는 깊은 산 속으로의 여정을 통해 그 변화에 필요한 시간과 진실의 발견 과정을 자연스럽게 설정하고 서술해 낸 작가의 의도가 주목을 받게 되는 지점이기도 하다.

이 소설의 주인공 '나'는 원래의 목적 달성에는 실패한다. 왜냐하면 '나'는 박판돌에게 복수도, 해한도 하지 못했으며 오히려 자신이 박판돌에게 가해자의 일원으로 인식되고 있을 가능성을 발견한 때문이다. 사실 여로의 초반부에서 '나'는 박판돌이 데려 온 '미스 현'을 통해 미움이 증폭되고 아버지에 대한 부끄러움조차 느끼게 된다. 그러나 아버지의 비밀을 알게 된 이후 박판돌이 그런 상황을 통해 자신에게 전달해 주려한 정서가 무엇일지를 알게 된 후에는 또 다른 부끄러움을 느끼게 된다. '나'와 박판돌은 같은 입장에 놓여 있는 대등한 인물이지 도덕적으로나 윤리적으로 우열 관계를 따질 수 없는 인물들임을 비로소 깨닫게 된다. 이 발견의 과정이야 말로 여로 구조를 통해 얻을 수 있는 매우 유효한 플롯 이점이라 판단된다.

전쟁으로 인한 비극의 씨앗은 재빨리 싹을 틔워내지만 정작 그 비극으로 인한 트라우마의 극복은 매우 더디거나 불가능한 것으로 치부되어 온 경우가 많다. 그리고 그 트라우마의 극복이라는 전이의 계기도 현실적으로 발견해내기 어려워 애써 상처가 돋아나지 않도록 다스리는 데 골몰해 왔는지 모른다. 이는 문학적 접근에서도 마찬가지였으리라 본다. 분단문학 - 분단극복문학 - 통일문학 등으로 경계를 지어가면서 우리 사회가 겪어왔고, 어쩌면 여전히 진행 중일지 모르는 전쟁과 분단의 상처를 극복하기 위한 노력이 도달해야 할 가장 깊은 심연은 '해한(解恨)'일 가능성이 크다. 그 해한의 본질적 수행은 역사적 개인들 간의 노력을 통해서 가능할지 모른다는 사고의 계기를 마련해주는 것이 <철쭉제>의 여로 구조의 의미가 아닐까 판단된다. '나'와 박판돌은 지극히 개인적인 존재로 얽힌 한과 한풀이의 순환 구조 속에 놓인 인물이 아닌 6·25 전쟁이 지닌 비극성이 배태한 전형적인 상관자들로, 가해자와 피해자의 존재방식을 보여주는 인물들이다. 그들에게 역사적 개인으로서의 위상을 부여하게 되는 이유는 여기에 있다.

〈철쭉제〉의 여로 구조를 살피면서 생각해봐야 하는 또 하나의 지점은 이 절의 맨 앞에서 언급한 바 있는 '고향'의 속성이다. 〈철쭉제〉에서 '나'는 비록 애초의 문제 해결 즉 목적 달성에는 실패한다고 할 수 있다. 박판돌에 대한 복수커녕 거꾸로 자신이 부끄러움을 느껴야 하는 입장이 되었기 때문이다. 그러나 이는 궁극적인 여로가 아니다. 그의 여로의 목적은 시간이 흐르면서 다른 목적으로 변경되고 있었고, 변경된 목적은 '나'와 박판돌, 그리고 우리 사회를 위해 매우 긍정적이고 유용한 것이기에 변질이 아닌 질적 전환의 양상으로 간주할 수 있다. 전쟁으로 인한 가해자와 피해자라는 이분법적 구도에 대한 신중한 접근이 필요하다는 메시지도 읽어낼 수 있다. 물론 일방적인 피해자들과 관련된 상황들은 논외가 되며, 가해와 피해라는 이분법적 접근도 추상적인 맥락까지 포함한 것이라는 점도 고려해야 한다. 다만 중요한 것은 본질에 대한 천착일 것이다.

그런 의미에서 '나'의 고향은 다시 회복할 수 있는 대상이 아니다. '나'가 다시 고향으로 돌아올 여지는 없어 보인다. 이전에는 현실적인 힘을 갖추기 전까지는 그저 회한의 대상지일 따름이었고, 이제는 아버지의 죄에 대한, 그리고 일방적으로 가해자로만 인식해 온 박판돌에 대한 부끄러움으로 돌아가기 어려운 대상이다. 분명 여로의 목적은 달성했고, 고향을 떠날 때의 상황에서는 벗어났지만 여로를 통해 얻은 깨달음은 고향으로 돌아갈 수 있는 여지를 차단하는 장치가 된 것이다. 이런 의미에서 근원적인 여로형 소설의 출발지로 인식되어 온 고향의 결여와 부재라는 현상이 어떤 연유에서 빚어지게 되는가를 잘 보여주는 작품이 할 수 있다. 그리고 그 연유는 주인공인 '나'나 박판돌 역사적 개인으로서의 속성을 지니기 때문이며 여로가 이루어지는 공간 또한 역사적 정체성을 지니기 때문이라 판단된다.

2. 대립적 공간과 집단의 여로

역사적 개인의 여로를 보여주는 <철쭉제>와 대비할 수 있는 여로형 소설로 황석영의 ≪장길산≫을 들 수 있다. 대하 역사소설의 대표적인 작품으로 역사적 사실을 다루고 있으며 사건의 진행에 따른 집단의 여로가 드러난다.

여로형 소설로서의 <철쭉제>와 대비적 고찰을 위해 우선 여로와 직접적인 관련성을 지니는 모티프 분석을 시도해 보기로 한다.

≪장길산≫을 이끌어 가는 서사원리 중 일차적으로 분석대상이 되는 것은 만남과 죽음의 모티프이다. 먼저 만남의 모티프를 검토해 보자.

≪장길산≫의 전반부는 장길산과 제 등장인물들 간의 만남의 기록이라 할 수 있을 정도로 만남의 연속으로 이루어지고 있다. 장충과 장길산 모, 장길산과 박대근·묘옥·마감동·우대용·강선홍·고달근·김기 등이 만나게 되는 과정이 순차적으로 서술되고 있다. 이 과정에서 장길산과 인연을 맺게 되는 인물들은 이후 사건 전개에 핵심적인 인물로 등장하게 된다. 주요 인물들을 등장시키는 방법으로 만남의 모티프를 동원하는 것은 우리 소설사에서도 자주 접할 수 있다. 문제는 그 만남

들이 어떠한 계기를 통해 이루어지는가이다. 흔히 고대소설의 한 단점으로 우연성을 들고 있는데 그 우연성의 대표적인 경우로 인물들 간의 만남이 거론된다. 주인공이 길을 가다가 우연히 한 사람을 만나는데 그 사람이 이후 주인공의 삶에 결정적인 영향을 미치는 사람이 된다든가, 어떤 장소에서 우연히 만난 처자와 백년가약을 맺는다든가 하는 것 등이 그 우연성의 전형으로 지적되고 있다.

≪장길산≫의 전반부를 통해 집중적으로 제시되고 있는 만남의 모티프들을 접하다 보면 역시 이런 우연성의 문제가 제기된다. 만약 이 만남들이 매우 우연적인 것으로 규정된다면 작품의 평가에 부정적으로 작용할 것이다. 실제로 그럴 소지가 다분하다. 그러나 ≪장길산≫의 경우는 역사소설이라는 장르적 속성에서 오는 특수성을 인정해야 하리라 본다. 역사소설은 그 장르적 속성상 필연적으로 집단적인 인물들을 다룰 수밖에 없다. 이때 그 집단적 인물들의 형성과정은 두 가지로 나누어 볼 수 있다. 하나는 소설 이전에 선험적으로 주어져 있는 경우이고 다른 하나는 소설 내에서 형성되는 경우이다. ≪장길산≫의 경우는 후자에 속한다. 장길산과 관련된 자료들에는 장길산 부대의 구성인물들에 대해서는 언급되어 있지 않다. 그런 상태에서 소설을 통해 그 집단을 구성해 내야 하는 경우는 일정한 의도가 작용할 수밖에 없다. ≪장길산≫에서는 그 작가의 의도가 장길산이 순차적으로 여러 사람들을 만나 자연스럽게 집단화되는 쪽으로 나아가게 하는 것으로 나타나고 있다. ≪장길산≫의 소설적 구성에 대한 평가의 한 기준은 그 경로가 어떻게 이루어지고 있는가에 대한 검토에서 마련되어야 할 것이다.

장길산이 여러 인물들을 만나는 과정에서 드러나는 특징으로 그 만남이 의미있는 공간을 통해 이루어지고 있음을 들 수 있다. 그 대표적인 경우를 보자. ≪장길산≫의 여러 인물 중에서 작가가 매우 의욕적으로 설정한 것으로 보이는 박대근과 장길산의 만남은 장터에서 이루어진다. 이 장터는 장길산 등의 재인들이 연희를 하거나 잡다한 물건들을 내다 팔아 생계를 유지하는 터전이다. 상인들과 장터의 관련성은 설명할 필요가 없을 것이다. 이 장터에서 재인인 장길산과 이갑송이 송도 상인의 차인 행수인 박대근을 만나게 될 개연성은 매우 크다. 이런 일차적인 조건 외에 그 계기도 자연스럽다. 장길산과 이갑송이 자신들의 삶의 방편인 보따리 장사를 방해하고 얼마 되지 않는 이익을 갈취해 가는 무뢰배들을 응징하던 날, 타 지역 상인으로 난장을 트러 다니는 박대근이가 이들을 불러 동업을 제의한다. 재인들이 놀이판을 벌여 사람을 모으면 그 기회를 이용하여 물건을 팔고자 하는 상인의 입장과 상인과 계약을 맺고 놀이판을 벌여 고정적인 수입을 확보할 수 있는 재인들의 입장이 서로 맞아 떨어짐으로써 이들의 동업이 이루어진다. 서로에게 삶의 터전이 되는 장소에서 삶의 영위와 관계되는 계기를 통해 이루어지는 만남은 내적 필연성을 지니게 된다. 이외에도 장길산이 우대용(감옥), 강선흥(행상길) 등과 만나게 되는 장소나 계기도 이와 동일한 맥락에서 이루어지고 있다. 장터나 행상길, 감옥 등은 당대 기층 민중들에게는 그 어느 공간보다도 현실적이고 본질적인 공간이다.

≪장길산≫에서 여러 인물들이 만나게 되는 과정이 외견상으로는 우연에 가까운 것으로 보이지만 내적으로는 필연성을 지니고 있는

것은 바로 이러한 공간들이 지니는 특성에서 비롯된다고 판단된다. 그리고 이러한 과정을 통해 장길산 부대라는 집단이 형성되게 된다는 점에서 이 만남의 모티프는 소설 세계의 구축을 위한 일차적인 역할을 담당하고 있다.

≪장길산≫에 나타나는 또 다른 만남의 모티프는 장길산의 의식성장의 기회로 작용하고 있다. 장길산은 감옥에서 나와 잠행(潛行)을 하는 과정에서 여러 인물군들을 두루 접하게 되는데 그 다양한 인물들이 살아가는 모습들을 보면서 세상에 대한 견문을 넓히게 되고 자신의 삶의 방향을 결정하게 된다. 특히 기층 민중들의 '마지 못해 살아가는 모습'과 세도가들의 '탐욕스러운 모습'이 공존하고 있는 현실을 보면서 장차 활빈행을 할 결의를 다지게 된다. 이 과정은 운부대사와 만나게 될 때까지 이어지는데 이 단계에서 장길산의 의식은 정치(政治)를 논하는 수준에 이르게 된다.

"아, 슬프도다! 예나 지금이나 정치란 것은 백성을 편케 하고 사랑하는데 불과한 것인데, 만약 무능한 것이라 하여 또는 혼란한 것이라 하여 아니한다면 이것은 마치 음식을 추하게 먹는 자를 보고서 음식을 폐지함과 같은 격이 아닌가. 우리나라에는 백성을 괴롭게 하는 정치가 하나둘이 아니다. 비록 웃사람이 백성을 사랑하는 마음이 있다손 치더라도 뚜렷하게 나타난 바가 없을 것인데 하물며 그 백성을 사랑하는 마음이 대략이나마 백성을 괴롭게 하는 정치에 미칠 수 없으면 어찌 되겠는가. 상하 내외의 인사들은 모두가 백성을 괴롭게 하여 자신을 보양하고 있는 것이다. 그런데 이제 사랑을 베풀고 은혜를 펴서 도탄에 빠진 백성을 구원할 생각은 하지 않고, 한갓 이슬 같은 정책이나 기이한 꾀로 얽매어서 유지하려고 한다."[75]

변변하게 글을 배우거나 세상 이치를 깨우칠 공부를 할 기회조차 가지지 못한 장길산이 토로하는 이러한 정치관은 세상을 직접 겪으면서 얻은 깨달음에서 나온 것이다. 그리고 그 깨달음은 세상을 단지 관찰하고 얻은 것이 아니라 그동안의 수도의 과정에서 이루어진 수많은 기층 민중들과의 만남에서 얻어진 것이기에 상대적이고도 현실적인 힘을 가지게 된다. 이 유형의 만남의 모티프의 의미는 여기에 있다.

이상에서 살펴본 만남의 모티프들은 기왕의 논의들이 ≪장길산≫이 이룩해 낸 성과의 하나로 꼽고 있는 민중성의 구현의 한 근거로 제시될 수 있다. 사실 소설이 진행됨에 따라 변화해 가는 주요 인물들의 모습은 민중이라기보다 지식인에 가깝고 영웅에 가깝다. 많은 논자들도 이에 대해 언급하고 있다. 이점 때문에 ≪장길산≫이 과연 민중성을 올바로 구현하고 있는가라는 논란이 있었다. 그러나 민중성의 구현이라는 문제에 접근해갈 때 집단화한 이후에 형성화된 인물의 자질을 중심으로 할 것이 아니라 그 과정에서 인물들이 어떻게 민중적 세계에 관계하고 있었는가를 중심으로 해야 하리라고 본다. 소설 속의 인물들이 서로 관계를 맺는 과정과 공동의 의식을 형성하게 되는 과정에서 민중의 생활과 밀접히 연관되어 있을 때 본질적인 의미에서의 민중성이 확보된다고 판단하기 때문이다. 인물들의 개인적인 출신 성분이나 능력, 개별적 의식 등은 작품이 민중성을 구현하고 있는가라는 문제를 해명하는데 있어 부차적인 요소들에 지나지 않는다. 그런

75) 황석영, ≪장길산≫ 5권, 현암사, 1983, pp.148~149.

맥락에서 이 만남의 모티프들을 통해 분석해 본 요소들은 이 작품의 민중성의 구현이 긍정적으로 이루어지고 있음을 말해주는 것이라 생각한다.

한편 ≪장길산≫에 나타나는 죽음의 모티프는 어떠한가를 살펴보기로 하자. ≪장길산≫에는 몇 개의 매우 인상 깊은 죽음의 장면이 나온다. 순차적으로 본다면 산지니와 석씨의 죽음, 산채 식구들의 죽음, 마감동의 죽음, 최형기의 죽음 등이다. 서사성이 강한 소설 속의 주요 인물의 죽음은 대체적으로 극적이고 긴장감을 주며 결말의 의미를 지닌다. 표면적으로는 ≪장길산≫도 여기에서 벗어나지 않는다. 그러나 ≪장길산≫에서 죽음은 그 이상의 의미를 지니고 있다. 최형기의 죽음을 예외로 한다면 나머지 인물들의 죽음은 그 자체로 끝나지 않고 소설 전체를 관류하는 힘을 배태시키는 역할을 한다. 이 소설의 사상적 거점인 민중들의 미륵신앙의 한 발현형태라고도 할 수 있다. 그들의 구차하지 않은, 의연한 죽음의 장면들은 입에서 입을 거쳐, 그리고 소설의 구조를 통해 전달되면서 기층 민중들이 갖기 쉬운 패배주의나 이 소설세계가 도달하기 쉬운 허무주의를 극복할 수 있게 하는 기제로 작용한다. 그러한 예로 다음 두 장면을 들어 보자.

"산지니는 문득 어떤 생각이 지나쳐서 그에 어울리지도 않게 아이처럼 빙긋 웃었다. 그것은 이런 저자 한가운데서, 아이들의 조롱 가운데 저희를 내리누르는 관헌들 앞에서, 영문도 모르고 공구경에만 정신이 팔린 무수한 백성들의 놀란 눈딱지 앞에 잘려 나갈 그의 몸과 몸뚱이는 바로 미륵의 것이라는 소박한 깨달음이었다. 미륵은 언젠가

오시는 게 아니라 우리의 넋 가운데 시시때때로 찾아들어 이렇게 잠깐 당신을 현신시키고는 넘어진 내 고깃덩이를 넘어 다른 넋으로 찾아 가신다. 미륵은 내게 왔다. 미륵은 언제나 이 자리에 섰다. 그의 등판이 어째서 둥근 불덩이로 지져졌는가를 산지니는 겨우 알아 차렸던 것이다. 미륵이 두터운 살을 뚫고 전신으로 퍼져 가는 아픔이었다."[76]

"그 여자는 글을 읽어 나라에 벼슬을 하겠다는 남편이 녹림당의 일원이 되어버린 것을 처음에는 절통해하고 수치스럽게 여겨왔던 터였다. 그러나 막상 탑고개에 들어와서 산사람들과 내왕하고 마을의 괴뢰배나 월정사 사당들과 이럭저럭 지내다 보니 그만 저들의 순박하고 꾸밈없는 정에 젖어들고 말았던 것이다. (중략) 길산이나 갑송이나 감동의 반생에 대하여도 익히 들어 온 김기의 아내로서, 글을 읽은 자의 식솔로서, 떳떳하게 이 참담한 마을의 환란 속에서 죽어갈 수가 있었다.

「끝내 함께 이루시옵소서」

(중략)

마당에 몰린 연기가 바람에 불리는 것이 보였다. 그 여자는 눈을 질끈 감았다. 그리고는 칼을 거꾸로 쥐어 스스로 가슴에 힘껏 박았다. 김기의 아내가 노모의 몸 위에 넘어 졌고 잠시 후에는 불꽃의 일렁이는 이빨들이 그들을 삼켜 버렸다."[77]

---

76) ≪장길산≫ 7권, pp.319~320.
77) ≪장길산≫ 8권, pp.311~312.

앞에 인용한 부분은 검계·살주계 사건의 결말 부분으로 그 계원인 산지니가 죽음을 맞이하는 장면이고 뒤에 인용한 부분은 관군의 토포를 당한 구월산 산채 식구 중 김기의 아내가 죽어가는 장면이다. 죽음에 직면해서 보여 주는 이들의 믿음과 의연함은 장길산 부대를 구성하는 인물들의 삶을 유지시켜 주는 힘의 또 다른 표현이다. 유교적인 가치질서가 중심이 되는 사회에서 '세상을 등지고 살아야 하는' 데 따르는 온갖 어려움과 고난에도 불구하고 일관되게 유지되는 그들의 생활을 보면 그들이 추구하고 있는 새로운 사회에 대한 열망의 강도를 알 수 있다. 그 사회변혁에의 의지는 작품 내에 적절히 배치된 죽음을 통해 승화되어 나타나고 작품을 이끌어 간다.

그러나 이 죽음의 모티프는 진실성의 측면에서 문제점을 안고 있다. 우선 죽음에 직면한 인물들이 죽음 자체를 전혀 두려워하지 않는다. 그 이전까지 인물들의 삶은 평범한 사람들의 그것과 크게 다르지 않다. 세상을 등진 활빈도의 활빈행이나 자신 나름의 소신을 가지고 활빈도를 추적하는 포교의 임무수행은 삶의 차원에서는 동일하다. 현실을 초월하고 삶의 영역을 떠난 구도자가 아닌 이상 삶에 대한 집착은 있기 마련이다. 그럼에도 불구하고 ≪장길산≫의 인물들은 죽음에 직면해서 순교자같은 면모를 보여주고 있다. 오히려 그 죽음을 통해 높은 차원의 깨달음을 얻게 되는 것으로 그려져 있다. 자신의 삶을 돌아보며 회한을 가지거나 반성하는 것도 아니고 새로운 사회가 도래할 것을 기원하는 태도를 보이고 있다. 이는 일종의 영웅주의의 발로이다. 한 사람의 영웅적인 죽음을 통해 많은 사람들의 의식을 각성시키고자 하는 것이기 때문이다. 물론 그 인물이 본래부터 영웅으로서의 면모를 지니고 있고 많은 민중들에게도 영웅으로 인식되고 있다면 또 다른 문제지만 ≪장길산≫의 경우는 거리가 멀다. 형장에 모인 사람들은 아직 그가 어떤 인물인지도 잘 모른다. 때로는 관의 발표대로 도적의 무리 정도로 알고 있는 경우도 있다. 그런 상태에서 그 죽음이 커다란 파장을 가져오기를 원하는 것은 오도된 영웅주의의 표출이라 본다. 의미있는 죽음이 지니고 있는 힘을 인정하지만 그 자체를 지나치게 강조하고 미화하는 것은 진실성을 외면한 것이라 아니할 수 없다. ≪장길산≫의 영웅주의에 대한 비판의 근거를 여기에서도 찾을 수 있다.

만남과 죽음의 모티프는 대립적 공간 구조를 통해 여로 구조로서의 정체성을 형성하게 되는데 여기서는 두 대립적 공간인 시중과 산중의 경계를 이루는 '산등성이'를 일종의 크로노토프[78]로 볼 수 있을 것이라는 맥락에서 접근해 보고자 한다.

≪장길산≫의 지리적 배경은 황해도, 강원도, 경기도, 평안도일대를 포함하고 있다. 그런데 그 지리적 배경은 단일한 세계로 남아 있지 않고 작품 내에서 두 개의 세계로 구분되어 있다. 하나는 시중(市中)의 세계이고 다른 하나는 산중(山中)의 세계이다. 이 두 세계는 인간이 사는 곳이면 어디에서나 존재할 수 있는 지형상으로 구분된 세계가 아니다. 역사의 흐름에 대해 서로 다른 입장을 취하고 있는 일종의 역사적 의미를 지닌 공간이다. 일반적인 역사의 흐름을 좇는 세계가 시중의

---

78) '산등성이'라는 하나의 지형을 크로노토프로 설정할 수 있는 근거로는 다음을 참조했다.
Bakhtin, Forms of time and of the Chronotope in the Novel, The Dialogic Imagination (Univ. of Texas Press, 1981), pp.243~258.

세계라면 그 흐름에 거스르고자 하는 세계가 산중의 세계이다. 그렇다고 두 세계가 철저히 분리되어 있는 것은 아니다. 산중의 세계는 시중의 세계에 공존하는 여러 층위 중 한 층위가 특수화되어 나타난 경우이다. 두 세계와 관련된 층위 중 어느 층위의 가능성을 믿느냐는 역사의 주체를 무엇으로 보느냐와 관련되며 이는 사관의 문제에 속한다.

≪장길산≫은 산중의 세계를 지향하고 있다. 그러나 그 산중의 세계의 계속적인 존재 가능성은 미지수이다. 만일 산중의 세계가 계속적으로 존재할 수 있고 시중의 세계보다 우위에 놓이게 되면 현실의 구도는 달라지게 된다. 즉 이 소설의 주인공들이 열망하는 현실변혁이 이루어지는 것이다. 그러나 이 산중의 세계가 추상적이고 비현실적인 성격을 지닐 경우 낭만주의적 역사소설로 변질될 수 있다. 이 장에서 살펴보고자 하는 것은 이 작품이 지니고 있는 현실변혁 의지의 현실성 여부이다. 여기에는 여러 접근방법이 있겠지만 기존의 논의들과는 달리 작품 속의 인물들의 물적 기반이 되는 산중의 세계의 속성을 분석하는 쪽을 택하기로 한다. 인물들의 의식, 행동의 방향성을 분석대상으로 하는 논의보다 구체성을 확보할 수 있으리라 보기 때문이다.

산중의 세계가 지니는 속성을 밝히기 위한 구체적인 방법으로 산중과 시중의 세계의 경계를 이루고 있는 '산등성이'의 크로노토프를 분석해 보고자 한다. 소설내의 기본적 서술 사건들을 조직화하는 중심으로서의 크로노토프는 그 사건들이 지니는 현실성과 지향의식의 속성을 밝혀줄 수 있는 요소이기 때문이다.[79] 앞에서도 언급한 바와 같이

79) 위의 책, p.250.

산중의 세계는 시중의 세계와 밀접한 관계를 지니고 있기에 산중의 세계만을 대상으로 할 겨우 본질적인 속성을 밝혀 낼 수 없다. 그렇다고해서 두 세계를 몇 개의 비교범주를 설정하고 그에 따라 단순비교를 하는 것도 바람직하지 않다. 구분되는 세계인 이상 그 결론은 자명하기 때문이다. 따라서 두 세계를 관계개념 속에 놓고 분석해야 할 것이다. 그런 맥락에서 경계로서의 '산등성이'라는 크로노토프가 양 세계에 대해 어떠한 입장을 취하는가를 분석해 보고자 한다.

'산등성이'가 산중의 세계에 대해 취하는 입장은 매우 제한적이다. 산중의 인물이 산등성이를 넘어 시중으로 향하게 될 때 산등성이를 넘는 순간부터 모험이 수반된다. 이 모험은 귀환을 전제로 하여 이루어지는 제한된 여정이다. 시중의 세계를 보호하고자 하는 세력들이 이 모험을 인지하고 저지하기 위해 나타나기 전에 산등성이에 몰래 도착해야 한다. 극히 제한된 시간만이 허용될 따름이다. 이 시간을 어기게 되면 귀환이 불가능하고 산등성이를 넘을 수 없다. 산중의 세계는 가능한 한 보호되어야 하기 때문이다. 활빈행을 하는 산채의 인물들에게 이 산등성이는 그리 개방적이지는 않다. 물론 산채 인물들의 개별적인 행동을 위해서나 활빈행과 관계되지 않을 경우에는 그 개방성의 정도가 다르게 나타나지만 이 소설의 사건의 핵심은 활빈행을 통해 이루어지는 행동들에 있기 때문에 다른 문제이다. 이 제한성은 산등성이의 위치와 시중과의 거리에 따라 정도가 달라지지만 시중의 세계와 완전히 동떨어진 경우를 제외하고는 계속적으로 작용하게 된다.

산중의 세계가 시중의 세계와 완전히 동떨어진 경우에는 산중의 세계 자체도 의미가 없으며 그에 따라 이 소설의 의미도 축소된다. 그럴 경우 단순한 의적들의 거점으로 남게 되며 이 소설이 지니는 현실변혁의 의지는 무화되게 된다. 시중의 세계는 산중의 인물들에게는 일종의 구체적 운동공간(konkreter Spielraum)에 해당한다. 그들이 추구하는 의식은 이 공간에서 구체화되어 작용할 때 성립될 수 있고 발전되어 갈 수 있다. 그러나 현실적으로 시중의 세계에서는 산중의 인물들의 의식을 받아들일 수 없는 것이며 당연히 그들의 활동도 제한될 수밖에 없다. 산중에서 시중으로의 움직임에 대한 '산등성이'의 제한성은 이러한 현실이 구조적으로 충실히 반영된 것으로 볼 수 있다. 따라서 이 제한성을 극복하기 위해 격리된다면 산중의 세계는 현실도피의 공간이 될 수밖에 없다. 작품에서는 여러 곳에 산채를 두거나 위치를 옮겨 그 제한성을 어느 정도 극복하고자 하였지만 거기에도 한계가 있다. 산중의 세계가 굳건한 토대를 형성하기 전까지는 그 규모를 작게 할 수밖에 없고 또한 식솔들이 따르고 있는 경우에는 잦은 이동도 불가능하기 때문이다. 이런 점에서 '산등성이'가 산중의 세계에 대해 매우 제한적인 입장을 취하고 있는 것은 현실적인 구도이다.

이에 비해 시중의 세계에 대한 '산등성이'의 입장은 철저히 개방적이다. 시중의 인물들이 이 '산등성이'를 넘을 때는 앞의 경우와 달리 모험이 수반된다거나 시간이 제한되지 않는다. 산중의 인물들과 우호적인 관계에 있는 사람들이나 중립적인 관계(방물장사 등)에 있는 인물들은 말할 것도 없고 적대적인 관계에 있는 사람조차도 아무 조건없이 접근 할 수 있다. 오히려 이 경우의 산등성이는 산중의 세계로 인도하는 역할을 하기도 한다. 관군의 정탐군이 방물장사를 가장하여 산중의 세계에 접근하여 기찰을 함으로써 토포가 가능했던 것도 이러한 개방성 덕분이다. 이 개방성을 최소로 줄이기 위해 산중의 사람들은 번을 서기도 하고 성을 쌓기도 하지만 각각이 확보하는 시간과 공간은 '산등성이'가 제공하는 시간과 공간의 범위에 비하면 극히 부분적일 수밖에 없다. 이처럼 작품 내에서 나타나는 시중에 대한 '산등성이'의 입장은 철저히 개방적인 것으로 나타난다.

이때 시중의 세계에 거주하고 있지만 그 의식에서는 산중의 인물들과 동일한 인물군이 문제가 된다. 단순한 우호관계에 있는 것이 아니라 동질적인 관계에 있는 경우로 박대근이나 이경순이 그 대표적인 경우에 해당한다. 그들은 산중의 세계와 직접적인 연관을 지니고 있지만 시중의 세계에 남아 있다. 그들이 살고 있는 공간은 일종의 섬을 이루고 있는 셈이다. 이 섬을 통해서 산중의 인물들은 자신들의 의지를 달성하는 데 필요한 물적 토대의 일부를 확보하고 있다. 이들의 경우에는 앞의 경우와 달리 '산등성이'가 상대적으로 제한적으로 작용한다. 이들의 의식이나 행동이 산중으로 향하게 될 때는 일종의 모험이 된다. 산중의 세계와 시중의 섬이 보존해야 하는 당위성이 여기에 수반되기 때문이다. 이들에게 작용하는 크로노토프의 특성은 산중인물들의 의식이 현실과 결코 유리되지 않고 있으며 이들의 행동이 현실적으로 제한을 받고 있다는 점을 입증해주는 또 하나의 증거가 된다. 이 크로노토프가 변질될 때, 즉 이 유형에 속한다고 볼 수 있는 인물들이 아무런 제한을 받지 않고 '산등성이'를 통과하는 때는 이들의 역할이 달라짐으로써 국면이 전환되게 된다. 즉 이 제한성의 해제는 이들이 변절하여 관의 앞잡이가 될 때만 가능한 것이며 그로 인해 결정적인 국면전환이 이루어지고 있다.

이상에서 살펴본 바와 같이 작품 내의 독특한 크로노토프로서의 '산등성이'는 산중의 세계에 대해서는 제한적이고 시중의 세계에 대해서는 철저히 개방적인 입장을 취하고 있다. 이 같은 사실은 현실적인 역학관계로 보아 시중의 세계가 산중의 세계에 대해 우위에 놓여 있음을 의미한다. 시중의 세계에 의해 산중의 세계가 일방적으로 파괴당하는 관계가 형성되는 것이다. 그러나 산중의 인물들은 제한성이 없는 '산등성이'를 찾아 나서려는 모습을 보이지 않는다. 많은 제한에도 불구하고 여전히 산등성이를 넘어 모험을 감행한다. 하나의 산중의 세계가 무너지면 다시 새로운 세계를 만들어 내며 거기에는 어김없이 시중의 세계에 대해 철저히 개방적인 '산등성이'가 존재한다. 이러한 사실들은 무엇을 말해주는 것인가. 만일 산중의 인물들이 시중의 세계에 대해 철저히 패쇄적인 '산등성이'를 선택하고 그 안에 산중의 세계를 구축했다면 현실도피라 할 수 있다. 그렇지만 산중의 인물들은 그러한 선택을 하지 않는다. 현실의 법칙을 회피하거나 역학관계를 호도하지 않고 그들의 의지를 관철하기 위해 정면으로 맞서고 있다. 시중에 대해 열려져 있는 '산등성이'를 가지고 있지만 더 이상 옮기거나 제한을 받을 필요가 없는 산중의 세계를 형성할 수 있을 만큼 굳건한 토대가 마련될 때 그들의 의지는 달성될 것이다. 그리고 그 의지는 다음과 같은 소박한 꿈에서도 잘 나타나고 있다.

"김기의 아내는 어느덧 구월산 녹림당을 자랑스런 입국의 선진이라고 믿게 되었다. 그 여자는 남편의 가담을 이제는 확신을 가지고 찬성할 수 있었다. 탑고개처럼 이웃과 이웃이 서로를 아끼고 아무 차등없이 평화롭게 살아가는 마을이 모든 세상에 걸쳐서 이룩되어야 할 것이었다."[80]

산중의 인물들이 현실적인 압박에도 불구하고 계속적으로 닫혀진 것이 아니라 열려진 '산등성이'가 존재하는 산중의 세계를 고집하는 것은 모든 세상에 걸쳐 자기들이 바라는 마을이 이룩되어야 한다는 의지를 달성하기 위해서이다. 주요 인물도 아니고 그저 한 인물의 식솔에 불과한 아낙네의 입을 통해서도 표출되는 이러한 의지는 현실변혁의 의지에 해당한다. 이는 어느 측면에서는 시적인 세계의 표현이다. 작품의 서두에서 그리고 중간중간 삽화의 형식으로 제시되고 있는 시의 세계는 이러한 의지가 지니는 비극적 성격을 암시해주는 대목으로 생각된다. 광대들의 한이 서려있는 노래와 민중들의 삶에 찌들린 정신에서 나오는 옥중에서 불려지는 노래 등은 이 소설의 기본정서를 표현해 주고 있다. 시의 세계는 논리의 세계가 아니라 감정의 세계이기에 그 노래를 통해 전해지는 메시지는 그들에게 다가오는 현실의 강한 벽을 넘어서고자 하는 원초적 정서에 가깝다.

논리로만 따진다면 이들의 의식은 다분히 비현실적이기 때문이다. 이 소설의 또 하나의 가능성은 시의 세계에서 출발한 의지를 구체화하고자 하는 민중들의 정서가 잘 묘파되고 있다는 점이다. 미륵신앙이나 정진인 출현설 등이 작품의 사상적 배경을 형성하고 있는 점도 이와 연관시켜 살펴볼 수 있다. 그리고 앞에서 살펴본 '산등성이'의 존재

80) ≪장길산≫ 8권, p.311.

형태는 이러한 성격을 지니고 있는 의지를 형상화하는 한 기제로서 작용하고 있다. 그런 의미에서 산등성이를 넘나드는 그들의 여로는 작품의 주제 형성에 기여하는 미학적 장치로서의 역할을 충실하게 수행하는 서사구조의 중심 역할을 하게 된다.

인용부분에서 드러나는 의지의 달성 가능성에 대해서 작가는 작품의 전후에 실린 장산곶매의 전설과 천불천탑(千佛千塔) 전설로 대신하고 있다. 그러나 이 현실변혁의 의지가 현실의 역학구도를 인정하면서 지속적으로 이어지고 있다는 점에서 ≪장길산≫이 제시하는 역사에 대한 전망은 긍정적으로 평가될 수 있을 것이다.

≪장길산≫은 분단 이후 창작된 역사소설 중 가장 뛰어난 작품으로 평가받고 있다. 그리고 이 작품이 이룩한 성과는 민중성의 구현, 역사적 진실의 소설적 형상화라는 측면에서 긍정적으로, 영웅주의적인 면모의 노출이라는 측면에서 부정적으로 평가되고 있다. 이 절에서는 이러한 기존의 성과들을 수용하면서 이 작품의 공과를 구조적 측면에서 접근해 보고자 하였다. 그 결과 이 작품에 등장하는 인물들의 행적 상 필연적으로 나타나게 되는 긴장감 넘치는 여로를 통해 여로구조가 어떻게 전체 구조의 형성에 기여하는지를 확인할 수 있었다.

공간의 확대와 여로 구조의 변화
- 해외여행 자유화 시대

여로 구조에 기차가 등장하면서 끼친 영향에 이어 해외 여행의 자유화라는 환경의 변화는 다시 한 번 여로 구조의 폭과 넓이의 확장으로 이어진다.....작가의 직접 체험 여부와 관계없이 이미 주인공들은 아주 먼 곳으로의 여행을 통해 자신의 삶과 인간에 대한 탐구를 더해 가는데......

1989년은 해외여행의 장벽이 완전히 철폐된 시점이다. 매우 제한적으로 가능했던 해외여행이 자유롭게 이루어진다는 것은 일상적 경험으로서의 여행의 공간이 확대됨을 의미한다. 여행 공간의 확대는 자연스럽게 삶을 다루는 소설의 세계에도 영향을 미치게 되었고 작가의 직·간접적 경험의 확대와 서사의 필요성에 따라 인물이 외국으로의 여정을 한다는 설정의 현실성 강화, 세부적인 묘사의 정밀성 등이 우선적인 변화이다. 또한 공간의 이동에 따른 주제 의식의 확대와 강화도 그 영향의 양상이라 할 수 있다. 특히 여로형 소설의 구조에 미친 영향은 자못 컸다고 할 수 있다.

소설적 공간이 해외로 확대되는 양상은 1990년대 초반을 거치면서 본격적으로 나타나기 시작한다. 여로의 공간이 해외로 설정된 소설들 중 필자가 주목한 작품들은 최윤의 〈하나코는 없다〉(1993), 윤후명의 〈하얀 배〉(1994), 김지원의 〈사랑의 예감〉(1996), 김인숙의 〈바다와 나비〉(2002), 정미경의 〈밤이여, 나뉘어라〉(2005) 등이다. 이 소설들은 해외여행 자유화 이후 20년 정도의 기간에 발표된 작품들이다.

이 소설들을 1장에서 제시한 바 있는 네 가지 유형으로 나누어 그 의미망을 살펴보고자 한다.

1. 목적 달성 복귀형

이 유형에 속하는 소설로는 윤후명의 〈하얀 배〉를 들 수 있다.

이 소설의 여로는 주인공이 한국을 출발해서 중앙아시아로 여행을 떠났다가 다시 한국으로 되돌아오는 것으로 설정되어 있다. 물론 작품에서 한국으로 돌아오는 여정이 구체적으로 제시되지는 않았지만 취재여행이라는 성격 상 한국으로의 귀환은 필연적으로 예정되어 있기에 복귀형으로 볼 수 있다.

여로의 목적은 표면적으로는 취재이지만 이면적으로는 '자기 정체성 찾기'이다. 작품의 주인공은 학생 운동권 출신으로 한국을 출발하기 전에는 다음 부분에서 집약적으로 나타나는 상황에 놓여 있었다.

"어디론가 도망치기로 했다면 참으로 오지게 도망쳐 온 셈이었다. 방을 찾아왔다고 해도 그랬다. 이제야말로 아무도 모르는 곳으로 온 것이었다. 한국의 공권력이 기를 써도 미치지 않을 곳이라는 터무니 없는 생각을 왜 내가 하고 있는지 모를 일이었다. 나는 이제 당당한 한국의 공민이었다. 경찰이 핸드폰으로 조회해도 아무 염려 없는 확고한 주민등록증이 있었다. 내가 도망치던 시절은 아득한 유신 시절이었다, 그러나 나는 여전히 그 망령에 쫓기고 있는 것이었다. 나는 놓여났다는 자유와, 끈이 끊어져 버렸다는 허탈감을 동시에 맛보며, 옷을 입은 채로 꾀죄죄한 침대에 몸을 눕혔다. 잠이 들면서 나는 하얀 새와 하얀 배를 볼 수 있다면 다소 위안이 되리라 스스로를 다독거렸던 것도 같다."[81]

주인공은 자신이 살고 있는 한국 사회에서 '공민권'을 박탈당했었다. '혁명 검찰관'으로 위세를 누리던 부친이 투옥되면서 그의 인생은 한국 사회와 겉도는 처지가 되고 운동권 대학생이 되어 쫓기는 삶을 살았으며, 어렵게 기자가 되어 생활인으로 살아가고 있는 상황에서도 '쫓기던 자'로서의 망령에서 벗어나지 못한 채 몸과 마음은 부유(浮遊)하고 있다. 그러던 차에 카자흐스탄의 한국교육원에서 보내 온 <말 배우는 아이>라는 글을 접하고 설명할 수 없는 이끌림에 취재를 내세워 중앙아시아로의 여행을 떠나게 되는 것이 여로의 출발점이다.

그렇다면 주인공은 여행을 통해 무엇을 얻게 되는가를 살필 차례이다. 주인공은 <말 배우는 아이>라는 글을 쓴 '류다'라는 인물을 찾아

---

81) 윤후명, 하얀 배, 문학사상사, 1995, p.56.

중앙아시아의 여러 곳을 거치게 된다. 그 여행의 과정을 통해 그가 마주한 것은 '민족'이라는 추상적 단어였다. 그는 중앙아시아로 강제 이주를 당한 고려인의 역사와 냉전 체제의 붕괴에 따른 그들의 거취에 대해 자신이 감당할 수 없거나 대면하고 싶지 않은 '거대 담론'이라 애써 외면하고 있지만 거기에서 벗어나지 못한다. 아직 한국 사회에서 '부유의 삶'을 살고 있는 그에게 민족이란 단어는 가당치 않은 범주에 속하지만 여행이 진행되면서 점점 그 범주로 빠져 들게 된다.

> "어른들의 이야기를 듣고 있으면 마음이 무겁습니다. 소년의 할아버지는 일찍이 한국 땅을 떠나 사할린으로 블라디보스토크로 다니다가 결국 중앙아시아 땅으로 강제로 실려 왔다고 했습니다.
>
> "너희들은 꼭 고향 땅에 가봐야 한다. 거기는 여기완 달라. 마을 바로 앞에 내가 흐르고 뒷동산이 있고 어디나 무척 아름답다."
>
> 할아버지는 그렇게 말하고 지난해에 세상을 떠났습니다. 한국하고 길이 열려 사람들이 오가기 시작할 무렵이었습니다. (중략)
>
> 사람들은 감자를 반 자루씩이나 캐어 무겁다고 하면서도 즐거운 표정이었습니다. 세상도 험한데 먹을 것마저 떨어지면 어쩌겠느냐고들 말했습니다.
>
> "저리로 가면 시베리아가 되고 거기서 더 가면 원동 땅, 거기까지 가면 고향은 다 가는 건데……."
>
> 한 아주머니가 들판을 바라보며 한숨을 쉬었습니다.
>
> "말이야 쉽지요. 거기가 얼마나 멀다고."
>
> "그래도 저 애들은 쉽게 가겠지요."
>
> 소년의 어머니가 소년을 가리키며 말했습니다. 소년도 왠지 그렇게

믿고 싶었습니다.

"그러자면 고려 말을 잘해야지."

소년의 어머니는 소년을 바라보았습니다. 벌써부터 아버지가 몇 번씩 했던 말이라 소년도 잘 알고 있었습니다. 소년이 생각해도 그것은 너무도 맞는 말입니다. 자기 고향에 가서 말도 못한다면 그게 어떻게 자기 고향이라고 하겠습니까. (중략)

아버지는 말했습니다.

"세상에서 꽃밭이 다 버려지면 우린 여기를 떠나야 한다. 사람들이 꽃밭을 짓밟는 건 그 다음에 다른 사람들을 짓밟을 마음이다."

어른들은 머리를 맞대고 어디로 떠날까를 생각하는 눈치였습니다. 그렇지만 무슨 뾰족한 수가 없는 모양이었습니다. 민족이라는 말이 여러 번 어른들의 입에 올랐습니다. 소련이라는 이름도, 레닌과 스탈린이라는 이름도 입에 올랐습니다. 다시 러시아, 블라디보스토크, 사할린이라는 이름도, 그러나 어느 곳도 지금은 험하기만 하다고 했습니다.

"그러니 지금 할 일이라곤 우리 모두 우리 민족 말을 잘 배우는 수밖에 없군. 그런 수밖에 없다."

아버지는 마지막으로 그렇게 말했습니다. 소년은 그 말이 가슴에 우즈베키스탄 사람들의 칼처럼 겨누어지는 듯했습니다.[82]

이 부분은 <말 배우는 아이>에 나오는 내용이다. 자신들을 형벌과도 같은 강제이주의 길에 내몬 힘없는 조국이지만 그들은 수십년이 지났어도 여전히 그리고 어찌보면 '체념적'이지만 조국을 고향으로 그리워하고 있다. 기약은 없지만 그래도 조국이니 자신들에게 손을 내

82) 위의 책, pp.25~27.

밀어 줄 것이라는 절망과도 같은 희망을 지니고 살아가고 있다. 한국 사회와 그의 불화를 생각할 때 납득하기 어려운 상황이지만 여로의 과정에서 지속적으로 만나게 되는 상황이다 보니 점차 그의 의식 속에서 반작용하는 힘으로 남게 된다. 즉 자신의 과거사와 그에 따른 현재적 의식의 변화가 시작되고 있었다. 자신은 공권력의 피해자이기에 한국 사회와 화해할 수 없는 존재라는 인식에 의문이 생기게 되는 셈이다. 이 의문의 실마리는 여로의 막바지에 〈말 배우는 아이〉의 글쓴이인 '류다'를 만나면서 서서히 플려 나간다.

"그와 함께 나는 내가 기를 쓰고 거기까지 도달한 목적이 달성되지 않았다는 생각에 사로잡혔다. 분명히, 호수는 그렇게 보기만 하면 그만이었다. 오는 도중에 말들을 보았고, 호수에는 손까지 담그지 않았던가. 더 이상의 목적이 실상 없었다. 그럼에도 불구하고 나는 미진한 것이 사실이었다. 무엇인가 호수가 거기까지 부른 비밀을 캐지 못하고 물러서는 심정이었다.

무엇일까? 나는 몇 번 확인하듯 호수를 되돌아보았다. 해발 1,600미터가 넘는 곳에 위치한 호수였다. 듣기로는 크기와 높이로 따져 남미의 티티카카 호수 다음가는 호수라고 했다. 그 호수를 보겠다고 해서, 카라가지나무와 주다나무와 미루나무와 버드나무를 이정표로 달려왔고, 드디어 보았다. 그러나…….

나는 머리에 '그러나'가 꼬리표처럼 따라붙는 것을 어쩌지 못했다. 서울에서의 문제들은 서울에 가서의 일이다. 나는 그 꼬리표를 떼어내려고 머리를 흔들었다. 그러나……."

(중략)

"아, 안녕하십니까."

나는 엉겁결에 똑같이 따라 하고 말았다. 그와 함께 나는 그 단순한 인사말이 왜 그렇게 깊은 울림으로 온몸을 떨리게 하는지 형언할 수 없는 감동에 휩싸였다. 개양귀비 꽃밭이 수런거리고, 숲 속의 들고양이들이 귀를 쫑긋거리고, 커다란 까마귀들이 전나무 가지를 치고 날았으며, 사막쥐들이 이리 뛰고 저리 뛰고, 돌소금이 하얗게 깔린 사막으로 큰바람이 이는 광경이 눈에 어른거렸다. 천산에서 빙하가 우르르르 무너지는 소리가 들린다고도 생각되었다.

나는 호수 건너 눈 덮인 천산을 바라보았다. '그러나'라고 미진했던 마음이 그녀의 "안녕하십니까"에 눈 녹듯 스러지는 듯싶었다. 건너편 천산이 내게 "안녕하십니까"의 새로운 의미를 배워 주고 있다고 받아들여졌다. 멀리 동방의 조상 나라를 동경하며 하얀 배를 그리는 모습이 거기 있음을 알 수 있었다."[83]

취재 여행의 목적인 '류다'와의 만남이 가까워지면서 목적 달성에 따른 홀가분함이 들어야 하는데 그의 머리에는 왠지 모르게 '그러나'라는 단어가 강박적으로 떠오르고 있었다. 그의 여행의 목적이 실상은 '류다'와의 만남을 넘어 존재하는 그 무엇이었기 때문이다. 물론 이 이면적 목적은 그도 인식하지 못하고 있었던 터였다. 그리고 그는 마침내 벌판에 선 '류다'가 먼 동쪽 끝을 향해 '안녕하십니까'를 발성하는 장면을 목격하면서 그 목적을 깨닫게 된다.

자신은 그 안에 몸담고 있으면서도 불화를 느끼고 있던 한국 사회를 향해, 버림받은 존재들이면서도 근원적 애정을 드러내는 고려인

83) 위의 책, pp.62~63.

후세들을 보면서 받은 '형언할 수 없는 감동'이 그가 비로소 인식하게 된 목적의 요체였다. 고려인 후세들과 비교할 때 그는 조국 즉 한국 사회로부터 보호를 받고 있는 존재임이 분명하다. 그럼에도 자신은 여전히 한국 사회와 불화를 겪고 있다. 이 아이러니를 인식하게 해 준 것은, '류다'로 대표되는 인물군들과의 만남이었다.

이 작품에서 주인공의 여로는 바로 이러한 '자기 정체성 찾기'라는 이면적 목적을 위해 존재하는 장치이고 여로는 목적 달성과 함께 막을 내리게 된다. 이 작품의 여로 유형이 '목적 달성 복귀형'이라 할 수 있는 근거는 여기에 있다.

참고로 이 작품의 여로는 다음과 같이 도식화할 수 있다.

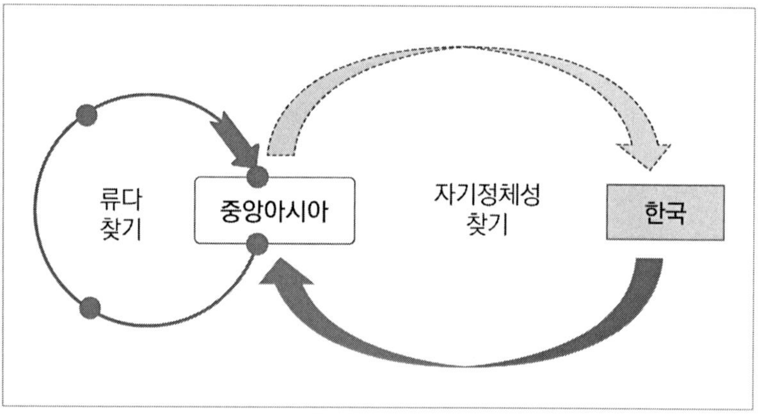

이 도식에서 왼편의 원형이 의미하는 바는 중앙아시아에 도착한 이후 '류다'를 만나기까지의 여정이다. 그런데 여기서 한 가지 주목되는 점은 이 여정의 과정에서 그가 만나는 상징들이다. '천산' '이식쿨 호수' '사이프러스 나무' '하얀 배' 등이 그 상징체계를 구성하는 요소들이다. 흰 눈을 이고 있는 '천산'과 호수 밑바닥이 멀고 먼 또 다른 호수와 맞닿아 있다는 전설을 지닌 '이식쿨 호수' 등은 민족과 고향을 환기하는 요소들이고 '사이프러스 나무'는 강제이주를 당한 고려인들을 은유한다. 이 소설의 제목이기도 하는 '하얀 배'는 헤어진 부모를 찾아 떠나기를 원하는 한 소년의 꿈 이야기를 다룬 키르키즈스탄 소설가의 작품 제목이자 조국을 향한 간절한 소망의 상징으로 기능하고 있다. 이 상징들은 해외로의 소설적 공간 확대로 인해 가능해진 것이라 할 수 있으며 그런 의미에서 해외여행의 자유화라는 외적 환경의 변화는 소설의 내적 형식의 변화로 이어지게 되었다고 할 수 있다.

2. 목적 달성 중지형

김인숙의 〈바다와 나비〉는 운동권 출신 부부의 이야기를 다루고 있으며 자신들의 지난 시간들에 대한 부정과 회의가 드러난다는 점에서 앞서 살펴본 〈하얀 배〉와 상통하는 맥락을 보여준다. 하지만 〈하얀 배〉가 개인과 사회의 갈등에 초점을 맞추고 있다면 〈바다와 나비〉는 개인과 개인의 갈등에 초점이 놓인다는 점에서 차이를 보인다. 이런 상통점과 차이점은 두 소설이 여로구조를 취하고 있지만 여로의 도달점이 다르다는 양상으로 이어진다. 두 소설의 여로구조가 공히 목적 달성에는 이르되 〈하얀 배〉는 복귀형으로, 〈바다와 나비〉는 중지형으로 나타난다.

이 두 소설을 비교하게 되는 것은 이 시기의 소설들이 70년대와 80년대를 거치면서 우리 사회가 민주화라는 거대 담론에 직면하게 된 상황과 무관하지 않다. 사회운동의 전면에 나섰던 학생운동 출신 지식인들이 이상형은 아니더라도 최소한의 지향 수준이라고는 할 수 있었던 민주화 시대에 접어들면서 지난 시절의 학생운동과 그에 따른 결과를 반추하게 될 사회적 환경이 조성되었고 소설은 그 소임을 맡게 된 것이라 할 수 있다. 〈하얀 배〉의 주인공이 맞닥뜨린 '공민권 박탈'로 상징되듯 소수의 권역에 놓여 있으면서도 다수를 위해 삶을 던져야 했던 운동권 지식인들이 민주화 시대에 마주한 삶의 양상은 꿈꿔왔던 것과는 매우 달랐다. 그들은 이런 현실 앞에서 무기력과 회의감을 감출 수 없었다. 일명 후일담 소설들로 불리기도 했던 일련의 소설들과 함께 이 시기의 소설가들은 이들을 문제적인 인물들로 형상화하며 이 문제에 정면으로 맞서야 할 의무감을 느꼈을 것으로 판단된다. 〈바다와 나비〉는 작가의 데뷔 시절이 1980년대 초라는 점과 작가의 이력 면에서 더욱 이 맥락과 긴밀하게 연관된다.

이 두 작품이 이러한 범주의 소설들을 대표할 수 있느냐 하는 데는 이론이 있을 수 있다. 그러나 여로형 소설의 시간적 전개라는 측면에서 보았을 때는 그 대표성을 인정할 수 있다고 본다. 특히 앞서 설명한 문제의식을 다루는 소설에서 여로구조가 왜 필요했을까와 왜 그곳으로의 여로가 필요했는지를 살펴볼 때 그러하다고 본다.

〈하얀 배〉가 개인과 사회의 갈등이라는 국면에서 여행지를 '중앙아시아'로 설정한 것은 그곳이 민족사와 깊은 연관성을 지니기 때문이다. 한 개인이 사회와의 불화에서 화해로 나아갈 명분이나 동기를 찾아야 할 때 그 원천은 사회와 견줄 수 있는 무게감을 지니고 있어야 한다. 사회와의 불화를 해결하는 일은 사회에 대한 애정을 회복하는 일에서 시작해야 하는 데 문제적 인물로서는 그 애정을 회복하는 단서를 개인적 차원에서 구할 수는 없을 것이다. 적어도 사회에 대응되는, 또는 대체할 수 있는 범주나 단위에 놓인 대상으로부터 그 명분과 동기를 찾아야 서사적 균형을 맞출 수 있기 때문이다. 개인적 차원에서 그토록 불화를 겪었던 사회에 대한 애정을 회복하는 일은 합리화에 의한 것일 가능성이 크기 때문이다. 그래서 <하얀 배>의 주인공은 민족의 수난사를 상징하는 중앙아시아 고려인들로부터 그 명분과 동기를 찾았고 합리화를 넘어선 화해가 가능해진 것으로 판단했다.

<바다와 나비>는 여행지로 중국을 택했다. 그 매개는 불법체류자 신분인 조선족 여인과 그 가족이었다. 소설의 서술자이자 주인공인 '나'에게 중국은 어떤 의미를 지니는 곳인가? 다음 부분에서 그 요체를 발견할 수 있다.

> "왜 하필이면 중국이냐고……. 날 비양거리고 싶은 내 지인들의 물음과 남편의 그것은 같지 않았다. 우리들의 대학 시절, 아직 청춘만이 전부일 수 있었을 때, 그 청춘에 순결한 믿음과 희망 만이 불길처럼 타오르고 있을 때, 우리는 암호를 대고서야 들어갈 수 있는 밀실에서 중국혁명사를 공부했었다. 그때 우리들에게 중국이란 나라는 금단의 나라였으나, 또한 금지된 이상이기도 했었다. 그는 불현 듯 그 시절을 기억하는 듯, 아주 오랜만에 염증이 이는 표정으로 나를 바라보았다. 그러나 그건 오직 그 순간뿐이었다. "당신한테 돈을 댈

능력만 있다면 굳이 중국이 아니어도 좋지" 내가 그에게 그렇게 말했을 때 그는 다시 현실의 자신으로 고스란히 되돌아가 버렸다."[84]

주인공과 그의 남편은 운동권 출신 부부이다. 운동권 학생 시절에 만나 부부가 된 사이이고 현재는 심한 불화를 겪고 있으며 이혼을 거론하는 상황에 놓여 있다. 남편과의 별거를 위해 아이를 데리고 와 머물고 있는 곳이 중국이다. 이제는 금단의 나라가 아닌, 자유롭게 왕래가 가능한 곳이라는 점은 다르지만 그들 부부에게는 또 다른 측면에서 금기의 나라이기도 하다. 현실적인 금단의 공간이었다가 의식적 금기의 공간으로 변한 중국이라는 공간은 어떤 소설적 의미를 지니는 것인지를 살펴보는 일이 이 소설을 읽는 핵심이 될 것이다.

이제는 자유롭게 왕래할 수 있는 공간이 되었음에도 '나'가 중국으로 아이를 데리고 간다는 말에 민감하게 반응하는 남편의 의식에는 학생운동권 출신이라는 자신의 경력과 그로부터 배태된 현재의 삶에 대한 짙은 회의감이 깔려 있다. 그리고 자신들과 같이 청춘을 송두리째 바쳐 학생운동에 매진했던 이들의 사명감과 책무감에 따른 역할이 토대가 되어 맞이한 것이 분명한 민주화 시대에 접어들었으나 자신들의 삶은 전혀 예기치 않은 방향으로 흐르고 있다는 허탈감에서 오는 것으로 나타난다. 학생운동 경력 때문에 정상적인 사회생활을 하지 못하고 운동권 출신들이 모여 만든 잡지사에서 얼마 안 되는 수입을 위해 불철주야 일을 해야 하는 남편과, 그런 남편에게서 '모욕과 비굴'을 애써 이해하려고 하는 '나'의 관계에서 그 근거를 찾을 수 있다.

---

84) 김인숙, 바다와 나비, 문학사상사, 2003, p.34.

정신을 잃을 정도로 술을 마시고 동료에게 이끌려 귀가한 남편이 '나'에게 내뱉는 다음과 같은 말에서 그 핵심이 드러난다.

> "-어차피 서지도 않는단 말야는. 어차피 서지도 않는다구……. 젠장……너무 오래…… 서질 않았어. 빌어먹을……젠장……이게 전부일 거라고는 한 번도 생각 안 해봤는데 말야……. 그런데 이게 전부더라구, 그런데 이게 전부더라구……그는 분명히 그렇게 말했다. 그러나 나는 알 수가 없었다. 그가 말한 이것이 무엇일까. 그 순간에 내가 알 수 있었던 것은, 오래전에 그는 단지 직장만을 가지지 못했을 뿐이었지만, 이제와서는 그에게 남은 것이 아무 것도 없다는 사실뿐이었다. 그러나 그의 전부를 알 수가 없으니, 그의 아무 것이 무엇인지도 나로서는 알 수가 없었다. (중략)
>
> 그 순간, 나는 다시 리모컨의 음소거 버튼을 눌렀고, 그리고 생각했다, 나비가 바다를 건너다니……세상에 저런 거짓말도 있구나. 그러자, 내가 같이 살고 있는, 그리고 내 아이의 아빠라는 남자가, 내게 기생하는 것 이외에는 아무것도 하지 않는 사람이라는 사실이 별것 아닌 것처럼도 여겨졌다. 세상에 존재하는 위대한 거짓말들 중에, 내가 꿈꾸었던 행복이라는 이름의 거짓쯤은 별것도 아닌 것이다. 그러나 그렇게 생각해도 가능하지 않은 것이 있었는데, 그것은 누군가를 그리고 나 자신을 용서하는 일이었다." (밑줄 - 인용자)[85]

위에서 밑줄 친 부분은 남편과 '나'의 관계를 압축적으로 보여주는 부분이자 '나'가 중국으로 떠난 목적을 짐작하게 해주는 부분이다. 그

---

85) 위의 책, pp.37~39.

렇다면 '나'는 과연 그 목적을 달성하게 되는지, 그리고 달성한다면 그 계기는 무엇인지를 살펴볼 차례이다.

중국에 간 '나'의 여정은 채금의 아버지를 만난 일과 문신을 해주는 어떤 노인을 만난 경험으로 요약할 수 있다. 채금은 '나'의 어머니가 운영하고 있는 식당에서 일을 도와주는 불법 체류자인 조선족 아주머니의 딸이고 중국에서 아버지와 함께 살고 있다. '나'가 채금을 만나게 되는 것은 아주머니가 그간 번 돈의 일부를 채금에게 전달해 달라고 했기 때문이다. 그 돈은 딸 채금이를 한국으로 데려오기 위한 비용이다. '나'의 어머니의 말을 빌면, 아주머니는 한국에서 딸과 함께 살기 위해 '악착같고 그악스럽게' 돈을 모았고 나이 든 식당 야채 납품업자에게 딸을 팔아넘기는 일도 마다하지 않은 인물이다. 자기 남편이자 딸의 아버지와 생이별을 도모하고 있는 셈이다. 그런데 이 가족이 생이별의 상황에 이르게 된 연유를 따라가다보면 '나'와 남편의 관계와 매우 유사한 양상을 엿볼 수 있어 흥미롭다.

채금의 아버지는 중국혁명 당시 여덟 살의 아이였는데 어느 날 혁명의 와중에 총살장에서 한 사람의 죽음을 목격하던 순간에 한 쪽 눈이 멀어버린 이후 평생을 고통스럽게 살아 온 인물이었다. 혁명은 인민들을 그저 '살아 남겨진 자들에 불과'한 자들로 만들었다는 자조적인 말을 듣고 난 후의 '나'는 채금의 아버지의 모습에서 남편을 연상하게 된다. 총살 현장을 목격하고 멀어버린 눈은 불결한 눈이고 남은 눈은 순결한 눈이라 서술한 부분에서 남편이 술에 취해 내뱉은 '이것과 아무 것'의 정체가 어렴풋이 드러나고 있다. 그리고 "그러나 남아 있는 눈은, 눈물을 거두어버린 눈이 마지막으로 보았던 것보다 더 흉하고 끔찍한 것들을 평생 목격하게 되리라. 한쪽 눈의 마지막 기억을 비웃으면서, 더 많은 것, 더 지독한 것을 담아내리라."는 부분에서 그 정체는 보다 분명하게 드러나는 것으로 판단된다.

'나'가 채금의 아버지를 만난 연후 서서히 인식하게 되는 '이것과 아무 것'의 정체는 혁명이라는 말과 연관된 것으로 판단된다. 인민을 위한다는 혁명이 인민을 '그저 죽지 않고 남겨진' 존재로 만들고 마는 현상을 목격한 이후 한 쪽 눈이 멀었으며 그 실상을 놓쳐 남은 눈을 '순결한 눈'으로 애써 자위했으나 더 끔찍하고 지독한 것들을 담아낼 줄을 몰랐다는 채금의 아버지의 말은 혁명의 실상에 대한 은유이자 상징이다. 이 은유와 상징은 '나'와 남편이 비밀스럽게 탐독했던 중국 혁명사 학습과 그 이후의 삶에 대응된다. 즉 그들의 중국혁명 학습은 과(過)는 외면하고 공(功)에만 치중되어 있었고, 그래서 순결하게만 인식했던 혁명은 그 이후의 삶의 과정에서 민낯을 드러내며 좌절을 안겨주게 되기 때문이다. 자신이 꿈꾸었던 사회와 그 속에서의 삶이 자신의 믿음을 배신하는 방향으로 나아감으로써 한갓 샐러리맨으로 살아가야 하는 현실에 안주하지 못하는 남편과, 방황하고 울분하며 살아가는 남편의 모습에서 배신감을 느끼는 '나'의 모습이 그 대응양상이다.

실상은 애써 외면하고 이상만을 바라보는 '일목(一目)' 현상은 '일목요연(一目瞭然)'이 아닌 '일목착시(一目錯視)'로 귀결된 셈이었다. 결국 '나'의 여정의 한 축인 채금의 아버지와의 만남은 남편이 무엇을 부정하고 무엇을 긍정하고 있는지 서서히 알아가게 되는 과정으로 의미부여를 할 수 있다. 그렇다면 남은 또 하나의 목적인 '용서'의 문제를 살펴보자.

'나'는 중국에서 생활하면서 '거리 곳곳에서 툭하면 그를 닮은 남자'를 본 것같은 착각을 하곤 했다. 그러던 어느 날 착시가 분명한 남편의 모습을 잃어버리고 우연히 문신 가게에 들어서게 된다. 그 문신 가게에서 '날개가 젖다 못해 갈기갈기 찢겨진' 날개를 지닌 나비 문신 앞에서 전율을 느끼고 멈춰 선 '나'에게 가게의 주인인 노인은 이런 말을 던진다.

> "-이건 위험해. 이걸로 문신을 했다간, 자넨 평생 바다 위에 있어야 할거야. 자네 같은 사람이 이걸로 문신을 했었지. 얼마 후에 바다에 나가봤더니 어떤 사람의 팔과 다리가 완전히 소금에 절여져서 바다에 떠있더군. 몸통이 없는데도 팔과 다리는 계속 날갯짓을 해대고 있었어. 내가 새겨준 문신도 사라져버렸더군. 그냥 자리만 푹 파여 있는데, 날개가 찢겨진 자리가 선명해. 너무 오래 난 거지. 나비한테 바다는 너무 넓단 말이야. 그 사람도 자네처럼 한국 사람이었는데……참 안 됐지. 내가 그렇게 말렸는데도 나비 문신을 했단 말야. 그리고 바다로 갔는데, 팔과 다리밖엔 안 남아 있었어. 그 한국 사람의 몸통은 어디로 가버린 걸까?"[86]

'나'는 난해하기만 한 이 노인의 말을 '한마디도 놓치지 않고 다 알아들었다'고 술회하고 있다. 여기서 '몸통'은 중국(혁명)을 의미하고 몸통을 잃었으면서도 팔과 다리는 계속 날갯짓을 하는 모습은 남편과 같은 존재가 놓였던 상황을 의미하는 상징으로 해석할 수 있다. 중국은

86) 위의 책, p.41.

이미 이상적인 혁명의 국가가 아닌데도 불구하고 그것을 향한 몸부림을 계속한다는 한국 사람을 운위하는 노인의 말은 절묘한 상징으로 다가온다. '나'가 중국어를 썩 잘 모르면서도 그 말의 의미를 알아들었다는 것은 남편의 삶을 지켜봤기 때문일 것이다. 비록 한국에서는 그 깊숙한 내면을 인식하지 못했지만 노인의 말을 통해 비로소 그 심연에 도달한 것으로 판단된다. 그리고 '너무 오래 날아서 찢겨진 날개'는 여전해 중국혁명사를 학습하던 시절에서 벗어나지 못하고 여전히 그 테두리 안에서 살면서 무기력해지고 좌절해 있는 모습을 상징한다.

그런데 여기서 김기림의 '바다와 나비'라는 시가 선명하게 떠오르게 된다. 제목의 '바다와 나비'는 이 대목에서 의심할 여지없이 김기림의 시적 문제의식과 연결되는데, 김윤식 교수의 '현해탄 콤플렉스 또는 현해탄 사상'을 떠올리게 된다.[87]

필자는 김윤식 교수의 개념을 빌어 와 김기림의 시와 김인숙의 소설의 연관성을 이렇게 설명해 보고자 한다. 두 작품의 공간적 요소인 일본과 중국, 현해탄과 서해는 일제 강점기와 1990년대라는 시간적 격차에도 불구하고 매우 유사한 정신사적 의미망을 지닌다.

> 아무도 그에게 수심을 일러 준 일이 없기에
> 흰 나비는 도모지 바다가 무섭지 않다

---

87) 김윤식, '현해탄의 사상과 品川驛의 사상', 한국근대문학사상사, 한길사, 1984, pp.327~349.

청무우밭인가 해서 내려 갔다가는
어린 날개가 물결에 저러서
공주처럼 지쳐서 돌아온다

삼월달 바다가 꽃이 피지 않아서 서글픈
나비 허리에 새파란 초생달이 시리다 - 김기림, 〈바다와 나비〉(1939)

이 시에 대해 김윤식은 '(일제의 천황제 파시즘을 향해 가는 길목인) 현해탄의 수심을 몰랐던 나비 한 마리로 말해진 죽은 이상에 대한 조사일 수도 있다'라고 보고 있고, 한계전은 '꿈을 가지고 여행을 하는 순진하고 가냘픈 존재를 이미지화 한 것'이 '나비'라면 '바다'는 '우리가 근대화를 향해 나아가기 위해서 거쳐야 하는 모험과 시련 그리고 동경과 탐색의 공간'으로 해석하고 있다.[88]

여기서는 나비를 일제 강점기의 지식인 청년, 그것도 근대화를 향한 순수한 열정에 가득찬 존재로 보고자 한다. 그리고 현해탄은 근대화에 대한 열망을 자극한 일본으로 향하기 위해 필연적으로 건너야 하는 심연으로 본다. 문제는 '물결에 절어 지쳐 돌아 온' 나비의 모습이다. 젊은 지식인들이 일본에 가서 배운 지식들이 결국은 식민지 지배 체제를 강화하는 도구가 될 수밖에 없다는 점을 깨달은 모습을 상징한다고 보고자 한다. 결국 일본이라는 공간으로의 여정은 그 공간적 속성으로 인해 의도한 목적이 처절한 실패로 끝나는 셈이다.

---

88) 김윤식, 한국현대문학사상사론, 일지사, 1994, p.93.
한계전, 한국현대시해설, 관동출판사, 1994, p.75.

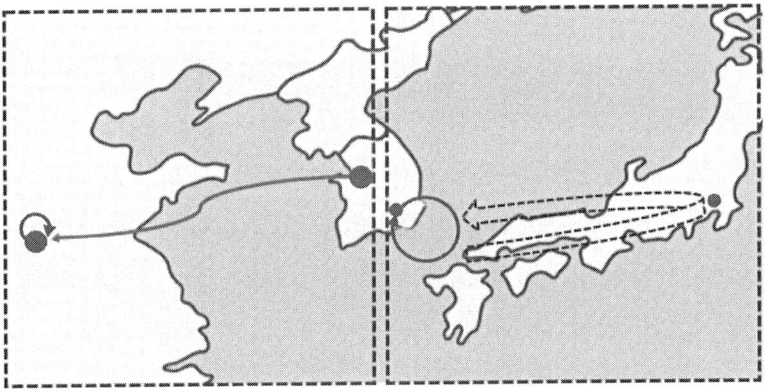

김인숙 〈바다와 나비〉　　김기림 〈바다와 나비〉

위 그림은 두 작품의 여로를 도식화한 것이다. 물론 김기림의 시는 서사가 아니기 때문에 그 시적 세계를 구체적인 구조로 그려내는 일이 적절하지 않다. 다만 작품 세계와 밀접하게 연관되는 작가의 전기적 사실들을 결부시켜 볼 때 그 외연적 구조를 상정할 수 있고 그것을 위 그림과 같이 그려낼 수 있을 것이라 판단했다. 시에서는 '나비'로 표상되는 작가가 현해탄을 넘지 못한 것으로 되어 있지만 이는 내면과 의식의 차원이고 실제로는 동경을 중심으로 일본의 어느 지역에 체류했다는 점을 고려하여 일본 내 가상 동선을 점선으로 표시했다. 한국의 지정학적 위상과 역사·시대적 지형도에서 배태된 지식인들의 여로를 상징적으로 보여준다. 이 점을 좀더 구체적으로 살펴보기로 한다.

김인숙의 <바다와 나비>에서 서해와 중국은 김기림의 현해탄과 일본에 대응되는 요소이다. 또한 학생운동권의 젊은 지식인들은 일제 강점기에 근대화 열망 대신 민주화 또는 그것을 넘어서는 이상사회로의 열망을 지녔던 존재들이라는 점에서 대응된다. 가장 중요한 요소는 '물결에 절어 지쳐 돌아 온 나비'의 모습이다. 이 나비는 김인숙의 작품에서는 '남편'을 상징한다. 자신들이 그토록 열망했던 (중국)혁명이 한국사회와 자신들에게 어떤 실질적인 전망을 제시하지 못하고 회의와 무기력의 원천이 되고 말았다는 점에서 일맥상통한다.

김기림과 김인숙의 동명의 작품이 정신사적 의미망이 매우 유사하다고 본 것은 두 작품에서 나타나는 여로의 양상이 두 작품이 창작된 시대의 정신사적 지형도를 담아내고 있기 때문이다. 특히 도전과 좌절이라는 여행의 목적과 결과가 깊은 내적 유사성을 지닌다.

이제 김인숙의 <바다와 나비>에서 '나'의 여행이 도달한 지점을 살펴볼 차례이다.

> "돌아오는 길 택시 안에서, 나는 언젠가 꼭 한 번 가본 것 같은 붉은 간판의 가게를 보았다. 바람결에 가게의 발이 흔들리는데, 그 안쪽으로 얼핏 내 남편의 모습이 보이는 것 같았다. 택시를 세우고 싶었지만, 말이 통하지 않으니 별 방법이 없었다. 택시는 빠른 속도로 달려가고 있었다. 나는 그 택시가 바다로 달려가고 있다는 것을 알았다. 바다에는 팔다리가 사라진 그가 둥둥 떠 있다. 비록 몸통뿐이기는 하지만, 나는 그를 아주 오랜만에 안아주고 싶었다. 팔다리가 없어서 나를 마주 안을 수가 없는 몸통뿐인 그는, 내게 안겨서도 점점 더 푹, 짠 소금물에 절여지는 듯했다."[89)]

---

89) 위의 책, p.44.

이 작품의 마지막 부분이다. '나'는 비로소 남편의 '울분과 모욕과 좌절'의 실체를 마주 하게 되었고, 그를 '안아주고 싶다'는 말로 여행의 목적이 달성되었음을 알리고 있다. '아이의 교육을 위해서'라는 피상적인 이유가 아닌 남편의 내면 풍경을 알고자 중국으로의 여로를 구상했으며, 그의 정신과 의식의 원천이 된 중국 혁명의 실상을 책이 아닌 그것을 체험한 인물을 통해 마주하면서 그의 내면을 이해하게 된다. 그러나 '나'가 남편과의 긴 불화를 어떻게 극복하고 화해로 나아가게 될 것인지는 알 수 없다. 화해는 상호작용의 문제인데 남편의 태도는 드러나지 않기 때문이다. 그리고 '나'가 한국으로 돌아 올 여지에 대한 어떤 언급도 없고 추론이 가능하지 않다는 점에서 '목적 달성 중지형'이라 할 수 있다. '나'가 여로를 마치고 한국으로 돌아올 수 있는지는 미지수이다.

또 한 가지 주목을 끄는 점은 작품의 마지막 부분에서 '나'가 채금이 써 놓은 글에서 발견한 '안녕하세요. (나는 한국 사람입니다.)'라는 말을 반복적으로 뇌까리는 장면이다. 윤후명의 <하얀 배>에서 주인공이 류다라는 고려인 후손에게서 '안녕하십니까.'라는 말을 듣고 깊은 인상을 받는 장면과 매우 닮아 있다. 그러나 김인숙의 작품에서 '나'는 그 말을 듣고 '온 몸이 모래덩어리'처럼 여겨진다고 생각하고 있다는 점에서 깊은 감동을 받는 <하얀 배>와는 다른 모습을 보인다. 그것은 조선족의 혈족이지만 국적은 중국인 사람이 이제는 한국으로 이주하여 사는 꿈을 꾼다는, 남편의 삶의 이력과 현실적 상황과의 거리감에 당황하는 인식이 역력히 드러난다. 그러한 현실적 상황에 남편이 어떤 인식을 지니고 있는지 아직 모르기 때문이다. 내면 의식을 모르는 상대와의 화해는 아직 가능하지 않기 때문이다. '나'의 여로의 귀결이 중지형이라 보는 또 하나의 근거이다.

3. 목적 미달 복귀형

최윤의 <하나코는 없다>는 한 인물이 한국에서는 익명으로, 외국에서는 실명으로 존재하는 것으로 설정된 여로형 소설이다. 일단 이 소설의 여로구조를 도식화하면 다음과 같다.

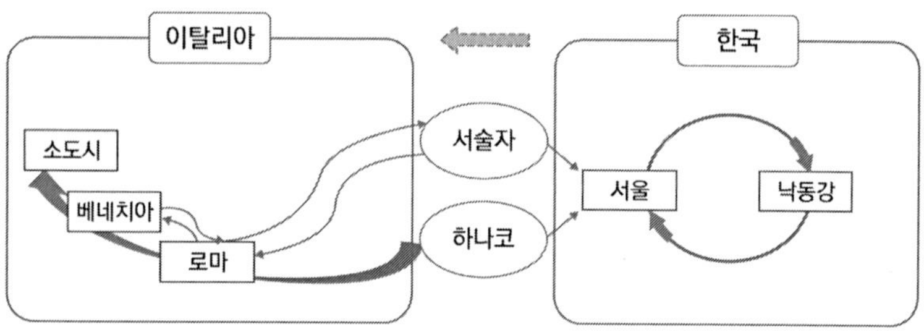

이 소설에는 두 개의 여로가 나타난다. 하나는 한국에서의 여로이고 다른 하나는 이탈리아로의 여로이다. 전자가 집단의 여로라면 후자는 개인의 여로이다. 전자가 우리 사회에 존재하는 문제 현상을 드러내는 여로라면 후자는 그 문제의 본질과 문제에 대한 비판적 전망을 드러내주는 여로이다.

작품의 중심인물인 '하나코'와 '그'(서술자)는 두 여로에 모두 관여하고 있다. 서술자인 '그'는 두 여로에서 모두 동일한 이름과 성격으로 등장하고 있는데 비해, '하나코'는 전자에서는 '하나코'라는 별명으로 등장하고 후자에서는 장진자라는 본명으로 등장하고 있다. '하나코'의 양면적 존재 방식은 이 작품의 메시지와 직접적으로 연결되고 있다.

작품의 등장인물들은 '그'를 비롯해서 K, P, Y, J 등으로 명명되는 남성 인물군과 본명은 '장진자'이지만 남성 인물군에게 암호에 가까운 별명으로 불렸던 '하나코'라는 인물과 그의 친구인 여성 인물군의 두 범주로 나뉜다. 두 인물군은 대립적이지도 않고 그렇다고 매우 긴밀한 관계에 있지도 않다. 표면상으로는 서로의 필요에 의해 적당한 주기로 만남을 지속하는 관계이다. 만남의 필요성과 그에 따른 자기 만족도는 서로 다르게 나타나는데, '하나코'에게서 좀더 진정성이 엿보이는 것으로 나타난다. 남성 인물군들은 서로가 집단으로 만날 때와 개별적으로 만날 때를 구분하며 친밀감의 정도를 달리 하지만, '하나코'는 그러한 구분없이 남성 인물군들을 대한다.

두 인물군들 사이를 소통의 양상으로 보자면 일방적이다. '하나코'는 주로 들어주는 역할 즉 수신자의 역할에 충실하고 있고, 남성 인물군은 주로 말하는 입장 즉 발신자의 역할을 수행한다. 이 같은 양상은 그들이 집단적으로 만날 때나 개인적으로 만날 때 공통적으로 나타난다.

> "그리고는……이상한 힘에 이끌려, 마치 고해성사라도 하듯이 어느 누구에게도 말할 수 없었던 구질하면서도 내밀한 자신의 얘기를 그녀에게 하는 것이다. 사귀고 있는 여자애에 관한 얘기만 빼 놓고는 모든 얘기를. 몇 살 때 자위를 시작했다든지, 자신이 은밀하게 가지고 있는 괴로운 습관 같은 것, 또는 하나코도 잘 알고 있는 가까운 친구

들에 대한 숨겨진 불만 같은 것까지도. 그녀는 얘기들을 고개를 갸웃이 쳐들고 듣는다. 얘기가 무르익을 때까지 그녀는 결코 그의 얘기를 중간에서 끊는 법이 없었다. 아무리 충격적인 얘기를 해도 그녀 입가에 깃든 미소가 변질되는 일이 없어서, 어쩌면 일부러 과장해서 그의 숨겨진 악을 스스로 고발한 적도 있었다. 그녀처럼 집중해서 그의 시시껄렁한 얘기를 들어준 여자를 그는 알지 못했다."[90]

모호한 정체성을 지닌 '하나코'를 남성 인물군은 '그녀에 대해 아는 것이 거의 없었'고 '그녀의 일상사는 어쩌면 한 번도 그들의 궁금증을 자극하지 않'는 것으로 표현되듯 피상적 존재로 대하고 있었다. 일상적인 관계에서는 찾아보기 어려운 그런 양상을 보이고 있다. 이런 관계 양상을 상징적으로 보여주는 것이 남성들이 그녀를 지칭할 때 사용하는 별명인 '하나코'이다. 이 별명은 그녀의 외모에서 비롯된 것으로 '코 하나는 정말 예쁜 여자'라는 뜻으로 지어졌다. 그녀가 그들을 대하는 태도와는 정면으로 배치되는 그들의 태도를 적나라하게 보여주는 명명법이 아닐 수 없다.

필자는 이 별명을 좀더 다른 측면에서 접근해 보았다. 이 별명이 일본식 이름을 연상시키는 데서 착안해서 아예 '하나코'를 일본어로 간주하고 그에 대응하는 한자를 찾아보니 '花子'였다. 작가가 의도했든 아니든 절묘한 작명이 아닐 수 없다. '하나코'가 등장하는 장면들에서 그녀를 대하는 남성 인물군의 태도를 분석해 볼 때 매우 관습적이고도 문제적인 발상과 맞닿아 있는 태도와 연결되기 때문이다. 남녀 집단의

90) 최윤, 하나코는 없다, 문학사상사, 1994, p.25.

만남의 자리에서 여성을 '꽃'에 비유하고 하던 인식이 깔려있다.

표면적 서사구조 상으로는 '하나코'는 자신이 이런 별명으로 불린다는 점을 모르는 것으로 되어 있다. 그러나 그녀의 캐릭터 상으로는 이러한 상황을 모를 리 없다. 분명 인지하고 있었을 것이다. 그런데도 불구하고 그녀가 남성 인물군을 대하는 태도는 한결같다. 그러한 역할이 오히려 자신의 존재감과 정체성으로 인정되기를 바라는 것으로도 읽힌다. 아마도 문제적이고 관습적인 인식에 충분히 대응할 수 있다는 자신감에서 비롯되었을 것이다. 적어도 그녀 자신만은 남녀 관계에 대한 인습적 틀에서 벗어나 사회적 상호작용이 이루어지기를 바라는 욕망을 실천하고 있는 것으로도 해석할 수 있다.

남성 인물군이 비밀리에 개인적인 만남을 요청했을 때도 그녀는 이러한 태도를 견지하고 있고, 어떤 측면에서는 오히려 더 적극적으로 관습적인 관계 인식의 틀에서 벗어나고자 하는 모습을 보이는 점을 통해서도 그러한 해석이 가능하다. 남성 인물군이 개별적인 접촉을 시도하면서 애매하면서 주저하는 태도로 다가올 때 '우리는 친구잖아요'라든가 '그렇게 날 몰라요'라는 말을 자신 있게 던지는 장면들은 '하나코'의 자신감과 인내심을 잘 보여준다. 그러나 그러한 '하나코'의 욕망은 언제나 일방향성을 지닌 채 이어지고 있었다. 이 작품의 문제의식은 여기에 놓여 있다.

'하나코'의 자신감과 인내심이 종지부를 찍는 계기는 여로구조를 통해 주어진다. 두 인물군이 낙동강으로 여행을 갔을 때 벌어진 사건이다. 사건이랄 수도 없다는 식으로 서술되고 있지만 '하나코'에게는 분명 자신의 기대를 접어야 하는 사건임에 틀림없다. 사흘간의 연휴가 주어졌을 때 갑작스럽게 성사된 낙동강가로의 여행은 '하나코'에게는 남성 인물군과의 사실상의 결별과 그녀의 역할 중지를 초래한 발단이 되었다.

> "모두들 사회 생활을 이삼년 한 뒤에 생긴, 애써 감추어 두었던 허탈감이 연휴의 여행 중에 무장 해제되었던 탓일까. 아니면 삶의 피곤과 술과 여행이 기묘한 화학 작용을 일으킨 돌이킬 수 없는 불안감. (중략) 조용히 술잔을 비우는 두 명의 여자에게 그들 모두가 노래를 집중적으로 강요하기 시작했다. 그것은 더 이상 놀이가 아니었다. 하나코가 노래라면 질색한다는 정도는 그들 모두가 알고 있었고 실제로 그녀는 노래 같은 것은 빵점이었다. 그것을 알고 있기 때문에 그들은 농담 반, 협박 반 노래를 요구했다. (중략) 그가 일어섰다. 뒤에서부터 하나코를 일으켜 세우기 위해서. 누군가가 술병을 벽에 던졌다. 또 누군가가 고함을 내질렀다. 아무런 뜻도 없는 고함. (중략) 얼마 전부터 일으켜 세워진 하나코와 그녀의 친구의 얼굴은 창백했고, 뒤로 올려진 하나코의 머리는 볼품없이 흐트러져 있었다. 그녀의 상의가 반쯤은 옆으로 돌아가 있었다. 누군가가 그녀의 그런 몰골을 손가락으로 가리키면서 웃음을 터뜨렸다. 그것은 순식간에 모두를 감염시켜서 조금씩 퍼지더니 얼마 지나지 않아 전반적인 광란의 웃음이 되었다."[91]

술자리에서 노래 부르기를 싫어하는 여성에게 노래를 강요하는 일은 특히나 '하나코' 같은 정체성을 지닌 여성에게는 폭력에 해당하는 일임을 이 장면은 고스란히 보여준다. 그리고 이 장면은 '하나코'의 일말의 기대감을 물거품으로 만드는 것이기도 하다. 이 사건을 계기로

91) 위의 책, pp. 36~38.

'하나코'가 그들의 모임에서 사라지게 되는 것은 물론이다. 이 집단적 히스테리에 가까운 남성 인물군의 행태에 대해 '하나코'가 취할 수 있는 당연한 귀결일 것이다.

이 작품에서 남녀 관계인식에 대한 인습적 틀의 강고함과 그것의 무의식적인 발현에 이어지는 폭력성이 적나라하게 드러나게 만드는 장치는 여행이다. '무장해제'로 표현된 여행의 한 속성은 일상성과 사회성 내에서는 어느 정도 자제되고 감추어져 있던 인식과 사고를 드러내주는 계기로써, 매우 적절한 소설적 장치로 활용되고 있다. 여기서 여로구조가 지니는 내적 형식으로서의 의미를 확인할 수 있다.

또 하나의 여로는 그 이후의 스토리 라인에서 중심적인 요소로 등장하게 되는데 그 공간이 해외로 설정되어 있다는 점에 주목할 필요가 있다. 소수의 인물 집단 내에서도 '하나코'가 기대하고 추구하던 관계에 대한 인식의 틀 깨기가 어려운 터에 사회적인 차원에서 그것을 기대하기는 더욱 어려울 것이라는 생각을 받아들일 수밖에 없었던 '하나코'가 당당한 커리어 우먼인 '장진자'로서 사회적 삶을 유지하기 위해 외국을 선택한 것은 문제의식을 보다 선명히 하기 위한 작가의 의도로 보인다. 인테리어 디자인 분야의 선도 국가인 이탈리아에서 성공한 여성 디자이너로서의 면모는 역으로 여성은 일상적인 인간관계에서조차 정체성이 쉽게 허용되지 않는 한국사회의 문제적 현상을 선명하게 부각하는데 매우 효과적인 설정이라 판단된다.

이탈리아로의 여정의 주체는 시간 상으로는 '장진자'와 그녀의 친구가 먼저이고 'P, J, 그'가 뒤를 잇는다. 장진자는 성공한 인물로 거듭나기 위한 목적을 달성한 경우이고, 남성 인물들은 '하나코'가 아닌 '장진자'

와의 만남이라는 이면적 목적을 지닌 경우이다. 작품의 말미에 장진자와 그녀의 친구가 곧 귀국할 예정이라 제시되어 있지만 구체적인 서사구조 상으로는 이탈리아가 목적지로 되어 있다. 이에 비해 남성 인물들은 표면적으로는 비즈니스 출장 등의 목적을 내세우고 있지만 장진자와의 만남을 숨은 목적으로 지니고 있다. 그리고 구체적인 목적은 '그'를 통해 제시되고 있다.

> "그렇지만 그가 새롭게 튼 이탈리아 거래처와의 일의 첫 단계를 마무리하자마자 베네치아행을 결정했다면 그것은 K의 조언 때문만은 아니었다. 그의 목적지는 이 도시가 아니었다. 이 도시에서 아주 가까운 또 다른 도시의 한 주소였다. (중략) 그리고도 세상에 대한 연극은 계속된다. 부부 동반으로 친척을 방문하고, 모임에 참가하며, 극이 끝나면 다시 냉전에 들어가는 나날들. 만약 그런 불화가 없었더라도, 아무 것도 아닐 수 있는 가장 진부하고 지루한, 서로의 약점이 가장 비하되어 드러나는 그런 불화가 없었더라도 그는 이탈리아 출장을 서둘러 맡았을까. 아침에 출근한 그 차림으로, 집에는 알리지도 않고, 몰래 도망치듯이 엉성하게 채워진 여행 가방을 들고 출장을 떠났을까. 그는 작게 고개를 흔들었다. 만약 그랬더라도 그는 하나코의 소식을 기억해 냈을까. 그리고 아주 비밀스럽게, 그가 알고 있던 그녀의 친지를 수소문하고, 여러 날 여러 사람을 거쳐 그녀의 이탈리아 주소를 알아냈을까."[92]

92) 위의 책, pp.18~20.

이 대목에는 '그'가 이탈리아로 떠난 이유가 분명하게 드러나 있다. '아내와의 불화'라는 일상적 삶의 문제를 안고 '하나코'를 찾아가는 일이다. 인용문의 첫 부분에 나오는 '또 다른 도시'는 장진자가 근무하고 있는 도시이다. 앞서 살펴본 낙동강 사건 이후 상당한 시간이 흘렀음에도 불구하고 '그'는 '하나코'를 소환하고 있다. 한국에 머물던 시절의 '하나코'의 역할이 남성 인물군에게 어떤 의미를 지녔는지를 잘 보여주고 있다. 그간의 정황이나 낙동강 사건을 놓고 볼 때 남성 인물군이 당시에 그러한 의식을 했다고는 보기 어렵다. 그러나 적어도 그들의 의식의 저변에는 '하나코'의 지향점이 고스란히 자리잡고 있었던 것으로 판단된다.

문제는 '아주 비밀스럽게'라는 구절이다. 내면 깊숙한 곳에서는 '하나코'의 역할에 대한 긍정적 의미 부여가 자리잡고 있지만 그것을 표면적으로 드러낼 의도나 용기는 없다는 점을 보여주고 있다. 그것은 앞서 지적한 관습적 틀이 여전히 강하게 작용하고 있음을 의미한다. 그러한 맥락에서 여행은 '하나코'에 대한 '그'의 내밀한 기대감을 드러내기에 적합한 장치이다.

그러나 그는 결국 '장진자'를 만나러 가지 않는다. 그녀와의 전화를 통해 만나러 가겠다는 약속을 하고서도 다시 로마로 돌아가는 기차에 오른다. 여전히 밝고 큰 목소리로 반가운 기색으로 대하는 장진자와 통화를 끝낸 '그'는 '갑자기 힘이 조금 빠지는 것을 느'낀다. 그리고 이어 결혼 여부를 물었을 때 대답 대신 잠깐의 침묵 끝에 '나를 그렇게 몰라요'라고 반문했기 때문이다. 만일 결혼했다면 난생 처음 보는 그녀의 남편과의 어색한 장면을 연출해야 한다는 걱정을 먼저 하고 대답 대신 침묵과 반문이 돌아 왔을 때 '그'는 그녀와의 만남을 포기하게 된다. 여전히 남성과 여성의 만남에 '결혼 여부'를 개입시켜야 하는 '그'의 의식은 장진자에게는 '그'가 여전히 자신을 '하나코'로 대하던 시절에서 벗어나지 못하고 있음을 인식시켜 주었을 것이다. '나를 그렇게 몰라요'라는 장진자의 반문에 그 핵심이 녹아있다. 이 상황은 '그'의 태도가 개인의 문제가 아닌 한국 사회의 문제 현상에 기인하고 있다는 것을 보여주고 있다. '그'만이 아니라 'P, J'도 '그'와 유사한 태도를 보였다고 서술되기 때문이다. 더구나 '비밀스러움'이 보장되는 외국에서의 상황임에도 불구하고 그렇다는 점에서 관습적인 인식의 틀이 견고하다는 점을 지적하려는 작가의 의도가 잘 드러난다.

그렇다면 '그'의 여행 목적에 대해서는 어떻게 판단할 수 있을까? '그'는 장진자의 반문에 막혀 그녀와의 만남을 포기한 후 밑도 끝도 없이 아내와의 불화를 끝내리라는 생각을 한다.

> "로마에 내리자마자 서울에 전화를 걸리라. 그의 마음은 예전에 비해 한치도 바뀐 것이 없다고. 당신의 자리가 너무도 비어 있었노라고. 꼭 한 번 아이를 데리고 베네치아에 같이 오자고. 그런 기약없는 확신 없는 말을 전하기 위해 전화를 걸리라. 모든 것이 아주 쉽게 이루어지리라. 지금까지 그래 왔던 것처럼."[93]

어쩌면 은밀한 기대감이 바탕을 이루고 있었을 것으로 보이는 장진자와의 만남이 그에게는 여전히 암호와도 같은 반문에 막힌 후 그가

93) 위의 책, p.39.

내린 결론이다. '나를 그렇게도 몰라요'라는 반문은 여전한 인식의 틀에 갇혀 있는 그에게는 암호와 같이 해독하기 어려운 것이었을 것이기 때문이다. 작가는 '(아내에 대한) 마음이 예전에 비해 한치도 바뀐 것이 없다'는 그의 생각을 여성을 대하는 남성들의 태도가, 남성들의 전형으로 설정된 '그'의 인식 틀이 여전히 한치도 변함이 없다는 것으로 독자들이 읽어주기를 기대했을 것으로 판단된다.

'그'가 조금은 다른 태도와 인식으로 장진자를 만나고 그의 문제를 푸는데 도움을 얻으려 했다면 문제에 대한 답을 찾을 수 있었을 가능성은 매우 크다. 그럼에도 불구하고 '그'는 자신의 태도와 인식을 바꾸지 못했기에 애써 아내와의 불화를 미봉하는 선에서 합리화에 가까운 답을 스스로 마련하면서 서둘러 여행을 끝내고 있다. 그는 여행의 목적을 결국 달성하지 못한 셈이다.

이 작품의 여로는 '목적 미달 복귀형'으로 규정할 수 있다. 한국에서 이루어진 낙동강으로의 여행도 남성인물군과 '하나코'와의 결별로 귀결되었다는 점에서 목적 미달이고, 작품의 중심 인물인 '그'의 이탈리아 여행도 장진자와의 만남과 문제 해결이 이루어지지 않았다는 점에서 목적 미달이다. 그럼에도 여행의 주체들은 필연적으로 출발지로 되돌아오게 된다는 점에서 복귀라는 조건이 부가된다. 물론 작가가 애정을 가지는 초점 인물을 장진자로 보았을 때는 낙동강 여로는 '목적 미달 복귀', 이탈리아 여로는 국내에서 보다 외국에서 성공적인 삶을 일군 장진자의 금의환향으로 예정되어 있다는 점에서 '목적 달성 복귀'로 볼 수 있지만 문제의식의 측면에서는 '그'를 중심인물로 보아야 하기 때문에 전체적으로는 '목적 미달 복귀'로 보는 것이 타당할 것이다. 또한 국내와 국외로 연결되는 여로는 성공적인 소설적 전략으로 판단된다.

4. 목적 미달 중지형

정미경의 <밤이여, 나뉘어라>는 '망명'과 '불협화음' '절규'라는 세 단어를 토대로 삼아 한국 사회의 문제적 현상을 다룬 작품이다. 물론 앞의 두 단어는 작품의 전면에는 드러나지 않는다. 윤이상과 유럽의 망명 시인 넬리 작스를 엮어 낸 프롤로그를 통해 두 단어를 제시하고 있을 뿐이다. 그렇지만 주인공의 여로와 그의 삶의 궤적을 통해 두 단어는 '절규'와 결합하면서 선명한 무게감을 지니고 발현되고 있다. 천재적인 능력을 지닌 한 의사와 그의 아내가 절규하는 이유는 무엇인가를 그의 여로를 통해 살펴보기로 한다.

먼저 프롤로그와 도식화해 본 여로를 제시해 본다.

> "-오랜 세월 머나먼 독일 땅에서 평생을 살다 간 윤이상. 그는 처절한 조국 상실의 심정을, 북구에 망명 중이던 유대시인 넬리 작스의 시 <밤이여 나뉘어라>에 곡을 붙여, 불명의 음악시극으로 남겼다. 내가 이 시극에 집착하는 까닭은, 그 음울한 외침과도 같은 발성과, 신경을 긁어대는 듯한 불협화음에서, 이 작중인물들이 내면에서 자아내는 절규를 들었기 때문이다."[94]

94) 정미경, 밤이여 나뉘어라, 문학사상사, 2006, p.10.

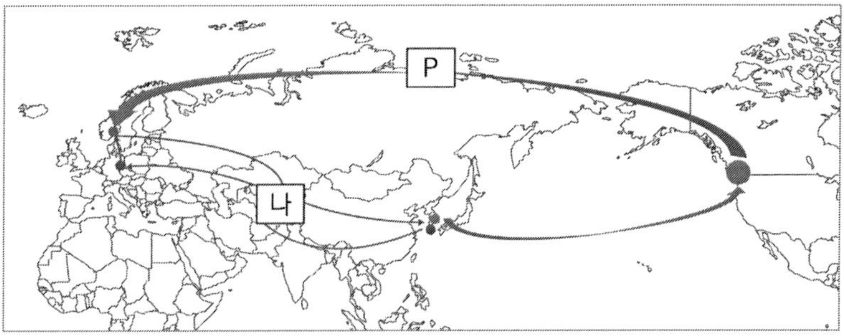

일반 독자들이 작가가 프롤로그에서 제시하고 있는 세 단어의 의미를 작품에서 풀어내기는 쉽지 않다. 대학생 독자들을 대상으로 진행하는 소설 수업에서도 그 의미 해석이 쉽게 이루어지지 않는다. 수년간의 소설 비평 수업에서 독자들의 거의 대부분은 이 소설의 주인공이 너무 헛된 욕망을 꿈꾸다가 파멸해 가는 이야기로 파악하고 있다. 표면 구조 상으로는 그렇게 읽힐 수밖에 없으며 이면 구조를 파고들기에는 소설적 구성이 녹록하지 않기 때문이다. 그런데 여로 구조를 중심으로 파악해 보도록 할 때 상당수의 독자들이 비로소 그 단어들의 의미를 서서히 파악해 가게 된다는 점을 확인할 수 있었다. 그런 점에서 이 소설의 여로구조는 독해의 관건이 되는 전략적 장치라 판단된다.

위에서 제시한 도식에서 두 가지로 제시된 여로는 각각 중심인물인 P와 서술자인 '나'의 여로에 해당한다. P라는 인물은 한국에서 의과대학을 졸업한 후 미국으로 출국하여 성공한 외과 의사가 되지만 경력의 정점에 해당하는 시기에 갑자기 알콜 중독에 빠지면서 추락의 길을 걷게 되고 결국 노르웨이의 오슬로 근처에 있는 작은 마을인 운자 크레보라는 곳에 머무르게 된다. '나'는 P와 고등학교 및 대학 동문으로

P와 청년 시절을 함께 하며 관찰해 온 인물이자 P에게 강한 라이벌 의식을 느끼고 있는 현직 영화감독이다. 두 사람은 대학 졸업 후 만나지 못하다가 운자 크레보에서 다시 만났으나 '나'가 P의 현재 모습에 실망감과 안도감을 느낀 채 다시 한국으로 돌아오게 되고 P는 그대로 기약없는 외국생활을 지속하게 되는 것으로 설정되어 있다.

이제 이 소설에서 작가가 제시한 세 단어를 추적해보기로 한다. 세 단어는 P의 여로에 밀접하게 대응되는데, '망명'은 여로의 출발점으로, '불협화음'은 여로의 과정에서 점차 드러나게 되는 출국의 계기와 해결하고자 하는 문제로, '절규'는 문제가 해결되지 않는 상황에 다다른 태도에 대응된다.

먼저 '망명'의 문제를 살펴본다. P는 고등학교 때부터 전교 1등을 놓치지 않으며 의과대학에 진학해서도 천재적인 능력으로 주목을 받는 인물이다. 이는 P를 고등학교 때부터 지켜 봐온 서술자의 증언이기도 하다. 대학을 졸업할 때 쯤 그가 자신의 모교에 남을 것을 어느 누구도 의심하지 않을 정도의 실력을 갖추고 있었다고 묘사되고 있다. 그러나 '탁월한 독창성을 드러낸 논문'을 발표하고서도 그는 끝내 '오만하다'는 사유로 심사를 통과하지 못하고 모교에 남을 수 없게 된다. 그리고 'P는 미국으로 떠나 버렸다'. 오만함의 근거는 '칼라로 없는 티셔츠에 구겨진 면바지를 입었다'와 '준비물이 없이 발표를 진행했다'는 것으로 제시된다. 그럼에도 발표장에 있던 '나'를 비롯한 청중들은 '눈부신 발표'였다고 평가를 하고 있다. 그렇다면 그는 왜 최소한의 격식을 갖추지 않고 오만함이라는 빌미를 주었을까.

서술자는 '대체로 (의과대학을 졸업하고) 모교에 남으려면 가문과 실력과 천운을 동시에 겸비해야 한다는 전설이 있지만, P가 대학병원에 남을 것을 의심하는 친구들은 없었다'라고 술회하고 있지만 P는 결국 그 전설의 희생자가 되었다. 그에게는 실력만 있었을 뿐이었다. 대개의 독자들은 여기서 중요한 점을 놓치게 된다. 과연 그의 실력은 타고난 것인가? 가문은 어떠했는가? 또 천운은 그의 편은 아니었는가? 등을 면밀하게 읽어내기 쉽지 않다. 그의 미국생활이 너무 화려했기에 거기에 몰두한 결과이다.

작가는 P가 고등학교 시절에 겪었던 일을 에피소드 형식으로 제시하고 있다. 포르노에 가까운 소설을 썼다가 국어 선생님으로부터 폭행을 당하는 장면을 재미있는 이야기처럼 들려주고 있다.

> "P는 이미 그 글에서 여자의 그곳에 대한 산부인과적 지식을 구사하고 있었다. 일테면 클리토스라는 용어를 써가면서 페팅의 테그닉을 생물학적이면서도 시적으로 기술하고 있었다. 물론 그런 유의 소설책을 일부 베꼈으리라는 혐의가 없는 건 아니었지만, 무엇보다 놀라운 건 노골적이면서도 일정하게 유지하고 있는 격조였다. (중략) 그 작품은 포르노라 폄하하기엔 확실히 눈부신 데가 있었다. 삶이 왜 끝내 아름다운 것인가를 허망하고 불온한 그릇에 담아 그려낸 예술이었다. 감출 수 없는 생의 에너지가 정오의 분수처럼 뿜어져 나오던 그 문장들. …… 내 기억 속에서 P의 시리즈는, 점점 더 불온하게, 슬프도록 탐미적으로 승화되어 갔다. 이후로 종이든 필름이든, 어떤 포르노도 그것만큼의 환幻을 내게 주지 못했고, 인간이 가진 짐승의 속성을 그것만큼 슬프고도 아름답게 표현한 것을 보지 못했다."[95]

---

95) 위의 책, pp.28~29.

후에 영화감독이 된 '나'의 서술이기에 작품평의 성격을 띠고 있는 위 대목에서 P의 글은 찬사의 대상이 되고 있다. 그런데 고등학생인 P가 써낸 글의 원천이 무엇일까를 따져 보는 것이 이 글에서 독자로서 맨 먼저 수행할 일이나 대다수의 독자들은 그 점을 놓치고 있다. 이 에피소드를 서술하면서 작가는 지나치듯 이런 구절을 삽입하고 있다. '친구들은 P의 활달한 글씨로 쓰인 그 불법 출판물을 보기 위해 빵 두 개와 우유 하나를 제공해야 했다,' '친구들은 그 글을 위해 기꺼이 하루치 간식을 바쳤다'라는 문장이 그것이다. 이 두 문장은 P의 초라한 옷차림이 그의 뛰어 난 성적 덕분에 '빈티지 룩'으로 보인다는 설명과 함께 그 원천을 짐작하게 해주는데, 그 원천은 가정형편으로 판단된다.

P는 끼니도 제대로 때우지 못하고 옷가지 하나 제대로 사 입지 못하는 지독한 가난 속에서 성장한 것으로 판단된다. 포르노를 그렇게 그려낼 수 있는 것은 관찰 경험이 뒷받침되지 않고는 가능하지 않을 것이다. 특히 '나'가 주목한 '인간이 가진 짐승의 속성을 슬프고도 아름답게 표현한 것'이라는 구절에서 P는 십중팔구 사창가 근처의 빈한한 가정에서 자랐을 것으로 봄이 가장 타당한 판단일 것이다. 소설의 어느 대목에서도 P의 부모에 대한 언급이 나오지 않는 것도 한 근거가 된다. 어쩌면 끼니의 수단으로 삼았을 글쓰기 장르가 포르노였다는 점은 이런 맥락에서 설명이 가능할 것이다. 단순한 성에 대한 관심에 글쓰기 능력이 가미된 것으로 보기에는 '나'가 표현한 그 격조나 미적 성취를 설명하기 어렵다.

P의 성장환경은 그의 천재적 능력과도 분리되지 않는다. 작품의 후

반부에서 P의 아내인 M이 고등학교 때 그녀를 짝사랑했던 '나'를 향해 뇌까리는 말 중에서 '밤을 하얗게 새워 노력하면 삶의 나아질 수 있다고 생각했나봐'라는 구절을 통해서 그 일단을 짐작할 수 있는데, P는 그 지독한 환경에서 벗어날 수 있는 유일한 통로가 누구도 뒤따를 수 없는 실력을 갖추는 일이라 판단하여 상상이 불가한 수준의 처절한 노력을 했을 것으로 판단된다. 천재는 노력으로 탄생한다는 진리를 실천한 셈이다.

그런 P에게 기성세대는 그의 노력과 기대를 물거품으로 만드는 존재들이었다. 빈부의 차이로 압축되는 가정 형편에 대한 편견과 선입견은 그를 피해가지 않았다. '전교 일등'임에도 '예배당 종치듯' 슬리퍼로 P의 뺨을 때리는 고등학교 국어 선생님과 옷차림을 트집잡아 오만하다는 이유로 심사거부라는 수를 두어 결국 심사에서 탈락시키는 의대 교수진의 의식에는 가난하기 짝이 없는 P의 형편에 대한 집단적 인식이 자리잡고 있었다. 결국 P는 그 벽을 넘지 못하고 미국으로 출국하게 된다.

그렇다면 P의 출국은 외면상으로는 자의로 나타나지만 그 이후의 P의 행보를 볼 때 타의로 볼 수밖에 없다. 미국 LA에서 뛰어난 외과 실력을 인정받으면서 승승장구하지만 결국 그에게 따르는 말은 '오리엔탈 엑스프레스'였다. 미국의 상류층 환자들에게 신으로 군림했다지만 '오리엔탈'이라는 말은 P의 위상을 명백하게 보여준다. 그렇기에 P는 M의 말을 빌리자면 자신의 인생의 정점에서 알콜 중독에 빠지고 결국 외과 의사로서의 신분을 버리게 된다. 한국을 떠난 계기가 '망명'에 해당한다고 볼 수 있는 이유이다. P가 그토록 원하는 한국 사회에서의 외과 의사로서의 삶을 박탈당했기 때문이다. 물론 평범한 외과 의사였다면 P의 미국행은 도피에 가까운 것이 될 수 있으나 P는 발군의 실력을 갖춘 의사였다. P가 한국에 남았다면 그의 외과 수술 실력으로 많은 사람들을 구했을 것이며 어쩌면 자신이 자라면서 겪었던 슬픈 일들이 되풀이 되지 않는 역할도 할 수 있었을 것이다. 그럼에도 P는 기성세대들이 쌓아놓은 견고한 벽을 넘지 못하고 망명의 길에 오르게 된 셈이다.

P의 여로는 이제 '불협화음'의 정체를 밝히는 과정으로 이행하게 된다. P는 외과 의사직을 그만두고 병리학 분야의 연구에 몰두하게 된다. 자신이 그동안 벌어놓은 전 재산을 쏟아 부으면서 P가 몰두한 것은 '러브피아'라는 약의 개발이었다.

> "거칠게 요약하면, 이렇게 말할 수 있어. 큐피드의 화살도 갖지 못했던 사랑의 동시성과 붕분량, 그리고 지속성. 뇌파에 작용하는 약의 효능에 의해 오직 그 한 알의 약을 나누어 복용한 사람만을 사랑하게 하는 약.……이 약은 과학과 영혼이 상호보완적으로 결합하는 획기적인 신약이 될 거라고 봐. ……이 약이 나오게 되면 열정의 소멸은 질병이 될 거야."[96]

'나'가 P를 만났을 때는 P와 M은 거의 파산에 이른 상황이었고 그 파산의 직접적인 원인은 바로 '러브피아'라는 약의 개발이었다. 아내인 M조차도 이해할 수 없었던 P의 행보의 핵심이었던 '러브피아'의

96) 위의 책, pp.16~18에서 부분 발췌.

개발은 과연 P에게 어떤 의미였을까. 여기서는 그 의미를 한국사회와의 애정 회복에 대한 열정이었을 것이라고 판단한다. 그 시점까지의 P의 여로 중의 대부분을 차지하고 있는 추락의 과정에서 그가 지속적인 애정을 나누고자 한 대상은 다름 아닌 한국사회였고 그것도 동시성과 동분량으로 그 애정이 유지되기를 바라는 욕망의 분출로 보고자 한다. 그가 외국에서 아무리 성공을 거둔다한들 자의가 아닌 타의에 의한 생활에 안주할 수는 없었을 것이다. 만일 그가 남부럽지 않은 부를 축적할 수 있었던 미국 생활에 만족했다면 지금과 같은 상황에 이르지는 않았을 것이기 때문이다. '오리엔탈 익스프레스'의 한계를 절감한 순간부터 그의 추락의 여정이 시작된 것이기 때문이다.

'러브피아'의 개발에 대한 욕망은 한국사회와의 불협화음 즉 불화를 해결하고자 하는 그의 내면 의식의 소산으로 보인다. 사랑의 동시성과 동분량이라는 약의 가상 효능이 그것을 말해준다. 자신이 그토록 원했던 모교에서의 의사 생활은 기성세대의 P에 대한 애정의 결핍으로 무산되고 그가 미국에서 성공했을 때의 한국사회의 관심은 P가 외면할 수밖에 없었던 시기의 러브콜에 해당한다. 서로 어긋나는 애정의 행보를 보인 것이다. 동시성을 갖추지 못한 애정의 양상이다. 그리고 다시 P가 추락의 길을 걸을 때는 한국사회의 관심이 사라진다는 점에서도 비동시성은 계속 발현되고 있는 셈이다. P와 한국사회와의 불협화음은 이렇게 설명이 가능할 것이다.

이제 P의 여로의 현재적 국면이자 이 소설에서의 여로의 도달점인 '절규'의 문제를 살펴보기로 한다. P가 사는 곳에서 그리 멀지 않은 곳에 뭉크 미술관이 있다. "나'를 만난 M은 그들에게 뭉크의 '절규'가 자신들에게는 자화상일 수밖에 없다는 점을 에둘러 말하고 있다. 더 이상의 출구가 없는 상황에 놓여 있는 P와 M에게 '뭉크의 '절규'는 미술작품이 아닌 삶의 표상이자 도달점으로 인식되고 있었다. '망명'으로 특징지을 수밖에 없었던 외국생활로의 긴 여로의 출발점은 이제 '절규'라는 도달점에 이른 셈이다.

> "정말 견딜 수 없을 땐, 차를 달려서 〈절규〉의 방에 가서 서 있다 오곤 했어. 내가 여기서, 누구 앞에서 울겠어? 돌아오는 차 안에서 늘 울었어. 소리 내어 엉엉 울면서, 붉은 신호등 앞에선 브레이크도 밟으면서, 눈물이 턱에서 모여 허벅지가 뜨뜻해지도록 뚝뚝 흘러내리는데, 지나가는 사람은 없나, 좌우도 살피면서, 그렇게, 그래도 살겠다고 운전을 해서 저 길을 다시 돌아오는 거야. (중략) 밤이 얼마나 아름다운지 모르지? 백야가 계속되는 동안은, 덧창 없이는 잠들 수가 없어. 밤이 없으면, 잠들지 않고 일하면 썩 훌륭한 인간이 되어 있을 것 같은데, 그게 아니더라. 저 사람에겐, 자기 인생이 끝없는 하얀 밤처럼 느껴졌나 봐. 기억과 욕망이란, 신의 영역이란 걸 너무도 잘 알고 있기에 선택했겠지. 저 사람은 그림자를 찾고 싶어 하는 거라고 생각해."[97]

이 대목에서는 '절규'의 의미와 P의 현재까지의 여로의 도달점을 백야가 나타나는 북유럽의 한 마을로 설정한 이유의 일단을 짐작할 수 있다. 모든 희망을 잃고 어쩔 수 없이 살아야 하는 상황에서 이무로 몰래 울음을 터트릴 수밖에 없는 상태를 M은 '절규'로 정의하고 있다.

97) 위의 책, pp.44~45.

그러나 그 '절규'의 원인이 결코 한 개인의 잘못만으로 볼 수 없다는 작가적 인식이 뒷부분의 인용 부분에서 드러난다. P는 자신이 처한 불리한 여건을 극복하기 위해 수많은 밤을 새며 노력했지만, 그렇게 하면 무언가를 이룰 수 있다고 생각했지만 그렇게 되지 못한 것은 결국은 그 처절한 노력을 인정하지 않은 사회의 탓이기 때문이다. 사회가 인정을 해야 하지만 P는 그 대상이 아니었기 때문이다. 자연현상으로서의 백야와 한 인간의 삶의 여정으로서의 백야가 만나는 지점이기도 하다.

작가는 백야 현상이 나타나는 지점에 P와 M을 내려놓고 그들의 삶에 대한 사회적 책임을 묻고 있는 것으로 그 의도를 파악해 보고자 했다. P는 이제 제대로 된 밤을 맞아 휴식을 취하고 새로운 아침과 낮을 맞이할 수 있다고 보는지, 그래야 한다고 보는지를 독자들에게 묻고 있다고 보았다. 그렇다면 P에게 온전한 밤을 제공하고 M이 절규로부터 벗어날 수 있도록 해줄 사회적 책임을 논의할 때 그 중개자의 역할을 해야 할 사람은 누구일까? 그는 다름 아닌 '나'와 같은 존재일 것이다. P의 청년기의 삶, 한국에서의 삶의 과정을 지근거리에서 지켜봐 왔기에 P와 한국사회의 불협화음을 해소하고 망명의 길에서 돌아올 수 있도록 해줄 의무가 '나'에게 있다고 보았다.

앞의 도식에서 보는 것처럼 P의 여로는 '운자 크레보'에서 멈춰 있는 상태이고, '나'는 그곳에서 벗어나 다시 한국으로 돌아오게 된다. 그런데 '나'의 여로는 다분히 자기만족적이고 이기적인 속성으로 채워져 있다. 표면적으로는 함부르크에서 열리는 시사회에 참석하는 것이 목적이었지만 이면적으로는 P를 만나는데 목적이 있었다. 그러나 그 목적은 불순한 쪽에 가깝다. P가 그곳에 살고 있다는 것이 P의 몰락을 말해준다는 점을 익히 알 수 있었을 것이기에 어쩌면 그것을 확인하고 싶었던 것으로 보이기 때문이다. P가 사라지면서 자신의 라이벌이 사라졌기에 의사의 길을 포기하고 영화감독으로 나선 것으로 설명되는 '나'의 삶의 과정을 고려할 때 그러하다. 그는 P와 M의 상황을 확인했을 뿐 어떤 도움도 내지 않는다. 그리고 귀로에 오른다. 그러나 '나'의 귀로는 P와 M을 동반하거나 최소한도 그들의 귀국을 도울 조력자로서의 약속이 수반된 상태여야 하는 것이 옳을 것이다. 그것이 한국사회의 지식인으로서의 그의 책무일 것이다.

> ""나는 모르는 사람입니다." 그는 다시, 그 사람도 당신처럼 한국인이며, 술을 매우 많이 마셨다는 얘기를 반복한다. "나는, 그런 사람 모릅니다. 다시는, 잠을 깨우지 말아주세요." 내 목소리는, 느리고 냉정하다. 아침에 오기 전에 그를 세 번이나 부인하기는 싫어, 전화를 끊은 후, 수화기를 내려놓는다. 오슬로에서의 사흘을 나는 내 인생에서 지워버리기로 한다. 오슬로에는 오지 말았어야 했다. P는, 내 안의 불꽃이었다. 그가 사라지면, 나 역시 불의 그림자처럼 희미하게 사그라지고 말 것을 나는 알고 있다. P를 모른다 한 것은, P를 잃지 않기 위해서다."[98]

여기에서는 제법 논리적이고 윤리적이며 P에 대한 애정이 드러나는 것 같지만 실상은 이기적이며 책임 회피에 가까운 '나'의 태도가 드러

98) 앞의 책, p.48.

난다. 작가는 이런 태도에 대한 독자의 판단을 이끌기 위해 '가롯 유다'를 소환하고 있다. '나'는 애써 부인했지만 결국은 '유다'로 남게 되는 것이 '나'의 여로의 귀결점이 되고 있다. 다시 안주할 곳으로 돌아오는 '나'의 여로와 언제 끝날지 모르는 망명에 버금가는 P의 여로가 교차되면서 이 소설의 주제가 형상화되고 있다. 작가는 P의 중지된 여로가 다시 이어지도록, 자신의 고국으로 돌아 와 밤과 낮이 존재하는 삶을 살아갈 수 있도록 하는 것이 우리 사회의 책무라는 점을 말하고 있다.

이 소설의 여로를 '목적 미달 중지형'으로 설정한 이유는 이 소설의 주인공이 P가 되어야 한다고 보기 때문이다. '나'의 여로는 '목적 달성 복귀형'으로 나타나지만 '나'가 중심에 놓인다면 이 소설의 함량은 축소될 것이기 때문이다. 우리 사회가 풀어야 할 문제의 요체는 P와 M의 여로에서 도출되기 때문이다.

소설가의 소설 쓰기와 여로 구조

소설가인 주인공이 소설을 쓰는 데 어려움을 느낀다......여행을 떠나거나 떠남을 강요받는다......여행을 통해 글쓰기를 계속하게 되거나 더 큰 굴레에 빠지거나 한다. 소설쓰기에 여행은 어떤 의미를 지니는가.

여로 구조는 소설 창작방법의 한 유형이다. 다양한 유형, 다양한 주제의 소설에서 활용되고 있다. 그 소설들 중에서 소설가의 소설 쓰기를 다루는 소설에서 여로 구조는 어떤 의미를 지니는지를 살펴보고자 한다. 여기서는 세 편의 소설을 대상으로 삼았다. 양귀자의 〈숨은 꽃〉(1991), 공지영의 〈맨발로 글목을 돌다〉(2010), 김영하의 〈옥수수와 나〉(2011) 등이다.

1991년 구 소련의 붕괴로 요약되는 대 변혁의 시대에 접어들면서 우리 사회에서 문학의 책무도 그 방향성을 달리하게 되었으며, 그에 따라 소설가의 소설쓰기도 변곡점을 맞이하게 된다. 1991년부터 2010년대에 이르기까지 소설들을 최대한 살피면서 소설쓰기를 다룬 작품들을 선별해 보았는데 의외로 소설쓰기를 다룬 작품들이 많지는 않았다. 약 20여 편이 선별 대상에 속했고 그 중에서 여로구조를 취하고 있으며, 비평적 평가가 이루어졌다고 판단되는 작품들로 이 세 작품을 분석 대상으로 삼았다. 이 작품들의 여로 구조를 여로의 출발점, 여로의 과정, 여로의 귀결점의 세 측면으로 나누어 살펴보기로 한다. 개별적인 접근보다는 각 측면별로 견주면서 기술하고자 한다.

그에 앞서 세 작품의 여로 구조를 간단하게 도식화해서 견주어 보면 다음과 같다.

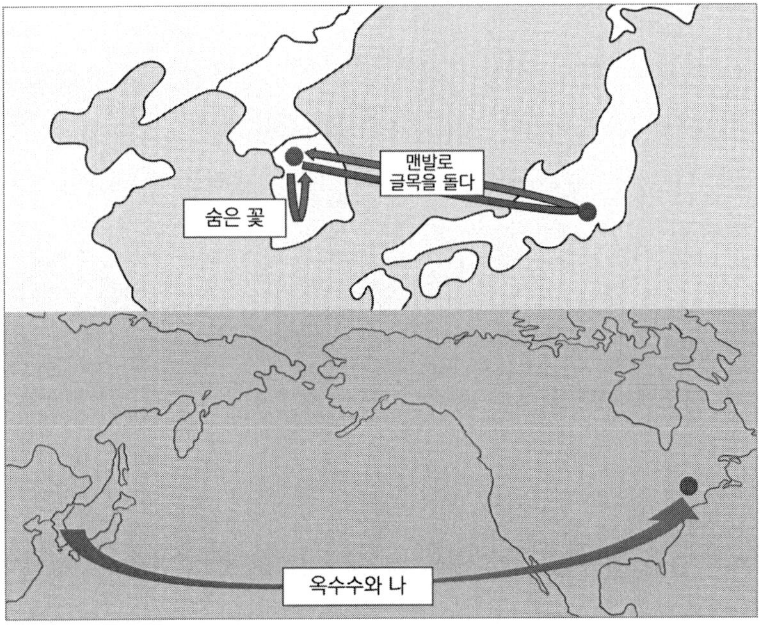

이 도식처럼 세 작품의 여로는 공간적 이동의 측면에서 확연히 구분된다. 〈숨은 꽃〉은 한국 내에서 이루어지며 구체적으로 서울-김제-서울로 이어지는 동선을 보이고 〈맨발로 글목을 돌다〉는 한국-일본(동경)-한국으로 이어지며, 〈옥수수와 나〉는 한국에서 미국으로 이동 후 여로가 멈추는 것으로 설정되어 있다. 앞의 두 작품은 중심인물의 복귀가 이루어지지만 세 번째 작품은 여로가 정지되는 양상을 보인다.

중심인물 즉 소설가의 복귀가 이루어지는 소설에서는 소설 쓰기가 계속될 것임이 명료하게 제시되지만 복귀가 이루어지 않는 소설에서는 작중 상황으로는 소설 쓰기의 지속 여부가 불투명하다. 세 작품 모두 소설 쓰기와 관련된 문제를 해결하기 위한 장치로서 여로가 선택되지만 문제 해결의 양상은 다시 앞의 두 작품과 세 번째 작품 간에 상당한 차이를 보여준다. 여로구조의 유형으로 보자면 앞의 두 작품은 '목적 달성 복귀형'에 속하고 세 번째 작품은 '목적 미달 중지형'에 속한다.

1. 여로의 출발점

작중인물로서 소설가가 소설 쓰기와 관련된 문제로 여행을 떠나게 될 경우 그 계기를 이루는 상황 요소는 여러 차원에서 설정될 수 있다. 세 작품의 경우 사회적 상황(〈숨은 꽃〉), 개인적 상황(〈맨발로 글목을 돌다〉), 개인적 상황과 사회적 상황의 결합(〈옥수수와 나〉)으로 나타난다.

<숨은 꽃>에서 작중 소설가는 평소 소설 쓰기를 위해 여행을 떠나는 일이 그리 필요하지 않다는 생각을 지니고 있다. 그러던 소설가가 여행을 떠나게 된 것은 첫 문장도 제대로 끝을 맺지 못하는 상황에 직면했기 때문이고, 그 이유를 상당히 구체적으로 다음과 같이 설명하고 있다.

"이 사회의 새로운 물결, 상식적인 삶의 예감까지 붕괴시키는 데 단단한 몫을 하려는 듯이 보여졌다. 그쪽 세계에 살던 사람들이 007 가방을 들고, 이전과는 다른 눈빛으로 공항을 빠져나와 우리의 도시 속으로 합류해 들어오는 모습을 보는 일은 착잡했다. 사회주의는 아직 한번도 실현되어 본 적이 없다는 사라진 지도자의 말도 그 의미심장함과는 상관없이 역설적이고 허탈한 진술로만 들려 왔다. 함께 살아가기 위해 만들었다는 한 제도적 장치로서의 도덕은 당분간 어느 곳에서도 얼굴을 내밀지 않을 것 같았다. 이제는 맹목적인 질주(疾走)만 남았는가. 그렇다면, 그렇다면. 나는 늘 그렇다면, 에서 멈추었다. (중략) 멈춘 기도를 잇고 싶은 마음이야 간절했지만, 그 일을 시작하는 일은 너무 버거웠다. 그때부터 나의 피로는 누적되기 시작했다. 나는 번번이 두 손을 늘어뜨리고 기계 앞에서 물러났다. 어쩌다 느닷없는 자신감에 힘입어 다시 기계 앞에 앉아도 첫 문장을 맺기도 전에 이게 아닌데, 라는 마음속의 말이 내 손을 멈춰 버리곤 했다. 이게 아닌데, 이것은 아니다, 라는 것 하나만 분명하고 그 외는 다 오리무중인 나날이 한 달간 계속되었다. 내가 생전 하지 않던 짓을 해보겠다고 여행을 나선 것도 모두 이게 아닌데, 라는 내 속의 외침을 잠재우기 위한

버둥거림의 결과였다. 더 솔직히 말하자면, 어디 먼 곳에라도 가서 그 지긋지긋한 내 속의 외침을 땅속 깊이 파묻어 버리고 혼자만 도망쳐 올 수는 없을까 해서 꾸민 음모였다."[99]

<숨은 꽃>의 여행의 계기를 사회적 상황에서 비롯된 것으로 규정한 이유는 이 대목에서 기술된 것처럼 사회적 변화에 따른 글쓰기의 어려움과 그 타개책을 모색하기 위한 것이기 때문이다. '새로운 물결'이라는 말로 지칭되는 변혁의 시대적 흐름은 비교적 선명했던 거대담론 안에서 소설을 써왔던 소설가의 안정적 토대가 사라졌음을 의미하기 때문이다. 소설 내에서 다시 실명으로 등장하는, 전교조 원년의 투쟁을 그린 '슬픔도 힘이 된다'라는 작품의 제목이 '아무런 감동도 주지 못하는 세상의 변화 때문에 비롯된 것'이라는 진술에서 거대담론과 소설 쓰기, 그리고 소설 쓰기의 어려움에 대한 작가의 생각을 고스란히 읽어낼 수 있다. 이처럼 <숨은 꽃>에서 작중 소설가가 여행을 떠나는 계기는 사회적 상황의 변화에 따라 더 이상 소설 쓰기가 지속되기 어려운 상태를 벗어나 보고자 하는 데 있다.

<맨발로 글목을 돌다>에서는 여행의 목적지는 일본인데 과거의 여행과 막 출발선 상에 있는 여행의 두 가지로 설정되어 있다. 모두 21장으로 구성된 스토리 라인은 1장, 9장, 16장, 21장이 시간 상으로 직접 연결되면서 이제 곧 실행될 여행의 출발선을 이루고 나머지 장에서는 과거의 일들, 그 중에서도 다시 만나러 가는 일본인 H씨와의 사연을 중심으로 스토리가 형성되고 있다. 이야기의 한 장면으로 폴

99) 양귀자, 숨은 꽃, 동아소설문학대계 77, 동아출판사, 1995, pp.423~424.

란드 여행이 잠시 스토리 선상에 오르기도 하지만 서사의 구조 상 에피소드 정도에 지나지 않는 비중을 지니기 때문에 일본으로의 여행을 중심 여로로 보고자 한다.

작중 소설가인 '나'가 일본으로 향하는 것은 표면 상의 이유는 H씨와의 인터뷰 때문이다. H씨는 '나'의 소설을 일본어로 번역해 준 번역가였기에 '나'로서는 그가 새로 내는 책의 홍보를 도와주어야 할 채무의식의 연장선상에서 그와의 인터뷰를 진행하기로 한 것이다. 그러나 이면 상의 이유는 다른 데 있었다. '나'가 출판한 <우리들의 행복한 시간>과 관련된 친구와 지인, 독자들의 질문과 관련된 것이다. 구체적으로는 '너는 왜 이 책을 썼니?'라는 질문에 대한 답을 찾기 위해서이다. 그 질문은 '나'의 이혼 경력들이 호사가들의 입방아에 어떻게 오르내리는지를 압축적으로 보여주는 것으로 '나'의 고통을 가중시켜 주는 것이었다.

엄밀하게 말하면 소설 쓰기와는 상관없는 영역에 속하는 삶의 문제임에도 불구하고 이혼의 경력들에 대한 세간의 입방아는 정신적 고통을 주는 선을 넘어 '나'의 소설 쓰기에도 영향을 미치고 있었다.

> "딸은 그 무렵 글을 힘겨워 하고 있던 나를 이해하고 있었다. 내 허무한 시선을 알아차린 영리한 딸은 사과를 베어 물고 내게 다가오면서 무심히 말을 꺼냈다. "왜 그러고 있어?" "그냥 써야 하나? 정말 써야 하는지 생각하느라고." "그래? 엄마 좀 오래 전에 말하곤 했어…… 언젠가 나도 다시 글을 쓸 거야. 꼭 써야 해." 순간 오래된 일기장의 고통스러운 기록을 발견한 것처럼 잠깐 숨이 멎는 듯했고 가슴 한

구석으로 긴 시간들이 지나갔다. 칠 년이라는 시간이었다. 내가 글을 쓰지 못하고 지냈던 그 시간들. 나는 벌써 그때의 시간들을 다 잊고 내가 언제나 글을 써왔다고 생각하고 있었다는 것을 알았다."[100]

여기서 드러나듯 '나'에게는 다시 글을 써야할 시간이 되었고, 그 계기를 마련하는 일이 필요하다. 무엇보다도 '나'가 안고 있는 고통에서 벗어날 수 있는 사고의 계기가 필요했다. 뒤에서 살펴보겠지만 그 계기는 H씨와의 각별한 만남이 될 것이다. 이런 점에서 일본으로의 여행을 떠나게 되는 계기는 본질적으로는 다시 소설 쓰기와 연관되며, 이는 <숨은 꽃>의 계기와 상통한다. 하지만 그 계기가 개인적인 상황에 기인한다는 점에서 <숨은 꽃>과 구별된다.

<옥수수와 나>는 2장에서 5장까지는 작중 소설가인 '나'의 서울에서의 일상적 상황을, 6장과 7장은 미국의 뉴욕에서 벌어진 상황을, 1장은 프롤로그이자 제목과 연관된 내용을 다루고 있다. 이중 6~7장의 상황은 현실적인 상황이 아닌 가상적인 상황으로 볼 수 있는 개연성이 충분하다. 그렇더라도 그 상황에서 빚어지는 일들이 미국으로의 공간 이동이 일어나지 않으면 불가능한 것이라는 점에서 여로 구조의 측면에서 살피는 일이 필요하다.

작중 소설가인 '나'가 미국으로 건너가는 이유는 단순하다. 출판 계약을 맺은 출판사에 새로 사장으로 부임한 인물이 예사롭지 않은 데서 가중되는 소설 창작의 압박감 때문이다. 월스트리트에서 동물적인 투자 감각을 익혔다는 사장은 '나'의 팬이라고 스스로를 소개하며 '좋은

---

100) 공지영, 맨발로 글목을 돌다, 문학사상사, 2011, p.30.

소설'을 강력하게 주문하고 그러지 않을 경우 계약 위반 소송도 불사하겠다는 뜻을 '나'의 전처이자 출판사 편집자인 '수지'를 통해 간접적으로 전하며 압박을 가한다. 항상 마감일에 쫓기는 삶에 익숙한 '나'로서는 감당하기 어려운 압박이 아닐 수 없다. 소설가들이 흔히 편집자들에게 시간을 벌기 위해 내미는 수법인, 새로운 작풍을 지닌 소설을 구상 중이라는 이야기 끝에 '나'는 불쑥 '라틴아메리카 풍의 마술적 리얼리즘'을 입에 올린다. '슬럼프에 빠져 계약도 제대로 이행하지 못하고 있는 불쌍한 작가'의 궁여지책인 셈이었다.

"전처까지도 이렇게 넘어가는 것을 보라. 이게 바로 마술적 리얼리즘의 마술적이면서도 리얼한 힘이다. "어, 근데 이 곡마단 최후의 생존자가 뉴욕에 살고 있대. 한번 취재를 해야 되는데 너도 알다시피 뉴욕이 무슨 애 이름도 아니고, 또 비싸기는 좀 비싸냐? 가서 생존자를 찾아낸다는 보장도 없고……그러다 보니 영 진도가 안 나가네. 아무리 마술적 리얼리즘이라도 어느 정도는 팩트가 뒷받침돼야……" 수지가 눈을 반짝이며 테이블에 몸을 붙여 왔다. "우리 사장이 맨해튼에 집이 하나 있어. 원래는 왔다 갔다 하면서 지내려고 사놓은 스튜디오 아파트인데, 요즘 서울에 있으니까 비어 있어. 내가 한번 알아봐줄까? 당신 소설쓰러 간다고 하면 아마 흔쾌히 빌려줄 거야."" [101]

'나'로부터 사장과의 관계를 의심받는 전처와의 대화 과정에서 느닷없이 결정된 것이 미국으로의 여로이다. 궁지를 벗어나려는 의도에서

101) 김영하, 옥수수와 나, 문학사상사, 2012, p.19.

시작된 발상에 발목을 잡힌 상황이 되었지만 어차피 집중적으로 소설을 써야 하는 '나'의 입장에서는 결단코 피할 이유도 없거니와 손해볼 일도 아니라는 생각에 이 여로에 나서게 된다.

앞의 두 작품과는 자의성과 진정성의 측면에서 구별되기는 하지만 소설 쓰기를 지속해야 한다는 점에서는 같은 유의 계기라 할 수 있다. 그리고 그 계기는 출판사와 전처가 개입된 상황에서 비롯되었다는 점에서 개인적이면서도 사회적인 성격을 띠고 있다. 작가에 대한 출판사의 압박은 자본주의 사회에서 더욱 거세게 주어지는 요소이기 때문이다. 이 점에서 앞의 두 작품과 대비된다.

2. 여로의 과정

세 작품에서 작중 소설가가 여행을 떠나 겪는 과정의 공통점은 또 다른 인물과의 만남에 집중되고 있다는 점이다. 모험적인 사건을 겪거나 여행 출발 전과는 다른 상황에 놓이는 것보다는 특정한 인물(들)을 만나 그(들)로부터 여행의 목적과 관련된 강력한 영향을 받게 된다. 〈숨은 꽃〉에서는 '김종구', 〈맨발로 글목을 돌다〉는 일본인 H씨, 〈옥수수와 나〉에서는 출판사 사장 및 그의 전처 등이 그들이다. 차이점으로는 작중 소설가와의 관련을 맺는 시점이다. 〈숨은 꽃〉에서 작중 소설가와 김종구는 먼 과거에 잠시 같은 공간에 거주한 바 있고, 〈맨발로 글목을 돌다〉에서는 그리 멀지 않은 과거에 인연을 맺었고 그 인연을 예정된 여행을 통해 다시 이어가게 될 관계이고, 〈옥수수와 나>에서는 현재 진행형이다. 즉 '먼 과거 - 가까운 과거 및 가까운 미래 - 현재'로 구분된다. 이 관계 시점은 세 작품의 여로 구조에서 중요한 의미를 지니는 요소로 각 작품의 주제의식과도 긴밀하게 연결된다. 각 작품 별로 그 양상을 살펴보기로 한다.

<숨은 꽃>에서 '나'는 귀신사(歸神寺)라는 절에서 김종구를 우연히 만난다. 귀신사는 6개월 전에 친구들과 만나 들렀던 곳으로 서울에서는 기차를 타고 역에서 내려 다시 택시를 타고 이동해야 하는 지점에 있다. '나'의 여행이 앞서 살핀 것처럼 더 이상 소설을 쓰기 어려운 상황에서 무언가를 찾기 위해 나선 길이었던 만큼 굳이 귀신사가 아니어도 무방했다. 6개월 전의 홀가분한 기분에 이끌려 이곳으로 온 만큼 귀신사가 의도된 곳은 아니었으나, 그곳이 아니었다면 김종구의 삶의 이력 상 그를 다시 만날 수 없었을 것이라는 점에서 우연한 곳만은 아니다. 어떤 설명할 수 없는 힘에 의해 예견된 만남이므로 우연성과 필연성을 겸비하고 있다. 그럼에도 서사구조 상으로는 이 장소의 의미는 그리 크지 않으며, 서사의 초점은 김종구라는 인물에 맞춰져 있다. 물론 김종구 외에도 일명 '뜸부기 시인' '칼릴 지브란'이라는 별칭으로 불렸던 운동권 인물, 수술 후 봉합 바느질에 최선을 다하는 의사 등이 회상 속에서 등장하기는 하나 '나'가 실제로 만난 인물들이 아니다.

김종구는 '나'가 교사로서 처음 부임한 벽지 어촌에서 만난 학부형이다. 그는 '나'의 기억에 네 가지의 삽화를 통해 선명한 인상을 남겨준 인물이다. 사회적 문제에 정면으로 맞서는 소설가로 자처했으나 현재는 소설 쓰기를 지속하지 못하는 상황에 놓여 있는 '나'에게 김종

구는 다시 시작할 수 있는 계기를 마련해 주는 인물로 설정되어 있다. 십오여년이 넘는 간극에도 불구하고 우연에 가까운 만남을 통해 '나'에게 다시 소설 쓰기를 시작할 수 있는 힘을 이끌어내 주는 김종구의 정체성을 작중 소설가는 '거인'이라는 말로 설명하고 있다.

"기차는 자꾸 달린다. 아직 부옇기는 하지만, 서울에 닿으면 그래도 나는 기계 앞에 앉기는 할 것이다. 나는 아마도 한 거인을 그리려고 덤빌지도 모르겠다. 와해된 세계의 폐허 어딘가에 숨어 사는 거인, 결코 세상에 출몰하지 않는 거인의 초상, 그리고 숨어 잇는 꽃들의 꽃말 찾기."102)

""평생 내가 변함없이 간직하고 있는 신조가 하나 있다면 그게 뭔 줄 아세요? 머릿속에 먹물 담아 놓고 주위에 검정물 뿌려 대는 인간하고는 길게 상종하지 말 것, 바로 그겁니다. 잠깐은 되지요. 하지만 길게는 안 돼요. 그런 부류들은 저밖에 모르거나 필경 주위에 불행만 옮기거든요. 이거 선생님 듣기에 섭섭해도 할 수 없어요. 머릿속에 뭐가 들어 있다는 것은 욕이에요. 그건 모두 쓰레기거든요. 머리는 즉시즉시 청소를 해줘야 합니다. 그래야 진짜 알맹이를 발견했을 때 얼른 쓸어 담지요. 곰팡이가 가득 차기 시작하면 정말 끝장이에요.""103)

""소설을 팔아 밥을 먹는다구요? 아니, 아직도 그런 것을 읽는 사람이 있답니까? 대체 무슨 소리를 늘어놓는 것이 소설인가요? 작가 선생님,

---

102) 양귀자, 앞의 책, p.484.
103) 앞의 책, p.463.

이런 말은 어떤지 한번 들어 보세요. 하나님이 인간의 눈을 만들 때 흰자위와 검은자위를 동시에 만들어 놓고도 왜 검은자위로만 세상을 보게 만들었는지, 그거에 대해서 선생님은 혹시 아십니까? 아, 이거야 나도 어디서 주워들은 이야긴데, 그게 말예요, 어둠을 통해서 세상을 보라는 신의 섭리라는 거예요. 세상을 보는 일이야 우리 같은 떠돌이들 말고 선생님 같은 분들한테 떠맡겨진 숙제 아닙니까. 그러니 애시당초 편하게 앉아서 헤드라이트 비춰 놓고 들여다보듯 그렇게 수월한 일은 아닐 거라 이 말씀이죠. 흰자위 놔두고 검은자위로 세상을 보랄 적에는 다 그만한 이유가 있어서 그랬을 것입니다.""[104]

위에 연달아 인용한 부분은 이 작품을 이끌어가는 핵심 요소이자, '나'의 여행이 목적을 달성할 수 있도록 이끄는 힘의 원천인 김종구를 '나'가 어떻게 받아들이고 있는지를 보여준다. 즉 작중 소설가가 여로를 통해 문제를 해결하는 장치의 정체성이 여기서 드러나는 셈이다. '나'와는 무척 대비되는 삶을 살아 온 김종구는 우리가 흔히 사람을 판단할 때 들이대는 잣대인 학력이나 직업, 삶의 질 등에서 '나'와는 비교가 되지 않는다. 그럼에도 김종구는 '나' 앞에서 당당할 뿐 아니라, 세상의 이치와 삶의 이치를 거침없이 설파한다.

'나'의 머릿속에 선명하게 남아 있는 삽화들은 남을 위해 지난한 몸짓을 보이고 희생하면서도 어떤 치사도 보상도 바라지 않고 조용하게 사라지거나, 묵묵하게 자신의 일에 몰두하되 어줍잖은 간섭에는 단호하게 대응하는 태도로 채워져 있다. 다시 만난 김종구를 통해 '나'는

---

104) 앞의 책, p.475.

먹물이라는 비난을 듣고 소설을 쓰는 일이 무슨 의미가 있느냐는 비아냥을 들으며 자신의 소설 쓰기에 대한 원초적 질문을 던지게 된다. 어렴풋하게나마 자신의 소설 쓰기가 누구를 향한, 무엇을 위한 것이었는가라는 질문이다.

자신이 소설적 주제로 삼아 왔고, 이제는 자신의 소설 쓰기를 가로막고 있는 거대 담론을 단번에 무의미한 것으로 만들어 버리는 민초(民草)의 삶과 인생관을 마주한 것이 여로의 정점으로 나타난다. 지식인인 자신도 견뎌내지 못한 거대 담론을 가볍게 넘어서는 '거인'으로 다가 온 민초 김종구는 그렇게 '나'의 여로를 중지시키고 조금은 홀가분한 마음으로 복귀하도록 만들어 주었다. 거대 담론은 결국은 지식인들만의 세계에서 작동하는 것이라는 깨달음과 함께였다.

〈숨은 꽃〉의 여로가 '거인'을 만나기 위한 과정으로 성격화된다면, 〈맨발로 글목을 돌다〉의 여로는 '운명'이라는 단어와 맞서게 되는 과정으로 요약된다. 이 작품은 여로가 이중화되어 나타난다. 하나는 현재부터 이루어지게 될 예정된 여로이고, 다른 하나는 과거에 이미 이루어진 여로이다. 두 여로를 형성하는 지점은 모두 서울과 동경으로 설정되어 있는데, 서술 시간 이전 즉 과거에 세 번에 걸쳐 이미 이루어진 여로가 다시 반복되려는 시점에서 소설이 서술되고 있다. 작중 소설가가 아닌 또 다른 초점 인물인 H씨가 한국을 다녀간 것을 포함하면 동일한 길을 오가는 여로는 네 번에 걸쳐 이루어진 셈이고 이제 다섯 번째 여로를 계획하고 있는 셈이다. 그런데 여기에서 한 가지 더 살펴볼 것은 작중 소설가와는 무관한 여로로 그 주체는 H씨이다. 그는 과거에 북한으로 끌려 가 24년 동안 지내다 5년 전에 일본으로 돌아 온 인물이다. 엄밀히 말해서 그의 납치와 귀환은 여로로 보기 어렵다. 타의에 의해 시작되었고 자신의 의자가 아닌 정치적인 역학 관계에 따라 돌아왔기 때문이다. 그렇지만 작중 소설가가 여로를 통해 얻어야 할 결과와 매우 밀접한 관련을 맺고 있기에 주목할 필요가 있다. 참고로 위에서 설명한 여로의 양상을 도식화해보면 다음과 같다.

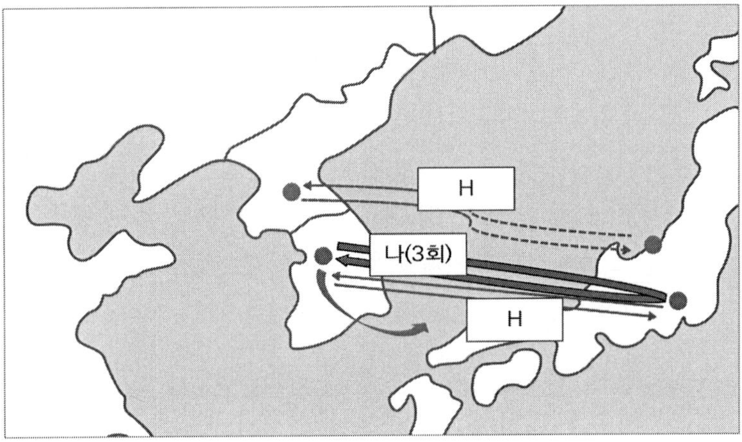

여기에서 이제 시작될 여로는 분석의 대상이 되기 어렵다. 출발선상에 서 있기에 과정과 도달점에 대해 언급하기 어렵기 때문이다. 그러나 과거의 여로와 시작될 여로가 동일한 목적을 지니고 있고, 그 결과 역시 '저자 인터뷰'라는 성격 상 명료하게 예측되기 때문에 과거의 여로를 분석함으로써 이 작품에서 여로가 지니는 의미를 밝혀 보고자 한다.

<맨발로 글목을 돌다>에서 작중 소설가가 '운명'이라는 단어와 맞서려는 태도를 보이는 것은 소설 쓰기를 중단하게 만든 요인인 고통에서 벗어나기 위한 것이다. 앞서 인용한 딸과의 대화에서도 드러나듯이 이혼 경력들에 대한 세간의 반응에서 느끼는 고통을 이겨내지 못하는 데에 창작 중단의 원인이 있었기 때문이다. 결혼 생활에 대한 자신의 이야기를 '거짓말'이나 '과민성 신경증'으로 몰아 파경의 원인을 자신에게 돌리는 남편 측이나 세간의 평이 그러한 고통을 안겨 주고 있다.

> "하지만 시간이 갈수록 나의 말을 믿어주지 않는 사람들이 늘어나는 것을 나는 차츰 느낄 수 있었다. 아주 친한 친구들까지도 그랬다. 설마, 하고 그들은 말한다. (중략) 나는 더 일찍 도망칠 수도 있었다. 거기에는 억압은 분명히 존재했지만 창살은 없고 담도 없다. 대개의 경우 묶여 있지도 있다. 그럼에도 불구하고 장벽은 매우 강력했다. 그것은 경제적 사회적 심리적 법적 종속……그리고 내가 머릿속으로 그렸던 내 미래에 대한 종속이었다. 그 종속은 너무도 부드러웠고, 너무도 천천히 시작되었으며, 사랑이라는 명찰을 달고 서 있었기에 나는 그것을 도무지 알아차리지 못했다. 나는 그 남자가 연출하는 역할을 맡았다. 한 막이 끝나면 내 역할은 바뀔 수 있을 거라는 부질없는 희망……희망이라는 가면을 쓴 집착 때문이었다."[105]

결혼 생활의 파탄의 책임을 고스란히 져야 했던 데서 오는 고통의

105) 공지영, 앞의 책, p.21.

원인을 작중 소설가는 '부질없는 희망'을 가졌기 때문이라고 보았다. 소설가로서가 아니라 한 가정의 아내라는 역할에 충실할 것을 요구하는 제반 종속에서 벗어날 수 있으리라는 희망 때문에 오히려 자신의 삶을 불행의 늪에서 빠져 나오게 하는 데 실패했다는 자책이 고통의 근원인 만큼 이제 그 고통에서 빠져 나올 길을 찾는 것이 작중 소설가에게 주어진 명제였다. 그래야 '나'는 다시 소설을 쓸 수 있기 때문이다. 그래서 '나'의 여로는 그 길을 찾기 위한 과정으로 나타난다.

이 과정에서 '나'가 마주치게 되는 것이 H씨의 삶이었다. H씨는 스물두 살 대학생 시절에 여자친구와 데이트 하던 중 북한으로 납치를 당해 24년 간을 억류되었다가 풀려 난 인물이다. 흡사 '신화 속의 용'에게 납치 되듯 그렇게 그는 자신의 고국에서 자취를 감추게 된다. 그런 그가 일본으로 돌아 와 북한에서 배운 한국말을 밑천 삼아 번역일을 하고 있다. H씨를 처음 만난 자리에서 '나'는 '그의 삶과 내 삶이 이 지점에서 서로에게 끼어들고 있다는 것을' 깨달았다고 기술하고 있다. 그 이후 '나'는 H씨에게 지대한 관심을 가지게 되고 그로부터 자신의 삶의 문제를 풀어갈 열쇠를 얻고자 한다.

'나'가 H씨로부터 결정적인 열쇠를 얻게 된 것은 H씨가 그동안 침묵으로 일관하던 '어떻게?'라는 질문에 대한 답을 주었을 때이다. H씨는 자신이 다시 살아 돌아오게 된 이유를 이렇게 말했기 때문이다.

"어떻게 살았느냐고 당신은 내게 여러 번 물었지요? 죽고 싶지 않았느냐고 당신은 내게 여러 번 물었지요? 아니요, 죽겠다, 하는 생각은 했지만 신기하게도 주고 싶지는 않았어요. 그 말 알아요? 아우

> 슈비츠에서 자살한 사람보다 지금 도쿄에서 자살하는 사람이 훨씬 더 많다는 것. 그런데 어떻게 살았느냐? 희망을 버리니까 살았죠. 아이들이 태어났고 저 아이들을 위해서 살자, 일본에 돌아갈 꿈을 포기하자 ……아니 희망을 버린 것이 아니라 운명이 내 맘대로 내가 계획했던 대로 돼야 한다는 집착을 버린거죠……그래서 살 수 있었어요.”[106]
>
> (방점 - 인용자)

H씨의 이 대답은 바로 앞의 인용문의 마지막 구절과 정확히 대응된다. ‘나’는 희망에 집착했고, H씨는 희망과 집착을 버렸다는 점에서 H씨는 ‘나’에게 길을 열어준다. ‘나’에게 여로가 필요했던 이유와 여로의 정점, 그 여로가 ‘나’에게 주는 의미가 이 대목에서 집약적으로 드러난다. ‘나’는 H씨처럼 ‘운명’이라는 단어와 마주하면서 다시 소설 쓰기를 이어갈 수 있는 길을 찾는다. 일본으로의 여로는 바로 이 ‘운명’이라는 단어를 새롭게 마주하는 과정이었다.

작중 소설가가 여로의 과정에서 만나게 되는 핵심 요소가 <숨은 꽃>에서는 ‘거인’으로 지칭된 인물이고, <맨발로 글목을 돌다>에서는 ‘운명’이라는 단어라면, <옥수수와 나>에서는 대비적 ‘상황’으로 설정된다. 작중 소설가가 생활하고 있는 공간인 서울과는 물리적·심리적으로 현저한 거리감을 지니고 있는 뉴욕이라는 공간에서, 그것도 한국에서라면 불가능에 가깝게 연출된 상황 속에서 여로가 진행되고 있기 때문이다. 물론 아파트라는 공간에서 벌어지는 사건이 주가 되기에 여로의 두 축인 시간과 공간의 변화에서 시간의 변화만이 지속되는

---

106) 위의 책, p.35.

양상인지라 여로의 진행이라는 표현이 적절하지 않을 수 있다. 그러나 작중 소설가의 미국행은 한국으로의 복귀를 전제로 한 것이라는 점에서 여로가 진행되고 있다고 보았다.

작중 소설가가 작품을 계약한 출판사 사장이 소유한 뉴욕의 아파트에 소설을 쓰고 있다는 상황을 한국에서라면 불가능에 가까운 상황이라 본 것은 다음 장면 때문이다.

> "사장은 원고를 읽고 있는 것 같았다. 출판사 사장에게 원고를 넘기고 이렇게 긴장해본 적이 있었던가? 한 손에 총을 든 편집자라니. 어쩌면 저것이야말로 모든 편집자가 꿈꾸는 모습이 아닐까? 뺀질거리며 마감을 안 지키는 작가의 집에 들이닥쳐 초고를 탈취한 후 즉결심판을 하는 것이다. 수작이면 살려주고 태작이면 사살한다. 초고조차 안 써 놓은 뻔뻔한 작가는? 그 자리에서 바로 총살. 탕, 탕, 탕. 마피아 격언에 이런 말이 있다지. '친절한 말 한마디에 총을 곁들이면 좀 더 많은 것을 얻어낼 수 있다.'"[107]

희극적으로까지 보일 수 있는 이 장면은 어느 나라 출판계에서나 흔히 볼 수 있는 맥락과 특정 국가 예컨대 한국 같은 나라에서는 볼 수 없는 맥락을 아울러 지니고 있다. 편집자가 작가에게 마감을 지켜 달라고 압박하는 맥락이 전자라면 편집자가 총을 들고 압박을 한다는 맥락은 후자에 속한다. 물론 총기가 허용되는 국가라 할지라도 편집자가 작가를 총으로 압박하는 일은 거의 없을 것이다. 그러니 이 상황은

107) 김영하, 앞의 책, p.56.

일종의 '장면의 극대화'[108]라 할 수 있다.

서술자인 작중 소설가 '나'는 '플롯은 음모(陰謀)'라는 뜻도 지니고 있다는 진술을 하고 있다. 이 장면은 실제 작가가 독자들을 향해 음모를 꾸미고 있다고도 볼 수 있다. 실제 작가는 소설가들이 겪고 있는 원고 독촉에 따른 강박증과 마감이라는 무기를 내세워 작가들의 뒷덜미를 잡고 있는 편집자의 민낯을 보여주기 위한 음모로서의 플롯의 효과적인 장치로 여로를 선택한 것으로 보인다.

아무런 준비 없이 홀연히 떠났기에 글쓰기 외의 외부 활동의 여지가 거의 없는 낯선 뉴욕, 그리고 사장의 전처와의 섹스가 제약 없이 가능한 아파트라는 공간에서 작중 소설가는 미증유의 경험을 하게 된다. 바로 에피파니의 경험이다.

> "그러거나 말거나 나는 쓰고 있는 이 소설에 완전히 몰입해 있었다. 처음에는 장난처럼 시작했지만 미친 듯이 써나가는 도중에 내 영혼과 육체에서 화학적 변화가 일어난 것이다. 어쩌면 이것은 내가 지금까지 꿈꿔왔던, 모든 창작자들이 애타게 찾아 헤맨다는 에피파니의 순간일지도 몰랐다. 뮤즈가 강림한 것이다. 이제야 비로소 진짜 작가가 됐다는 강한 확신이 들었다. 지금까지는 그저 작가 흉내를 낸 것에 불과했다. (중략) 막상 이렇게 되고 보니 세상에는 오직 두 종류의 작가만이 있다는 것을 알게 되었다. 스티븐 킹이나 오노레 드 발자크, 그리고 지금의 나와 같은 영적인 엑스터시에 사로잡혀

---

108) 이 용어는 김대행 교수의 다음 논의에서 가져 왔다. 판소리 문학을 분석하는 자리에서 사용했기에 적확한 차용은 아닐 수 있지만 어떤 상황의 속성을 실제보다 강화한다는 의미로 쓸 수 있다고 보았다.
김대행, 우리 시대이 판소리 문화, 역락, 2001.

미친 듯이 쓰는 작가와 불행히도 그렇지 못한, 즉 자신을 학대하며 편집자의 독촉에 의해서만 겨우 마감을 넘기며 살아가는 작가. 뉴욕에 오기 전의 나야말로 후자의 전형이었다."[109]

그는 꿈꾸던 경지와 변화를 만났지만 그러나 더 강력한 편집자의 실상과 만나게 된다. 총을 든 편집자와 에피파니를 경험하는 소설가의 대결을 통해, 현실에서 작가들이 어떤 모습과 의식으로 살아가고 있는지 그 실상을 적나라하게 보여주되, 독자들이 현실성을 느낄 수 있도록 하기 위해, 실제 작가는 작중 소설가와 출판사 사장을 공간 이동시켜 극대화된 상황을 연출하는 음모를 꾸미고 있는 셈이다. 그것이 폭로이든 자기반성이든 관계없이 이 소설에서 여로 구조가 필요한 이유는 여기에 있다. 그러나 이 상황은 오히려 씁쓸함과 자괴감과 서글픔을 자아내고 이 여로는 결국 몽상적인 귀결로 나아가게 된다.

3. 여로의 귀결

<숨은 꽃>과 <맨발로 글목을 돌다>에서 여로는 두 작중 소설가가 기대했던 바를 달성할 수 있게 되는 것으로 마무리된다. 그와 달리 <옥수수와 나>는 가상에 가까운 상황이 작중 소설가가 기대했던 바와는 다르게 전개되면서 여로가 목적에 이르지 못한 채 몽상적으로 끝이 난다.

109) 김영하, 앞의 책, pp.51~52.

〈숨은 꽃〉은 과거의 부정에 이은 새로운 출발로의 길을 확실하게 드러내면서 서울로의 복귀가 이루어진다. 작중 소설가는 그가 만난 '거인'의 초상을 그리겠다는 것으로 새로운 소설 쓰기의 방향성을 잡는다. 그동안 자신이 매달려 왔던 거대 담론과는 무관한 삶을 살고 있던, 거대 담론 안에서는 거의 그 존재조차도 미미했던 김종구라는 인물을 '거인'으로 끌어 올리며 그의 삶에 대한 경의를 표하게 된다. 거대 담론의 부정이자 자신의 소설이 탐색해야 할 세계와 대상을 찾게 된 것이다. '그러다 보면 언젠가는 이 세상살이가 돌아가는 이치의 끝자락이나 만져 볼 수 있을지 모른다'며 소설 쓰기에 대한 애정과 기대를 다시 회복하게 된다. 〈숨은 꽃〉은 여로 구조의 오래된 속성 중의 하나가 탐색과 모색이었다는 점을 잘 보여주는 여로형 소설이다.

〈맨발로 글목을 돌다〉의 서술 시간은 일본으로 H씨를 만나러 가는 날과 그 전 날의 이야기를 포함한다. 그리고 이야기 시간은 훨씬 거슬러간 과거를 내포하고 있다. 앞에서 이 소설의 여로 구조 유형을 '목적 달성 복귀형'이라 분류한 것은 서술 시간의 끝에서부터 이어질 출발 예정 여행은 이미 그 과정과 결과가 정해져 있기 때문이다. 작중 소설가는 H를 인터뷰 하러 가는 길인데 마지막 문장을 '나는 어서 H가 보고 싶었다'로 마치고 있다. 이 문장은 이 여행에 앞서 네 번에 걸친 H와의 만남을 통해 작중 소설가가 얻어야 하는 것을 이미 충분히 얻었기에 마지막에 배치 가능한 문장이다. '희망과 집착의 포기'라는 답을 세 차례에 걸친, H를 만나기 위한 일본 여행(한 차례는 H의 한국행이므로 제외)을 통해 확보하고 있고 이제 남은 것은 그것을 더욱 공고히

하기 위한 것이기 때문이다. 여기서 실제 작가는 병치라는 장치를 도입한다.[110] H씨와 같은 너무 특수한 경우 외의 또 다른 경우들을 찾는 일이 그것이다. 이 모색은 서술 시간 안에서 회상과 기억과 지식을 통해 이루어지는데 아우슈비츠 수용소에 갇혔던 사람들, 일본군 위안부로 끌려 간 할머니들, 팔레반에 납치된 한국의 젊은이들, 9·11 테러에 희생된 사람들의 운명이 소환되고 있다. 작중 소설가는 그들의 운명과 자신의 운명을 병치시키면서 '운명의 부름에 답하겠다'는 마음을 먹고 자신의 고통에서 벗어날 것임을 밝히고 있다. 수차례에 걸친 H와의 만남을 위한 여로를 통해 이제 '넌 왜 이 책을 썼니?'라는 질문에 당당하게 대답을 할 수 있게 될 것이다. 그 대답의 요체는 '한 인간이 성장해 가는 것은 운명이다'라는 말이 될 것이다. <맨발로 글목을 돌다>의 여로 구조는 치유에까지 이를 수 있는 확장성을 지니고 있다.

<옥수수와 나>의 여로 구조는 이 소설의 프롤로그에서 제시된 에피소드가 다시 등장하면서 끝을 맺고 있다.

> "두 마리의 거대한 닭이 매서운 눈길로 나를 내려다 본다. 나는 오금이 저려 점점 더 작아지고 방은 더욱 커진다. 구륵구륵구륵. 두 마리의 닭이 목을 울리며 기괴한 소리를 낸다. 구륵구륵구륵. 두렵다. 너무도 두렵다. ……마침내 아득한 의식의 안개를 뚫고 하나의 문장이 서서히 형체를 드러낸다. 나는 그 문장을 소리 내어 읽는다. 나는 옥수수가 아니다. 나는 옥수수가 아니다. 나는 옥수수가……"[111]

110) 이 병치에 대해서는 4장에서 치유라는 맥락에서 상세히 다루게 된다.
111) 김영하, 앞의 책, p.68.

이 마지막 부분은 프롤로그에서 제시된 '당신은 더 이상 닭에게 쫓기는 옥수수가 아니다'라는 의사의 말에 '글쎄. 저야 알지요. 하지만 닭들은 그걸 모르잖아요'라는 구절과 절묘하게 대응되면서 여로의 끝을 장식하고 있다. 작중 소설가의 여로는 소설가와 편집자라는 대결 구도에서 처절한 패배를 맞으며 중지된다. 그가 다시 한국으로 복귀할지는 알 수 없다. 분명한 것은 그가 앞으로 제대로 소설을 쓰기가 수월하지 않을 것이라는 사실이다. 그가 자본주의 사회의 벽을 대변하는 출판사 사장의 자본 논리를 넘어서는 데 실패했기 때문이다. 이처럼 <옥수수와 나>의 여로는 가상적인 성격이 강한 공간 이동을 통해 문제의 본질을 보여주는 데 효과적인 장치로 기능하고 있다.

4장

여로형 소설의 효용성

여로형 소설과 소설 읽기 교육

[학습자들에게 너무 친숙하고 환영받는 이미지와 영상 콘텐츠들과 경쟁해야 하는, 분투해야 하는 문학 수업...... 여로형 소설은 미력이나마 소설 읽기 교육에 기여하는 바가 있지 않을까.......]

여로형 소설은 소설사적인 측면 만이 아니라 문학교육의 측면에서도 유용한 자산이라 보는 것이 이 책의 기본 관점이다. 많은 연구자들이 문학의 위기를 논하면서 독자들의 이반 현상에 대한 아쉬움을 표현하고 있지만 정작 '왜 떠나는가'라는 문제에 대해서는 반성적인 접근을 하지 못했다고 판단된다. 미디어 텍스트의 홍수 속에서도 문학을 향유하고자 하는 독자들에게 필요한 것들이 무엇일가에 대한 고민이 필요하며, 공교육 현장에서의 문학교육이 목표와 방법을 재검토해야 할 필요성이 제기되는 시점임에도 불구하고 소홀히 한 것은 아닌가 판단된다. 이런 측면에서 여로 구조를 통한 소설 교육의 한 방향성을 탐색해 보고자 한다.

소설교육의 목표는 논자에 따라 다양하게 설정되고 있지만 궁극적으로 '이상적 독자'의 형성에 있다고 본다. 교육과정에 의거해 소설교육을 받은 학습자들이 언제 어디서 어떤 텍스트가 주어지더라도 자신의 주체적인 관점과 방법에 따라 능동적으로 향유할 수 있는 능력을 갖춘 독자로 전화될 때 그 학습자를 '이상적인 독자'로 부를 수 있을 것이다. 그러기 위해서는 학습자 단계에서 구체적인 소설 읽기 전략을 습득할 수 있도록 해야 한다.

소설읽기 전략은 다양한 측면에서 수립될 수 있을 것이며 많은 논의들을 통해 그 전략들이 제시된 바 있다. 그런데 그 전략들은 보다 구체적으로 제시되어야 할 필요가 있다. 학교현장을 떠난 학습자들은 새로운 환경에서 주어진 텍스트를 조력자없이 자력으로 읽어갈 수 있어야 하는데 그 상황은 그리 녹록하지 않다. 특히 교과서 등을 통해 학습한 소설들과 학교 외의 새로운 환경에서 접하는 소설들의 제반 수준이나 층위가 상당히 다르기 때문이다. 즉 학습자가 개별적이고 독립적인 독자로 전화되었다 하더라도 교과서를 통해 학습한 소설 텍스트들이 교과서라는 제도적 장치가 지니는 한계로 인해 그 주제 의식, 경향성, 기법적 층위들을 충분히 보여주지 못하고 있기 때문에 학교현장을 벗어난 환경에서 접하게 되는 텍스트들에 대한 일차적인 접근통로를 마련하지 못하는 경우가 더 많다.[112)]

---

112) 필자는 중등학교 소설교육과정을 이수한 학습자들이 독자로서 전화된 이후의 면모에 대해 대학생들을 대상으로 한 소설 수용 능력과 관련된 관찰과 설문

이 같은 현상이 나타나는 이유에 대해 여러 측면에서 검토한 바 있지만 그 핵심적인 이유는 소설이라는 장르에 대한 인식과 그 내적 형식에 대한 이해가 불충분했기 때문이라 판단하고 있다. 소설의 장르적 성격은 기본적으로 '소설은 문제적 개인이 삶의 문제를 해결하기 위해 또는 자신을 찾기 위해 떠나는 여행'이라는 루카치의 진술에서 압축적으로 제시되고 있다. 이러한 문제적 장르로서의 소설에 대한 인식은 점진적으로 형성이 되어야 하겠지만 현재의 소설교육은 그에 대한 충분한 인식에 도달하도록 하기에는 어려움이 있어 보인다. 이는 문제적 장르로서의 소설이 지니게 되는 내적 형식들에 대한 교육적 탐색과 학습이 이루어지지 않은 데 일차적인 원인이 있는 것으로 보인다.

그 판단의 근거는 명시적으로 교육과정에서 확인할 수 있을 것이다. 예를 들어 그동안 교육과정에서 반복적으로 제시되고 있는 주요 항목을 살펴보자.

① 중학교 '국어' 중 문학(소설) 관련 성취 기준

- 갈등의 진행과 해결과정 파악하기
- 다양한 관점과 방법으로 작품 해석하기
- 작가의 태도에 주목하여 이해하고 표현하기
- 작품의 세계가 누구의 눈을 통해서 전달되는지 파악하기
- 사회·문화·역사적 상황을 바탕으로 작품의 의미 파악하기

결과를 통해 제시한 바 있다. 이에 대해서는 다음 참조.
졸고, 작가론과 소설 텍스트 읽기 전략, 독서연구 25집, 2011.

- 작품의 창작의도와 소통맥락을 고려하여 작품을 수용하기
- 주체적인 관점에서 작품을 평가하기
- 의미있는 경험을 찾아 작품으로 표현하기
- 문학이 인간의 삶에서 지니는 가치 이해하기

② 고등학교 '문학' 과목 성취기준

- 문학 작품은 내용과 형식이 긴밀하게 연관되어 이루어짐을 알고 작품을 감상한다.
- 작품을 작가, 사회·문화적 배경, 상호 텍스트성 등 다양한 맥락에서 이해하고 감상한다.
- 문학과 인접 분야의 관계를 바탕으로 작품을 이해하고 감상하여 평가한다.
- 작품을 공감적, 비판적, 창의적으로 수용하고 그 결과를 바탕으로 상호 소통한다.
- 작품을 다양한 시각에서 재구성하거나 주체적인 관점에서 창작한다.
- 다양한 매체로 구현된 작품의 창의적 표현 방법과 심미적 가치를 문학적 관점에서 수용하고 소통한다.[113)]

---

113) 이 항목들은 교육과학기술부에서 편찬한 『국어과 교육과정』 중 중학교는 2012 교육과정, 고등학교는 2015 교육과정에서 가져 온 것이다. 그간의 교육과정 성취 기준의 공통 요소들을 비교적 많이 함유하고 있는 두 교육과정을 예로 들어 보았다.

이상의 성취기준들을 들여다보면 여기에서 제기하는 문제와 관련된 항목들이 상당수 존재한다. 그러나 해당 성취기준의 해설이나 교과서를 통해 구현되는 양상을 보면 추상적인 진술과 접근으로 나타나고 있다. 특히 이 성취기준을 토대로 편찬된 교과서에서 나타나는 학습자를 위한 교육적 접근 내용을 보면 학습자들이 추후 실천적인 수용 방법이나 전략으로 삼기에는 어려움이 많다. 예를 들어 '내용과 형식이 긴밀하게 이루어지는 것임을 알고 이해하고 감상한다.'는 성취기준이 교과서에 구현된 양상을 보면 한 편의 소설을 제시하고 갈등 양상 파악, 서술 방식 파악, 구성 방식(액자식, 피카레스크식 등) 파악 등의 활동을 제시하는 것으로 나타나고 있다.[114]

그러나 이러한 접근을 통해 교육을 받은 학습자가 일반 독자로 전화하여 동시대의 소설을 읽어내기란 쉽지 않다. 현재의 소설들의 내용이나 형식은 매우 다채롭고 심도있는 주제를 다루며 다양한 기법들과 형식을 정치하게 활용하고 있기 때문이다. 그런 측면에서 소설 교육의 방법적 설계 과정에서 보다 본질적인 측면의 접근이 필요하다는 제안과 함께 그 한 사례로 소설을 문제적 장르로 인식하고 그에 따른 전략으로 내적 형식에 주목하게 하는 방안을 제시해 보고자 한다.

114) 검인정 교과서가 다양함에도 불구하고 특정 성취기준을 구현하는 양상은 대동소이하다. 필자가 검토한 최근 교육과정기의 문학 교과서들도 이 범주를 넘어서지 않고 있다.

1. 문제적 장르의 내적 형식으로서의 여로 구조

문제적 개인이 자신의 삶의 문제를 해결하거나 자신을 찾기 위한 여행으로서의 성격을 지닌 소설 장르는 그 장르적 속성에 걸맞게 다양한 내적 형식들을 모색해 왔다. 그리고 여로 구조는 그 대표적인 내적 형식으로 제시할 수 있다. 소설의 역사를 살펴보면 로마시대의 변형담 같은 변종 양식의 출현과정에서부터 여로구조는 지속적이고 비중있게 내적 형식으로 기능해 왔다.[115] 여로구조에 대해서 공간적인 요소의 확장이라는 맥락에서 그 의미를 축소하는 경우도 있지만 그 같은 견해는 소설의 발생론적 성격을 충분히 고려하지 않은데서 비롯된 것이라 판단된다.

소설교육에서 여로구조 읽기를 소설 읽기 전략으로 삼는 일이 중요하다는 주장은 최근의 한국 소설들의 경우를 들어보면 보다 자명해질 것이다. 현대 사회를 살아가는 사람들의 삶의 문제와 사회적 문제들을 다루는 소설들이 취하는 내적 형식을 분석해보면 매우 높은 비율로 여로 구조를 활용하고 있음을 확인할 수 있는데, 여기서는 그 한 예로 '이상문학상' 대상 수상작품들을 들어보고자 한다.[116]

---

115) 다음과 같은 논저들을 통해 그 양상을 확인할 수 있다.
이언 와트 (전철민 역), 소설의 발생, 열린책들, 1988
V.Y. 프로프 (최애리 역), 민담의 역사적 기원, 문학과지성사, 1990.
미케발 (한용환 외 역), 서사란 무엇인가, 문예출판사, 1999.
마르트 로베르 (김치수 외 역), 기원의 소설, 소설의 기원, 문학과지성사, 1999.

116) 여러 문학상 중에서 '이상문학상'을 선택한 이유는 최근 불거진 여러 논란에도 불구하고 독자들의 선택을 가장 많이 받고 있다는 점을 고려한 때문이다. 이들 소설들을 사례로 살피는 이유는 중고등학교 문학교육현장에서 제재로 활용될 여지보다는 공교육현장에서 문학교육을 받은 학습자들이 공교육 이후에도 지

년도(수상회차)	작가	작품	여로 (공간 이동)	여로 구조 유형
1978 (2회)	이청준	잔인한 도시	감옥 – 공원 – 남쪽	목적 달성 중지형
1981 (5회)	박완서	엄마의 말뚝	개풍 – 현저동 – 서울 모처 – 현저동 – 서울 모처	목적 미달 중지형
1982 (6회)	최인호	깊고 푸른 밤	한국 – LA – SF – (LA)	목적 미달 복귀형
1984 (8회)	이균영	어두운 기억의 저편	종로 – 이문동 – 종로 – 이문동 – 종로	목적 달성 복귀형
1985 (9회)	이제하	나그네는 길에서도 쉬지 않는다	서울 – 속초 – 강릉 – 원통 – 인제 – (서울)	목적 미달 중지형
1988 (12회)	임철우	붉은 방	집 – 기관 – 집	목적 미달 복귀형
1992 (16회)	양귀자	숨은꽃	집 – 각 처 – 집	목적 달성 복귀형
1993 (17회)	최수철	얼음의 도가니	(서울) – 진평 – (서울)	목적 달성 복귀형
1994 (18회)	최 윤	하나코는 없다	서울 – 낙동강 – 서울 서울 – 베네치아 – 서울	목적 미달 복귀형 (목적 달성 복귀형)
1995 (19회)	윤후명	하얀배	서울 – 중앙아시아 – (서울)	목적 달성 복귀형
1996 (20회)	윤대녕	천지간	서울 – 완도(구계등) – 서울	목적 달성 복귀형
1997 (21회)	김지원	사랑의 예감	서울 – 뉴욕 – 서울 (서울 – 제네바 – 북한)	목적 달성 복귀형 (목적 미달 중지형)
2000 (24회)	이인화	시인의 별	고려 – 몽골	목적 달성 중지형
2001 (25회)	신경숙	부석사	서울 – 부석사	목적 미달 중지형
2002 (26회)	권지예	뱀장어스튜	서울 – 파리 파리 – 서울 – 파리	목적 달성 중지형 (목적 달성 복귀형)

속적으로 문학 독자로 활동하게 될 경우 마주하게 될 소설의 전형적인 범주가 될 것이라는 상황을 고려했기 때문이다. 또한 다른 문학상 수상작들에 비해 현실적 독자들의 선택 비율이 매우 높다는 점도 고려했다. 다만 최근 불거진 저작권의 문제는 이 연구의 출발점과 시차가 있기에 추후 고려하고자 한다.

년도 (수상회차)	작가	작품	여로 (공간 이동)	여로 구조 유형
2003 (27회)	김인숙	바다와 나비	한국 – 중국	목적 달성 중지형
2006 (30회)	정미경	밤이여 나뉘어라	한국 – 미국 – 노르웨이 서울 – 오슬로 – (서울)	목적 미달 중지형 (목적 달성 복귀형)
2007 (31회)	전경린	천사는 여기 머문다	한국 – 독일 – (한국)	목적 달성 중지형
2009 (33회)	김연수	산책하는 이들의 다섯가지 즐거움	집 – 거리 – 집[반복]	목적 달성 중지형
2011 (35회)	공지영	맨발로 글목을 돌다	한국 – 일본 – 한국	목적 달성 복귀형
2012 (36회)	김영하	옥수수와 나	서울 – 뉴욕	목적 미달 중지형
2015 (39회)	김 숨	뿌리이야기	서울 – 지방 – 서울	목적 달성 복귀형

위의 표에서 드러나듯 39에 걸쳐 낸 대상 수상작 중 22편이 여로구조를 취하고 있다. 그 비율은 최근에 이르면서 더욱 증가하고 있는 추세를 보이고 있다. 이는 여로구조가 현대사회를 살아가는 개인들의 삶을 다루는 방식으로 더욱 유용한 것이 되고 있음을 말해주고 있다.

이처럼 학습자가 독자로 전화한 후 만나게 되는 텍스트들의 보편적인 구조 중의 하나가 여로구조임에도 불구하고 이에 대한 학습이 이루어지지 않고 있다는 것은 독자가 습득해야 할 읽기전략의 부재로 이어진다는 점에서 환기해야 할 부분이라 생각된다. 그렇다면 내적 형식으로서의 여로구조가 폭넓게 활용되고 있는 이유에 대해 독자에게 설명할 내용은 무엇이며 여로구조에 대한 학습의 방향은 어떻게 이루어져야 하는지에 대해 살펴보기로 한다.

문제적 장르로서의 소설이 여로구조를 취하게 되는 것은 여로구조의 출발점인 '여행'이 '문제해결의 장치'가 될 수 있기 때문이다. 근대 이후 소설들은 일상적 삶의 국면에서 개인적, 사회적 문제를 포착하고 이를 해결해 나가는 과정을 보여주는 데에 갈등구조의 초점을 맞추는 것을 기본적인 특성으로 삼게 되는데, 문제해결의 실마리는 인물이 놓여 있는 상황에서 벗어나 봄으로써 가능할 수 있다는 인식에서 비롯된 것으로 판단된다. 문제가 놓여 있는 지점과는 다른 환경과 맥락 속에서 문제를 바라보게 될 때 비로소 문제의 본질이나 요소가 명료하게 보이게 되거나 달리 보일 수 있을 것이기 때문이라는 점을 분명하게 인식시킬 필요가 있다.

여로 구조를 통한 소설 교육의 방법적인 접근은 여기서 출발하게 되는데 몇 가지 질문을 통해 방법적 요체를 얻을 수 있을 것이다. 즉 "왜 여행을 떠나는가? 어떤 문제 상황에 놓여 있는가?" "어디로 향하는가? 그리고 그 장소는 어떤 의미를 지니는가?" "여행과정이나 여행지에서 누구를 만나거나 어떤 상황과 마주하게 되는가?" "출발 전의 상황에 대해 어떻게 달리 보게 되었는가?" "해결책을 찾았는가? 그 해결책은 무엇인가?" "문제 해결에 성공했는가, 아니면 실패했는가?" 등이 그러한 질문에 속한다. 이러한 질문들은 학습자가 주체적인 관점에서 작품에 접근해 갈 수 있게 해주는 구체적인 접근 통로를 제공해 준다는 점에서 매우 유의미하다. 교육과정에서는 자기 주도적인 학습을 이끌어낼 것을 요구하고 있지만 현재와 같이 추상적인 접근통로를 제시하는 한에서는 아직 미성숙한 중등학교 학습자들로서 구현해 내기에 어려움이 많다. 여로구조에 대한 이해가 이루어졌다면 "왜 그리로 갔지?" "거기서 멈췄어야 하는데'" "여행지에서 돌아 왔어야지."

"거기서 머물렀어야지." "그 사람을 붙잡았어야지." 등등의 용이한 판단을 통해 자기 주도적인 소설 읽기가 가능해질 것이라는 점에서 더욱 그러하다. 나아가 여로구조의 유형에 대한 이해를 통해 소설에 대한 심도 있는 감상과 평가를 종합적으로 수행할 수 있다는 점도 고려할 수 있을 것이다.

이 유형을 위 표의 작품들 중 윤대녕의 〈천지간〉을 예로 들어 설명해보기로 한다. 이 작품의 주인공은 두 차례에 걸쳐 타인의 희생에 의해 죽음 직전에서 목숨을 건진 인물로 자신의 목숨에 대한 부채의식에서 벗어나지 못하고 있는 문제적 상황에 놓여 있다. 주인공은 문상을 가던 길에 죽음의 그림자가 덧씌워져 있는 한 여자를 만나게 된다. 목숨에 대한 부채의식 때문에 지나칠 수 없었던 주인공은 여자를 따라 완도 구계등으로 여행하게 된다. 거기서 주인공은 실연의 상처를 이기지 못해 자살을 시도하려는 여자를 구해내고 비로소 목숨에 대한 부채의식에서 벗어나고 일상으로 되돌아오게 된다.

이 소설은 전형적인 '목적 달성 복귀형' 소설로 여행의 결과가 문제해결로 이어졌다는 점에서 주인공의 여로구조가 곧 문제해결의 계기로 작용하고 있다. 목숨에 대한 부채의식이란 일상적인 공간에서는 해결되기 어려운 문제였지만 일상을 떠난 공간으로의 이동과 그곳에서의 사건을 통해 해결된다는 설정을 보여준다는 점에서 여로구조의 의미를 잘 보여주고 있다. 여로구조의 성격과 유형을 이해하고 있는 학습자라면 그리 어렵지 않게 이 작품의 의미를 자기화해서 얽어낼 수 있고 내면화할 수 있을 것이다. 독자는 주인공의 여로를 따라가면서 지속적으로 질문을 던질 수 있으며 마지막 장면에서 주인공이 홀가분한 심정으로 돌아 나오는 상황에 대해 주체적으로 의미를 부여할 수 있게 될 것이다. 따라서 내적 형식으로서의 여로구조에 대한 이해는 작품 수용 능력의 향상에 상당한 기여를 할 것으로 판단된다.[117)]

2. 여로 구조의 사례와 읽기 방법

앞에서 살펴보았듯이 여로구조는 현대소설의 지배적인 내적 형식의 하나로 자리 잡고 있음에도 불구하고 현행 교육과정을 바탕으로 한 교과서에서는 다루어지지 않고 있다. 여로구조에 대한 고려 자체가 없을뿐더러 검인정 교과서 소설 제재 중에서 여로구조를 취하고 있는 작품도 매우 드물다. '이상적인 독자의 형성'을 소설교육의 목표로 설정하는 필자로서는 내적 형식에 대한 이해를 통한 소설 수용 능력의 제고라는 측면에서 아쉬운 대목이지만 현장에서 활용할 수 있는 방법적 틀을 제안해 보는 것으로 이 논의의 의미를 살려 보고자 한다.

현재 검인정 문학 교과서에서 수록 빈도가 높은 소설들 중에서 여로구조를 취하고 있는 작품들을 검출해 본 결과 앞에서 설명한 유형을 적용하기에 적절한 작품들로 〈너와 나만의 시간〉, 〈무진기행〉, 〈삼포가는 길〉을 선정할 수 있었다. 이들 작품들은 각각 '목적 달성

117) 대학 1학년생들을 대상으로 이 소설을 제시하고 여로구조에 대한 학습을 한 집단과 학습을 하지 않은 집단으로 나눠 토론 수업을 시도한 결과 두 집단의 토론의 수준과 내용은 상당한 차이를 보였다. 학습한 집단의 토론 내용은 초반부터 구체적이고 밀도 있게 진행된 반면 학습하지 않은 집단의 토론 내용은 관습적인 주제 찾기와 사건 이해라는 피상적 수준에서 이루어졌다.

중지형', '목적 달성 복귀형' '목적 미달 중지형'에 해당하는 여로구조를 보여주고 있다. 각 작품들의 여로구조를 분석해 보기로 하자.

<너와 나만의 시간>의 여로구조는 다음과 같이 도식화할 수 있다.

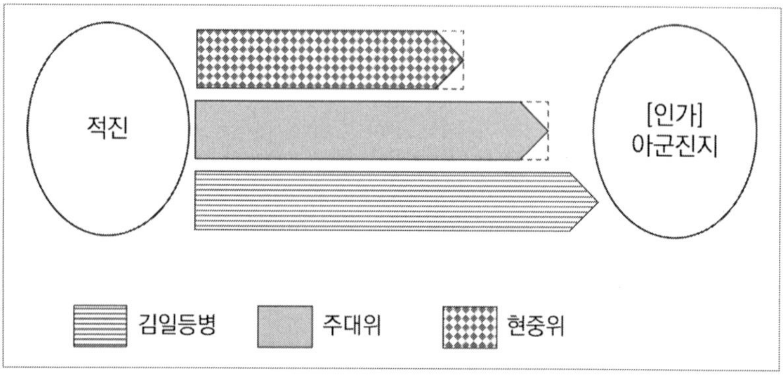

이 도식에서 알 수 있듯이 세 등장인물은 적진에서 아군진지를 향해 나아가는 길 위에 놓여 있다. 사건은 바로 그 길에서 진행되고 있으며 김일등병만 목표 지점인 '아군 진지'의 바로 앞에 놓이는 '인가'에 도달하는데 성공하는 것으로 설정되어 있다.

이들 인물들은 적진에 갇혔다는 문제 상황에 놓여 있고 살기 위해서 즉 문제 상황을 해결하기 위해서 분명한 목적지는 없지만 길 위로 나서게 된다. 문제해결을 위한 여행에 나서는 셈이다. 그러나 목숨이 걸린 여행인만큼 그 과정은 순탄하지 않다. 동행해야 하는 인물 중의 하나가 부상을 당해 심각한 장애요소가 되고 있기 때문이다. 앉아서 죽음을 기다릴 수는 없다는 문제의식 때문에 동행길에 나선 세 사람이지만 현중위는 중도에서 실패하고 만다. 혼자 떨어져서는 살아날 수 없는 상황임에도 불구하고 상황 판단 착오로 길에서 이탈했기 때문이다.

여기서 독자들은 "그는 왜 길에서 이탈했는가?"라는 질문을 던질 수 있다. 동행이 있는 여행을 수행하기로 했고 목적지를 설정했으면 끝까지 같이 길을 가야하는 것이 순리일터인데 그 길에서 이탈했다는 점에 주목할 수 있기 때문이다. 이 질문은 쉽게 던질 수 있는 질문이 아니다. 설정된 여행의 요소를 고려했을 때 가능한 것이기 때문이다. 여로구조를 의식하지 않는다면 '혼자라도 살기 위해서 도망쳤다'라는 읽기가 보편적으로 이루어질 것이다. 그런데 여로구조를 바탕으로 접근했기에 '그는 길 위에서 이탈한 것'이며 '길에서 이탈하는 것은 여행의 실패를 의미한다'는 맥락으로 읽어낼 수 있다는 점에서 보다 주체적이고 다양한 읽기가 가능해 진다. 나아가 일상적인 삶속에서 동반자로서의 위상을 포기할 때 어떤 결과를 얻게 되는 것인지에 대한 문제로 확장될 수 있다는 점에서도 여로구조로서의 이해가 의미를 지니게 된다.

또한 현중위의 행위 또한 같이 길을 나선 동행자로서의 도리를 다하려 했다는 측면에서 이해한다면 그 의미를 보다 확장해서 읽을 수 있다. 여로구조를 의식하지 않는 읽기에서는 전쟁이라는 상황 속에서만 현중위의 행위를 이해할 수 있겠지만 여로구조를 감안한다면 일상적 삶의 상황으로의 전이가 가능하기 때문이다.[118] 즉 사회생활에서의 동반자로서, 이타적인 존재로서의 현중위를 상정할 수 있을 것이

118) '전이'라는 용어에 대해서는 다음 논저에서 사용한 개념을 준용함.
김대행 외, 문학교육원론, 서울대출판부, 2000.

다. 이는 여로가 지니는 의미가 확장적이기 때문에 가능한 것이다.

다음으로 <무진기행>의 여로구조는 다음과 같이 도식화할 수 있다.

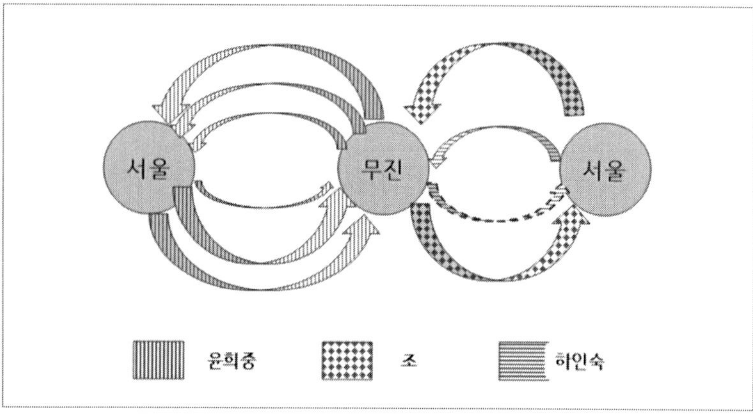

이 도식에서 주요 등장인물들은 원점회귀형 여로에 놓여 있는 것으로 나타난다. 주인공 윤희중은 서울－무진－서울이 이어지는 여로를 세 번씩이나 겪게 된다. 전쟁이 발발한 대학시절과 대학졸업 후 취직한 회사의 합병으로 실직했을 때, 그리고 처가의 도움으로 제약회사의 전무가 되기 전의 시점 등이 그것이다. 물론 세 번째 경우가 서술시간에 해당하며 앞의 두 경우는 서술시간에 내포되어 있지만 여로구조의 측면에서는 독립적인 단위가 될 수 있다. 이 세 번의 여로에 대해 독자들은 일반적인 읽기를 시도할 때보다 심도있는 접근을 할 수 있다. 각 여로의 출발시점의 상황 즉 문제상황은 서로 어떤 차이를 보이는지, 회귀로는 문제해결로 볼 수 있는지, 독자의 입장에서 가장 의미

있는 회귀로는 무엇인지 등 다양한 질문을 던질 수 있다.

이 소설에 대한 교육용 설명적 텍스트119)들을 보면 앞선 두 차례의 여로에 대해서는 거의 언급이 없다. 회상의 대상 정도로 처리하고 있고 독자적인 의미부여가 이루어지지 않고 있다. 그러나 여로구조를 고려하여 읽다보면 세 차례의 여로는 등장인물의 내면 의식의 변모나 사회적 존재로서의 자아의식의 변모라는 측면에서 유기적인 연관관계망에 놓이게 된다. 어머니라는 존재에 의한 수동적인 대응의식의 소유자에서 능동적인 대응의식의 소유자로 변모하는 과정이 잘 드러나게 되기 때문이다. 세 번째의 여로는 앞선 두 차례의 여로가 있었기에 가능한 것으로 인식할 수 있다는 점에서 그러하다. 즉 주인공의 무진행을 서술시간 속에서만 볼 때와는 사뭇 다른 측면에서 읽어내는 것이 가능하기 때문에 의미부여가 다양해지고 풍부하게 된다.

주인공의 동창인 '조'와 '하인숙'이라는 인물에 대한 이해도 여로구조라는 측면에서 볼 때 보다 심도있게 이루어질 수 있다. 위 도식을 제시하면 무진은 주인공에게는 여로의 도달점이 아니지만 나머지 두 인물에게는 도달점이라는 것을 명시적으로 파악할 수 있게 된다. 특히 하인숙의 여로의 한 축인 무진→서울 축이 점선으로 처리되어 있음을 본다면 하인숙의 현재 삶이 불안정하며 지향적인 것이 아님을 분명하게 인식할 수 있을 것이다. 또한 '조'의 여로는 원점회귀로 무진이 도달점인 것을 파악할 수 있게 됨으로써 무진에서의 삶이 도

---

119) 이 용어는 필자가 설정해 본 것으로 교과서에서 '이해와 감상의 길잡이'같은 성격으로 짧고 간단하게 작품에 대해 설명해 놓은 텍스트를 지칭한다.

달점이 되고 있음을 알 수 있게 된다.

이렇게 세 인물의 삶의 양상을 여로 구조로 접근해 들어가게 될 때 이들의 삶이 독자들의 삶으로 환원될 수 있는 여지를 마련해 준다는 점에서 주체적인 읽기가 가능해질 것으로 본다. 윤희중, 조, 하인숙이라는 개별적이고 특수한 소설적 존재가 아니라 보편적인 존재로 전화할 수 있기 때문이다. 이 도식을 염두에 두고 읽게 되면 인물에 초점이 놓이는 것이 아니라 여로에 초점이 놓이기에 그러하다. 보편적인 속성을 지닌 여로를 구성하는 길 위에 놓인 인물들을 자신으로 대체하는 일이 등장인물 자체를 자신으로 대체하는 일보다 수월하기 때문이다.

다음으로 <삼포가는 길>의 여로 구조는 다음과 같이 도식화할 수 있다.

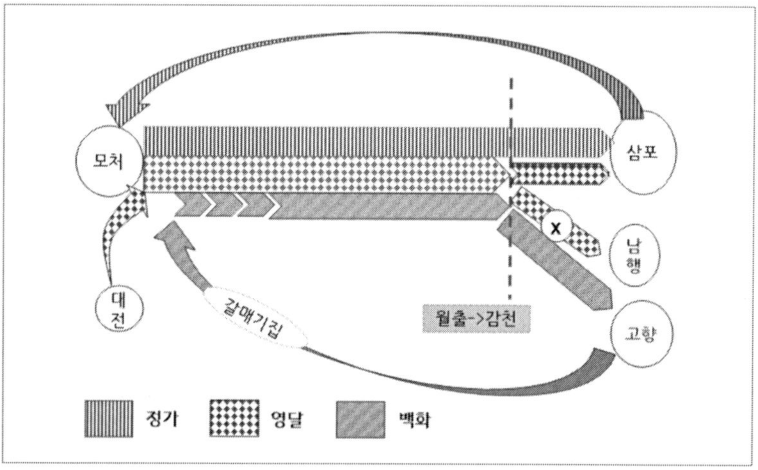

이 도식에서 볼 수 있듯이 이 작품의 기본 구조는 '모처(某處)'에서 삼포 쪽으로 향하는 길 위에서 사건이 진행되고 그 연장선상에서 마무리된다는 여로구조를 취하고 있다. 그러나 세 인물의 여로는 차이를 보이고 있다. 차이의 핵심은 여로의 결과에 달려있는데 '정가'의 여로가 닫힌 직선형이라면 '영달'의 여로는 열려 있는 직선형이고 '백화'의 여로는 원점회귀형에 가까운 직선형이다. '정가'의 여로가 닫힌 직선형이라 할 수 있는 것은 여로의 도달점인 삼포가 그가 목표한 것이 아니기 때문이다. 이미 변질된 삼포는 그의 여로의 도달점이 될 수 없고 더 이상 나아갈 수 없는 지점으로만 기능하기 때문이다. 즉 '정가'는 타향에서는 더 이상 삶의 의미가 없다는 문제상황을 해결하기 위해 길을 나섰지만 도달한 지점은 문제해결이 아닌 새로운 문제와의 봉착 지점이라는 점에서 그 여로는 실패로 귀결된다.

반면 '영달'의 여로는 열린 직선형이고 결과 유보라는 유형에 속한다. 영달은 목표 지점이 분명하지 않고 출발지점에서 도망갈 수 있는 곳이라면 어디든 도달점으로 설정할 수 있기 때문에 변질된 삼포는 오히려 문제해결에 도움이 되는 곳이다. 따라서 그의 여로의 결과는 유보이기는 하지만 해결의 가능성이 열려있다는 점에서 그러하다. '정가'의 여로와는 달리 성공 쪽에 가까운 여로이며 그런 측면에서 '정가'에 비해 덜 문제적인 인물임이 드러나게 된다. 그렇다면 이 소설의 주제의식은 '영달'보다는 '정가' 쪽에서 설정될 수 있을 것이라는 판단이 가능하다. 즉 독자로서는 인물의 중요도를 판단하는데 필요한 근거를 명시적으로 확보할 수 있게 되는 셈이다. 여로구조를 이해하고 있는 독자라면 인물의 비중을 통한 메시지 형성을 시도하는 소설에 대한 접근이 보다 용이하게 이루어질 수 있으며 인물들의 삶에 대해 심도있는 접근이 가능하게 될 것이다.

이 소설에 대한 교육용 비평적 텍스트들을 살펴보면 이 작품은 대체로 '산업화 되어가는 사회에서 소외된 인물들의 삶'을 다룬 소설로 설명되고 있다. 이런 설명을 접하는 학습자들은 매우 관습적으로 '산업화' '소외' 등의 어려운 용어를 습득하는데서 멈추게 된다. 하지만 여로구조를 바탕으로 설명하자면 '도달점을 잃어버린 인물들의 삶'을 다룬 소설이 되기에 '도달점'을 주체적이고 전이적으로 해석할 여지가 마련된다는 점에서 보다 유의미한 읽기가 가능해진다는 장점을 지니게 된다.

3. 여로 구조 읽기의 소설교육적 의미

문학교육의 결과로 이상적인 독자로 성장해 가야 하는 학습자가 우리 시대의 다양한 소설을 교육현장을 떠난 상황에서 처음부터 조력자 없이 자력으로 읽어내기에는 어려움이 많다. 그런 측면에서 이 시대 소설들이 빈번하게 취하고 있는 여로구조에 대한 이해를 바탕으로 작품을 읽어내는 학습을 할 수 있다면 소설 읽기 능력을 함양하는데 큰 도움이 될 것이다. 다음과 같은 측면에서 그러하다.

첫째, 앞서 살펴본 것처럼 여로구조를 활용해서 소설읽기를 시도할 경우 주체적인 접근이 보다 활성화될 수 있다. 우리가 흔히 삶의 과정을 여로에 비유하는 데서도 알 수 있듯이 삶의 보편적인 속성을 잘 담아낼 수 있는 내적 형식으로서 기능하기 때문이다. 여로구조를 취하고 있는 소설들은 여로의 출발점과 도달점, 과정을 파악하는 일이 우선적으로 이루어져야 한다는 점에서 구체적이고 용이한 읽기가 가능해진다. 무엇을 읽어내야 하는지에 대한 미숙함이나 서투름에서 오는 읽기의 어려움을 덜어낼 수 있는 장치가 되는 셈이다.

둘째, 여로구조가 기본적으로 갖춰야 하는 요소들이 분명하게 설정되고 그것이 순차적인 과정을 통해 제시된다는 점은 여로구조의 파악이 읽기 전략으로 성립될 수 있음을 말해주는 근거가 된다. 여행의 목적이나 과정, 도달점이나 회귀지점에서의 인물들의 행위에 대한 다양한 질문들이 가능하다는 점에서 그러하다. 다양한 질문을 던질 수 있다는 것은 능동적인 읽기의 출발점을 의미하기 때문이다.

셋째, 여로구조가 지닌 또 하나의 전략적 이점은 여로 자체가 독자의 삶이나 상황으로 전이될 여지가 매우 크다는 점이다. 아직 미숙한 상태의 학습자들로서는 주체적으로 작품을 수용하거나 주도적인 학습을 통해 작품에 접근하는 일이 수월하지 않다. 그러나 여로구조를 취한 소설의 읽기는 여로가 삶의 표상이라는 점에서 독자 자신의 삶이나 상황으로 전이시키기에 수월하다는 장점을 지닌다. 등장인물을 어떤 길을 가는 인물로 전화시키고 그 길에서 벌어지는 일들이나 어떤 지점에서 벌어진 일들을 보편적인 삶 속의 일로 치환시키는 읽기가 가능하기 때문이다.

여로 구조 읽기와 공간적 상상력 교육

> 굳이 언급하지 않아도 교육적 자장에서 상상력 교육은 홀대받을 일은 없다. 그러나 구체적인 상황에서 어떻게, 무엇을 가르칠 것인가에 대한 질문에 대한 답은 어떻게 될까? 상상력과 여로의 관계를 통한 접근 가능성은?

3장에서 이청준 작가의 소설 공간을 주제로 한 강연을 소개한 바 있다. 이 강연의 말미에서 문학교육의 문제를 꺼낸 작가는 문학을 가르치는 위치에서 문학의 본질을 무엇이라고 생각할 것인지 궁금할 때가 많다고 질문 아닌 질문을 던졌다. 대학에서 소설을 가르치고 있는 입장이기에 그 진의를 묻지 않을 수 없었다. 작가의 질문 의도는 지식이 아닌 감각과 사고의 중요성에 대한 인식의 문제에 있었다. 소설의 인물이나 구조 등의 제반 요소는 궁극적으로는 지식이 아닌 감각과 사고의 측면에서 교육해야 한다는 것이었다. 특히 공간이나 여로 구조 등은 작가의 상상력에서 오는 것이니 만큼 '어떤 소설에 이러이러한 공간과 여로 구조가 등장하는데 그 의미는 이렇다'가 아니라 '왜 이런 공간과 여로 구조를 상상해 냈을까' '그 상상력은 어떤 원리에서 나온 것인가' 등이 가능태로 소개한 것이었다.

이미 <서편제>를 예로 들어 공간과 여로 구조에 대한 작가의 창작 과정에 대한 설명을 들었기에 예사롭지 않게 들려왔다. 이후 십여년에 걸쳐 이 소설 수업마다 이 문제를 생각하게 되었고 나름대로의 방법을 강구해 보기도 했다. 그런데 대학생 독자들의 독서 습관, 그 중에서도 문학 독서 경험이 대체로 고등학교 문학교육의 수준에서 크게 나아가지 못하고 있음을 발견하면서부터 이 문제에 대한 고민을 지속해 오게 되었다. 여기에서는 이 문제를 풀어가 보기로 한다.

새삼스럽게 문학이란 무엇인가, 문학에서 가장 중요한 요소는 무엇인가라는 질문을 던질 필요는 없을 것이다. 최소한의 문학적 능력을 갖추어야 한다고 여기거나 보다 적극적인 태도로 문학을 향유하고자 하는 대중들에게, 무엇을 가르칠 것인가 보다는 어떻게 가르칠 것인가가 중요한 문제일 터이다. 적어도 앞서 제시한 바 있는 문제적 상황에서 볼 때 그러하다. 한 편의 연구물을 통해 어떤 작품에 대해 아는 일이나, 교과서를 통해 작품을 아는 일이나 그 자체로 만족적인 활동에 그치는 것이 아니라, 그것을 바탕으로 적용과 확장을 함으로써 어떤 텍스트가 주어지더라도 주체적인 수용을 할 수 있는 능력을 기르는 일이 중요한 것이다. 우리 사회에서 주체적인 능력을 지닌 문학향유자의 형성이나 성장이 필요하다고 인정하는 연구자나 교육자의 입장이라면, 문학의 본질적이고 원리적인 속성을 잘 보여주는 요소에 대한 접근 방법에 대한 연구가 우선적으로 필요할 것임에 동의하리라 본다.

사회 속에 존재할 문학향유자의 문학능력과 관련된 교육적 접근 대상으로 무엇을 설정해야 할 것인가에 대한 답은 매우 다양하게 제기될 수 있다. 문학 및 문학교육에 대한 관점 및 시각에 따라 달라질 수밖에 없을 것이다. 이 논의에서는 원론적인 측면에서는 동의하기 어렵지 않으나 구체적이고 실천적인 모습으로는 잘 나타나지 않았던 원리적 개념을 다루고자 하였으며 구체적으로는 '상상력'을 선택하였다. 그리고 그 작용 양태로는 '소설의 공간적 상상력'으로 설정하였다.

문학이 상상력의 소산이며, 문화로서의 문학의 생산적 효용성이 상상력에 있음을 부인하지는 못할 것이다. 그럼에도 불구하고 그간 문학 연구나 문학교육론에서 상상력에 대한 접근은 활발하게 이루어지지 못했다. '상상력'이라는 개념이 너무 추상적이어서 구체적으로 접근해 가기에 쉽지 않았기 때문이었을 것으로 보인다. 그렇지만 가장 기본적인 원리적 개념에 대한 구체적인 접근은 어떠한 방식으로든 이루어져야 할 것이다. 그래서 이 논의는 그러한 접근 방법에 대한 모색을 일차적인 목표로 삼고 있다.

2020년 현재 중고등학교 문학교육의 근간이 되고 있는 국어과 교육과정에서는 '상상력'이라는 개념은 자리를 잡지 못하고 있다. 중학교 교육과정이나 고등학교 교육과정 모두 상상력에 대한 구체적이고 실천적인 언급을 찾아보기 어렵다. 다음은 중학교 1~3학년 군 국어 교과의 문학 영역 성취 기준, 고등학교 국어 교과의 문학 성취 기준, 고등학교 문학 교과의 성취 기준을 순서대로 나열한 것이다.[120]

[9국05-01] 문학은 심미적 체험을 바탕으로 한 다양한 소통 활동임을 알고 문학 활동을 한다. [9국05-02] 비유와 상징의 표현 효과를 바탕으로 작품을 수용하고 생산한다. [9국05-03] 갈등의 진행과 해결 과정에 유의하며 작품을 감상한다. [9국05-04] 작품에서 보는 이나 말하는 이의 관점에 주목하여 작품을 수용한다. [9국05-05] 작품이 창작된 사회·문화적 배경을 바탕으로 작품을 이해한다. [9국05-06] 과거의 삶이 반영된 작품을 오늘날의 삶에 비추어 감상한다. [9국05-07] 근거의 차이에 따른 다양한 해석을 비교하며 작품을 감상한다. [9국05-08] 재구성된 작품을 원작과 비교하고, 변화 양상을 파악하며 감상한다. [9국05-09] 자신의 가치 있는 경험을 개성적인 발상과 표현으로 형상화한다. [9국05-10] 인간의 성장을 다룬 작품을 읽으며 삶을 성찰하는 태도를 지닌다.
[10국05-01] 문학 작품은 구성 요소들과 전체가 유기적 관계를 맺고 있는 구조물임을 이해하고 문학 활동을 한다. [10국05-02] 갈래의 특성에 따른 형상화 방법을 중심으로 작품을 감상한다. [10국05-03] 문학사의 흐름을 고려하여 대표적인 한국 문학 작품을 감상한다. [10국05-04] 문학의 수용과 생산 활동을 통해 다양한 사회·문화적 가치를 이해하고 평가한다. [10국05-05] 주체적인 관점에서 작품을 해석하고 평가하며 문학을 생활화하는 태도를 지닌다.
[12문학01-01] 문학이 인간과 세계에 대한 이해를 돕고, 삶의 의미를 깨닫게 하며, 정서적·미적으로 삶을 고양함을 이해한다. [12문학02-01] 문학 작품은 내용과 형식이 긴밀하게 연관되어 이루어짐을 이해하고 작품을 감상한다. [12문학02-02] 작품을 작가, 사회·문화적 배경, 상호 텍스트성 등 다양한 맥락에서 이해하고 감상한다. [12문학02-03] 문학과 인접 분야의 관계를 바탕으로 작품을 이해하고 감상하며 평가한다. [12문학02-04] 작품을 공감적, 비판적, 창의적으로 수용하고 그 결과를 바탕으로 상호 소통한다. [12문학02-05] 작품을 읽고 다양한 시각에서 재구성하거나 주체적인 관점에서 창작한다. [12문학02-06] 다양한 매체로 구현된 작품의 창의적 표현 방법과 심미적 가치를 문학적 관점에서 수용하고 소통한다. [12문학03-01] 한국 문학의 개념과 범위를 이해한다. [12문학03-02] 대표적인 문학 작품을 통해 한국 문학의 전통과 특질을 파악하고 감상한다. [12문학03-03] 주요 작품을 중심으로 한국 문학의 갈래별 전개와 구현 양상을 탐구하고 감상한다. [12문학03-04] 한국 문학 작품에 반영된 시대 상황을 이해하고 문학과 역사의 상호 영향 관계를 탐구한다. [12문학03-05] 한국 문학과 외국 문학을 비교해서 읽고 한국 문학의 보편성과 특수성을 파악한다. [12문학03-06] 지역 문학과 한민족 문학, 전통적 문학과 현대적 문학 등 다양한 양태를 중심으로 한국 문학의 발전상을 탐구한다.

120) 교육부 고시, 국어과 교육과정, 2015.

이 성취기준들을 보면 아예 상상력이란 단어는 배제되어 있다. 이 내용에서 확인할 수 있듯이 교육과정 자체에서 '상상력'이라는 개념에 대한 접근 자체가 이루어지지 않는 것으로 드러난다. 성취 기준을 구성하는 다른 개념들에 대한 언급들은 정도가 다르기는 하지만 어느 정도의 구체성을 지니고 있는데 반해, 상상력에 대한 언급은 아예 없다. 상상력에 대한 접근활동을 이끌어내기가 너무 어렵다는 면이 무엇보다도 크게 작용한 것으로 보이기도 한다. 최대한 긍정적으로 생각한다면 상상력이란 기본적으로 갖추고 있으니 굳이 중고등학교에서 요목화해서 가르칠 필요가 없고 오히려 성취 기준으로 제시되었을 경우 그 교육적 접근이 제한되거나 위축될 수 있다는 이상적인 발상으로 보일 수도 있다.

교육과정이 이러할진대 그것을 구체화한 교과서에서 상상력에 대한 접근이 이루어지기를 기대하기란 역시 어렵다. 매우 높은 차원의 추상성을 지닌 개념으로는 나타나지만 그것이 학습자들에게 구체적인 인식과 활동의 대상으로 구현된 경우는 찾아보기 어려웠다.

교육과정이 교과서의 선행체로서의 성격을 지닌다는 점에서 상상력의 문제를 심도있는 논의의 대상으로 이끌어 내지 않은 문학교육론은 일차적인 반성적 대상이 된다. 문학의 화두로서의 상상력의 존재에 대해서는 인정은 하지만 그것을 실천적이고 실제적인 교육의 대상으로 이끌어내기 위한 노력을 충분히 경주하지 않았기 때문이다.

상상력에 대한 체계적인 접근을 시도한 문학교육론으로는 〈문학교육원론>의 입장을 들 수 있다.[121] <문학교육원론>에서는 사고 활동으로서의 문학의 속성을 논하는 부분에서 '형상적 사고'의 한 양상으로 상상력을 다루고 있다. 문학의 속성을 사고활동에서 찾으려는 맥락, 사고 활동을 생성적 사고-형상적 사고-전이적 사고로 나눈 맥락, 형상적 사고를 다시 형상화-비유-상상력으로 나누려는 시도는 상상력에 대해 체계적으로 접근해 간 매우 드문 예에 해당한다.

그러나 각론에 들어가서는 '발견과 창조능력으로서의 상상력' '자유연상과 판단력' 정도로 기술적(記述的)인 차원에서 이루어지는 접근에 머무르고 있다는 점에서 여전히 추상성을 극복하지 못하고 있다. 이는 상상력에 대한 토대적 연구[122]가 없는 상황에서는 상상력의 원리에 대한 교육적 접근이 구체성을 띠기 어렵다는 점을 잘 보여주고 있다.[123] 그럼에도 불구하고 상상력 교육에 대한 접근 방법은 분명하게 모색되어야 할 것이다. 가장 본질적인 속성이라고 하면서 그것을 추상의 차원에 남겨 두는 일은 적절치 않은 태도일 것이다.

---

121) 김대행 외, 앞의 책.

122) 예를 들어 다음과 같은 연구는 토대연구로서의 성격을 지니고 있어 문학교육의 설계과정에 시사하는 바가 크다.
R. L. Brett (심명호 역), 공상과 상상력, 서울대출판부, 1979.

123) 상상력이 보다 실천적인 과제가 될 것으로 보이는 시교육론에서도 이 점은 여전히 유효한 문제로 작용해 오고 있다. 시교육론에 대한 체계적인 접근을 시도한 것으로 볼 수 있는 다음 연구물에서도 상상력에 대한 구체적인 교육적 설계는 이루어지지 않고 있음이 그 좋은 예가 될 것이다.
김은전 외, 현대시 교육론, 시와시학사, 1996.

1. 방법적 모색

본질적인 것이며 원리에 해당하는 속성에 대한 접근이 추상적인 차원에 머무를 수밖에 없었다면 그 방향을 달리해서 방법을 모색해 볼 필요가 있을 것이다. 이 논의에서는 그 방향을 문학작품을 구성하는 구체적인 요소에 추상적 개념이 어떻게 구현되어 있는가를 분석해 감으로써 필요한 접근통로가 열릴 수 있을 것으로 판단하였다. 그런 측면에서 이끌어내게 된 방법적 개념이 '공간적 상상력'이다.

한 편의 소설에서 공간이라는 요소는 필수적으로 형상화되기 마련인데, 앞에서 밝힌 바와 같이 소설의 향유자들을 고려한 맥락에서 그에 접근한 연구결과는 찾아보기 어려웠다. 그렇지만 필자는 공간이라는 요소는 일반적인 향유자들이 가장 용이하고 흥미 있게 접근할 수 있는 요소라고 판단하고 있다. 그러하기에 이 개념을 우선적으로 생각하게 되었다.

'공간적 상상력'이라는 개념은 연구자가 그간 현대소설을 연구해 오는 과정에서 얻은 성과들을 바탕으로 설정한 것이다. 이 개념은 기본적으로는 '소설 속에서 공간을 형상화하는데 작용한 상상력'으로 정의할 수 있다. 여기에는 신화를 연구할 때 자주 거론되었던 '구성적 상상력'[124], 역사학에서 자주 접할 수 있는 '역사적 상상력' 등의 개념이 원용되었다.

한편 공간적 상상력은 연구자가 그간 소설을 연구하는 과정에서 접

124) 특히 '구성적 상상력'에 대한 다음 저서가 많은 도움이 되었다.
폴 벤느(김운비 역), 그리스인들은 신화를 믿었는가, 이학사, 2001,

해 온 이론들 중 소설의 공간과 관련된 이론들이 지나치게 단순하거나 너무 복잡하다는 판단에 따른 대안의 성격도 지닌다. 앞서 언급한 바 있는 대중화를 위한 연구의 맥락에서 볼 때 기존의 이론들은 그리 적절치 않다고 생각했다. 널리 알려진 이론들 중에서는 공간이라는 요소를 작품의 분석 및 평가의 핵심 요소로 삼는 경우가 매우 드물며, 공간과 관련된 구체적인 분석 틀을 제시하는 이론도 발견하기 어렵다는 점에서도 그러하다. 시간과 관련된 이론들은 매우 다양하고 풍부하다는 점과 비견이 되는 대목이다.

이 같은 현상은 소설에서의 공간이 지니는 의미에 대한 관습적 인식의 결과일 것이다. 예를 들어 "소설은 현실의 반영이자 허구이다."라는 미메시스론에 근거를 둔 이론들에서는 공간을 대체적으로 허구적인 것의 대표적인 경우로 보고 있으며 낭만주의적 인식을 바탕에 두고 있는 표현론에 속하는 이론들에서는 공간을 설화적인 요소 정도로 보고자 하는 관점을 보여주고 있다. 그러다보니 공간이라는 요소는 인물이나 플롯, 시간 등의 요소에 밀려 부차적인 요소로 간주되어 왔다.

그러나 '이야기란 무엇인가'라는 질문에 대한 답으로 시작하여, 대중화를 염두에 두고 소설에 대한 접근을 시도할 때 공간이라는 요소는 매우 흥미로운 탐색대상이 된다. 즉 민담이나 전설의 단계에서부터 '어디서'라는 공간적 요소는 흥미를 주는 대상에서 나아가 각 민족문학을 구분해주는 '변별적 자질'로도 작용해 온 것으로 볼 수 있다. 초기 서사물들인 '변형담' '피카레스크 소설' 들 중에서 여행과 모험이 주된 모티프로 작용하는 경우에 거기에 드러나는 공간의 성격이 어떠한 것인가에 따라 수용자들의 반응이 달라진다는 점들은 한 반증이 될 것이다. 그럼에도 그동안 공간의 요소가 소략하게 다루어지게 된 것은 대부분의 서사이론들에 압도적인 영향력을 행사한 프로프 등의 형태론적인 이론이 행위, 행위자 등의 요소에 중점을 두었기 때문으로 보인다. 따라서 서사양식의 발생론적 성격에 초점을 맞추고 소설에 대한 접근을 시도해 볼 필요성이 크다고 판단하였다.

소설의 한 요소로서의 공간에 대해 서사양식의 발생론적 성격에 초점을 맞추며 접근해 가는 일은 소설이라는 양식을 바라보는 관점의 측면에서 논란이 있을 수 있다. 특히 소설을 읽는 일이 어떤 의미를 지니는가를 살피게 될 때, 공간이라는 요소를 중심적이 요소로 설정하고 그에 대한 접근을 요구하게 된다면 자칫 본질을 놓칠 수도 있기 때문이다. 소설을 읽는 일은 궁극적으로 작품이 전달하고자 하는 메시지를 제대로 읽어내는 데 그 성패가 달려 있다고 볼 때, 작품 내에 작용하고 있는 공간적 상상력에 대한 탐색이 그에 온전히 대응하는 일이라고 보기는 어렵기 때문이다. 따라서 이 논의는 하나의 과정적 접근이 되어야 하리라 생각하고 있다.

결국 이 절의 의도는 '공간적 상상력'이 과정과 단계를 거쳐 이끌어져 나올 수 있다면, 그 결과를 바탕으로 상상력 교육을 설계할 수 있을 것이라는 발상에서 이루어지는 것이며, 따라서 공간적 상상력의 유형화와 범주화를 일차적인 목표로 삼게 된다.

2. 현대소설에 나타나는 공간적 상상력의 유형

1) 유형화를 위한 접근 과정

일차적으로 앞서의 맥락들을 고려하여 한국의 현대 소설들을 대상으로 하여 공간적 상상력이 어떻게 드러나고 있는지를 분석해 보았다. 분석에 필요한 내용과 과정은 다음과 같이 설정하였다.[125)]

(1) 작품에 형상화된 공간의 양상 분석

작품 내에 의미 있는 공간이 설정되어 있는가, 구체적인 공간인가 추상적인 공간인가, 그 기본적인 속성(지역적, 사회적, 문화적 등)은 무엇인가 등을 분석하였다.

(2) 형상화 이전의 자연·물리적 공간 탐색(유추)

작품 내에 형상화된 공간이 실제로 존재하는 공간인가 아니면 가공된 것인가에 대한 논의와 탐색을 실행하였다. 이 과정에서는 개별

---

125) 이 단계에서는 다음 이론서들을 주로 참조하였다.
라이헨바흐(김성룡 역), 시간과 공간의 철학, 서광사, 1996.
로베르 (김치수외 역), 앞의 책.
루카치 (반성완 역), 소설의 이론, 심설당, 1985.
미케발 (한용환 역), 앞의 책.
부르뇌프 (김화영 편역), 현대소설론, 현대문학, 1997.
와트 (전철민 역), 소설의 발생, 열린책들, 1988.
힐레브란트 (박병화 외 역), 소설의 이론, 예하, 1994.
Ian Reid, Narrative Exchanges, Routledge, 1992.
Michael J.Toolan, Narrative, Routledge, 1991.
P.Rice P.Waugh, Modern Literary Theory, Arnold, London, 1966.
S.Onega & J.A.G. Landa(ed), Narratology, Longman, 1986.

작품들을 집중적으로 논의한 바 있는 연구자들의 도움을 받았다.

(3) 자연 · 물리적 공간의 사회·역사적 의미 탐색

실제 존재하는 곳이라면 그 공간은 어떤 곳이며 본래적 속성은 어떤 것으로 규정할 수 있는가를 탐색하였는데, 이는 이 연구에서 가장 어려움이 많았던 부분이다. 특히 50년대 이전 소설들의 경우 소설적 공간에 대한 현상적 접근이 어려운 경우가 대부분이었기 때문에 그 어려움은 더했다. 동시대적인 소설의 경우 상대적으로 어려움이 적었는데 확인 가능한 공간들을 대상으로 현지 답사를 통해 그 형상화 방식을 유추하여 하나의 모델로 설정하여 다른 작품의 분석이 참조하였다. 여기에는 필자가 근무하는 학과의 학술답사에 참여한 학생들의 생각이 많은 도움이 되었다.

(4) 형상화 과정 추론

(1)~(3)의 결과 사이에 나타나는 차이를 통해 어떤 방식으로 형상화하였는지를 추론해 보았다. 이 단계에서 특별하게 고려하고 있는 탐색 활동으로 해당 소설들이 드라마나 영화 등으로 영상화된 경우 공간적 요소를 어떻게 처리하였는지를 살펴 견주어 보았다.

(5) 공간적 상상력의 속성 규정

이전 단계들의 탐색 결과를 바탕으로 어떤 공간적 상상력이 작용한 것으로 볼 수 있겠는지 작가별, 시대별, 경향별 등으로 나누어 유형화하고 체계화하였다. 이 단계에서는 서사와 관련된 다양한 이론들의

도움을 받아 추상적이 아닌 구체적인 논의 결과가 이루어질 수 있도록 하였다.[126)]

2) 대상 작품의 선정과 범주화

이 논의를 진행하는 과정에서 가장 많은 시간을 필요로 한 단계는 작품의 선정 과정이었다. 신소설부터 1990년대 작품까지를 망라하여 앞 단계에서 설정한 방법적 틀에 부합한다고 판단되는 작품들을 가려내는 작업은 2단계에 걸쳐 이루어졌다. 50년대 이전까지는 작품들을 다시 직접 읽는 과정을 통해 가려내었고, 이후의 작품들은 문학사와 비평서들을 참조하여 비중있는 작품들을 선별한 다음 직접 읽어가면서 대상이 될 수 있는 작품들을 선정하는 방식을 취했다.[127)] 이렇게 해서 선정된 일차 목록에 문학 교과서에 실린 작품들을 포함시켜 검토 대상으로 삼았다. 검토 대상이 된 작품들은 다음과 같은 요소들을 중심

---

126) 여기에서는 다음 논의들이 시사하는 바가 컸다.
Ronald Carter & Michael N. Long, Teaching Literature, Longman, 1992.
Fred Inglis, Ideology and the Imagination, Cambridge Univ. Press, 1975
Sperber. D & Wilson. D, Relevance : Communication and Cognition, Oxford, 1986.

127) 주로 참고가 된 소설사들은 다음과 같다.
권영민, 한국현대문학사, 민음사, 1993.
김영민, 한국근대소설사, 솔, 1999.
김윤식·김현, 한국문학사, 민음사, 1979.
김윤식·정호웅, 한국현대소설사, 예하, 1993.
문학과 문학교육연구소, 한국현대소설사, 삼지원, 1999.
이재선, 한국현대소설사, 홍성사, 1979.
최원식, 한국근대소설사론, 창작과비평사, 1986.
하정일 외, 한국근대민족문학사, 한길사, 1993.

으로 분석하였다.

- 공간적 요소의 여부
- 공간적 요소의 특성들 - 시대성, 현실성, 관습성
- 공간의 정체성
- 작품 내적 기능

이러한 요소를 바탕으로 몇 개의 범주로 나누어 보았는데, 그 기준은 작품 내에서의 기능적 맥락을 중심으로 삼았다. 서사적 상상력은 결국 서사를 어떻게 구상하고, 진행시키고, 마무리하느냐의 문제라고 보았기 때문이다. 이 과정에서는 배경론에 대한 다양한 이론들을 검토하였는바, 이 연구의 목적에 가장 부합하는 방향이 기능적 맥락이라고 보았기 때문이다. 물론 여기서 말하는 기능은 특정한 이론에서 사용하는 개념이 아닌 통상적인 개념에 가깝다.

이 과정을 통해 다섯 개의 범주로 대상 작품을 나눌 수 있었는데, 그 내용을 보면 다음과 같다.

범주 ①

김유정	동백꽃, 봄봄	안수길	북간도
김정한	사하촌	양귀자	원미동 시인
박경리	시장과 전장, 토지	오정희	중국인 거리
박종화	다정불심	이광수	흙
송기숙	자랏골의 비가	이인직	혈의 누
심 훈	상록수	최인호	깊고 푸른밤

범주 ②

김동리	흥남철수	이광수	무정
김승옥	무진기행	이문열	우리들의 일그러진 영웅
김승옥	서울의 달빛 0장	이범선	오발탄
박완서	엄마의 말뚝	이호철	어느 이발소에서
오영수	갯마을	전상국	우상의 눈물

범주 ③

김동인	배따라기	양귀자	숨은 꽃
문순태	철쭉제	염상섭	만세전
박태원	소설가 구보씨의 일일	윤대녕	천지간
박태원	천변풍경		

범주 ④

오정희	저녁의 게임	이 상	날개
이기영	고향	장용학	요한시집
이동하	장남감도시	조세희	난장이가 쏘아 올린 작은 공
이범선	학마을 사람들	현기영	순이삼촌

범주 ⑤

김동리	역마	유진오	창랑정기
김승옥	서울 1964년 겨울	윤후명	하얀배
김지원	사랑의 예감	이문구	관촌수필
박상우	내 마음의 옥탑방	이제하	나그네는 길에서도 쉬지 않는다
손창섭	비오는 날	황석영	삼포가는 길
염상섭	표본실의 청개구리		

3. 공간의 형태 · 기능론적 유형화

위에서 나눈 범주들에 대한 의미 규정은 여러 방안들을 걸치고 검토한 결과 다음과 같은 것으로 잠정 설정하였다. 그 내용들은 곧 공간의 형태론 및 기능론적 유형을 뜻하는바, 모두 다섯 가지의 유형으로 나누어 보았다. 그 유형은 다음과 같다.[128]

- 서사의 계기로서의 공간
- 내적 형식으로서의 공간
  - 서사적 상황으로서의 공간
  - 구조로서의 공간
  - 주제 구현의 기제로서의 공간
- 서사적 탐색의 결과로서의 공간

이 다섯 가지 유형에 대한 논의의 결과를 정리해 보도록 한다.

1) 서사의 계기로서의 공간

이 유형에 속하는 작품들에 나타나는 공간적 상상력은 이미 존재

128) 문학교육론의 맥락에서 공간에 대한 논의가 소략한 것은 소설 내에서의 공간적 요소를 형식적 요소로 보려는 경향이 강했던 저간의 사정과 무관하지 않은 것으로 보인다. 문학교육의 측면에서 한국 소설의 공간적 요소에 대해 상당한 의미를 부여한 논의로는 다음을 들 수 있다.
최인자, 시공성의 문화적 해석을 통한 소설 독서, 서사문화와 문학교육론, 한국문화사, 2001 .

하고 있는 공간으로부터 서사의 계기를 얻는 과정에서 드러나고 있다. 즉 기존에 존재하고 있는 공간과 관련된 다양한 맥락에서 하나의 서사거리를 찾아내는 경우이다.

이 유형에 속하는 작품들의 공간을 다시 크게 나누면 서술자 또는 작가가 속한 공간인 경우와 서술자나 작가와는 분리된 공간의 경우로 나눌 수 있다. 집이나 고향 등은 전자에 속하고 타향이나 외국은 후자에 속한다.

서술자나 작가와 긴밀한 연관성을 맺어 온 공간들은 일상적 경험에서 하나의 문제의식을 찾아내는 방향으로 관여하면서 작품 내에서 일정한 역할을 담당한다. 아주 일상적으로 접하는 공간이기에 소설적 의미를 부여하기가 쉽지 않았을 터이지만 작가는 상상력을 통해 형상화할 인자들을 찾아내고 있다. 예를 들어 김유정이 일상적 경험에서 해학을 이끌어 낸 것은 조그마한 농촌이며, 자족적인 공간이기에 가능했던 것으로 판단된다. 어디에나 널려 있을 법한 공간에서 그러한 인자를 찾아낼 수 있었던 것은 역시 공간을 바라보는 작가의 상상력의 소산일 것이다.

서술자나 작가와 분리되어 존재하는 공간은 간접 체험이나 인식작용의 결과로 형상화되면서 서사의 계기로 작용하고 있다. 직접적으로 접해 보지는 못했지만 여기저기서 들은 풍문이나 지식을 통해 알고 있던 바를 바탕으로 하나의 이야기를 구상하는 것은 바로 공간적 상상력의 전형적이 예라 할 것이다. 예를 들어 개화기 소설에 나타나는 외국이라는 공간적 요소가 그것이다. 간접적인 경로를 통해 형성된 외국에 대한 경험은 소설 속에서 구체적인 하나의 공간으로 형상화되면서 가치관이나 인식의 결과를 반영하게 된다. 그리고 그 공간에 대한 인식이 조선의 현실에 대한 문제적 인식의 계기, 즉 서사의 계기로 작용하게 된다.

2) 서사적 상황으로서의 공간

소설 내에서의 공간의 존재가 외면상으로 가장 두드러지게 나타나는 경우이다. 사건이 발생하고 진행되는 곳으로서의 공간은 하나의 틀이자 내용으로 작용하면 작품의 전개 내내 독자들의 관심의 대상이 되기 때문이다.

이 유형에 속하는 공간은 대부분의 경우 경험의 소산으로 구체성을 띠고 있고, 작가나 독자 모두 보편적인 경험의 요소로 공유하고 있을 가능성이 많다는 점에서도 주목된다. 즉 독자는 작가가 설정한 서사적 상황에 쉽게 다가갈 수 있어 다른 경우보다 긴밀한 서사적 소통이 이루어지게 되는 셈이다.

이 유형의 소설들의 경우 한국 전쟁 당시의 서울이라는 공간, 교실이라는 한정된 공간, 인물의 행동이나 의식이 일정한 범주 내에서 머무르게 되는 특정한 공간 등으로 나타난다. 그리고 그 공간은 보편적인 상징의 공간으로 남게 되는데 그 서사적 상황이 다양한 경우로 확대 될 수 있다는 점에서 풍부한 함의를 지니고 있다. 이 공간의 설정은 작가의 독특한 상상력이 아니면 쉽게 포착해내기 어렵다는 점에서 가장 적극적이고 활성화된 경우라고 할 수 있을 것이다. 이 범주로 분류된 작품 들 중 이문열, 전상국, 이호철의 작품들은 흥미 있는 예로 주목할 수 있다.

3) 구조로서의 공간

기존 연구사에서 공간의 문제를 가장 구체적으로 다루고 있는 경우가 '여로구조'에 대한 논의일 것이다. 그만큼 소설에서 공간적 상상력을 논할 때 전형적인 경우로 상정할 수 있을 것이다. 이 범주에서는 '여로구조'가 중심이 되는데, 소설에서의 여로가 서사적 문제와 직접적으로 연관된다는 점을 확인할 수 있다.

여로구조가 아닌 작품들은 특정 공간에 인물이 놓인다는 자체만으로 하나의 이야기가 성립되는 경우를 보여준다. 쉽게 지나칠 수 있는 공간에 어떤 성격을 지닌 인물을 던져 놓음으로써 하나의 이야기를 이끌어내는 공간적 상상력은 민담이나 신화의 구성적 상상력과 통하고 있다는 점도 몇 작품의 예를 통해 드러난다. 인물들 간의 권력 관계가 어떤 공간을 통해 비로소 드러나는 경우라든가, 심층적인 차원에 놓여 있던 문제가 그 공간에서 표면화된다든가 하는 경우들이 이에 속한다.

4) 주제 구현의 기제로서의 공간

공간적 상상력을 유형화하면서 가장 많은 이론의 도움을 필요로 한 경우가 이 유형이다. 주제론 자체가 복잡한 양상을 띠기도 하지만, 주제를 구현하는 기제를 무엇으로 볼 수 있는가 하는 문제에 대해서는 매우 다양한 견해들이 제시되어 있기 때문이었다.

이 유형들에 속하는 작품들의 공간은 그 자체 내에 소설적 문제들을 안고 있다는 점에서 주제 구현의 기제로 작용한다고 보았다. 즉 소설적 문제들을 안고 있는 공간을 선택하여 그 공간 속이기 때문에 일어날 수 있는 사건들을 서술함으로써 자연스럽게 주제에 도달하게 되는 경우이다.

전쟁 중의 수용소라는 공간, 산업화와 물신화된 사회의 전형적인 공간, 특정한 역사·정치적 사건이 필연적으로 발생한 공간들을 다루고 있는 작품들은 사건이 진행되면서 공간의 성격이 구체화되고 의미가 확정되면서 그 공간과 관련된 다양한 범주의 문제들이 주제화되는 과정을 보여주게 된다.[129)]

여기에는 그러한 공간의 요소를 면밀하고 날카롭게 포착해 낸 작가의 감각이나 인식 능력이 작용하게 되는데, 이 맥락은 작품의 소설사적 의미망을 이끌어내는 새로운 기준으로서의 역할도 할 수 있을 것으로 기대된다.

5) 서사적 탐색의 결과로서의 공간

이 유형에 속하는 작품들의 공간은 서사가 마무리되면서 공간이 하나의 독특한 의미를 부여받게 되는 경우이다. 즉 우리가 흔히 보거나

---

129) 현행 문학교과서 중 많은 교과서들이 공간적 요소를 주제와 연관 짓는 맥락에서 접근하는 경우가 많다. 그러나 단순한 공간적 배경은 이 논의에서 말하는 공간적 요소와는 구별되는 것이다. 문학교과서의 편차과정에서 이론적 전거에 대한 검토가 필요한 또 하나의 맥락이라 본다. 이와 관련해서는 문학교과서의 공간적 요소에 대한 비판적 검토를 시도한 다음 글 참조.
졸고, 문학교육의 관점에서 본 소설 읽기 방법의 재검토, 문학교육학 22호, 2007.

전해들을 수 있는 공간들이지만 작가의 새로운 접근 경로를 따르다 보면 그 의미가 새롭게 규정되는 공간을 다루는 작품들이다. 이 공간들은 결과적으로 하나의 상징적 공간으로 남게 되기도 하고 전형적이고 보편적인 공간으로 유형화될 수 있는 여지를 남기게 된다.

외국 등의 제3자의 시각에서 바라봄으로써 새롭게 인식되는 한국적 공간이라든지, 주목받지 못한 곳이지만 시대적·사회적 현상을 함축적으로 보여줄 수 있는 공간으로 재창출된 곳이라든지, 추상적인 문제들을 구체화해주는 요소들을 내포하고 있는 곳 등이 이러한 유형의 작품에 등장하는 공간들이다.

이 유형의 공간들은 작가의 문체의 힘을 바탕으로 삼게 되는 경우가 대부분이라는 점에서도 주목된다. 즉 치밀하고 유연한 문체의 힘을 빌어 새로운 생명력을 얻게 되는 경우이다. 묘사라는 서술방식과 긴밀하게 연관된다는 점에서 소설적 상상력의 원천에 대한 다양한 접근의 통로를 살필 수 있게 한다는 의미도 지닌다.

4. 공간적 상상력의 유형 도출

앞에서 살펴본 소설적 공간의 유형들이 나타나게 된 것은 작가의 상상력이 작용한 결과라는 것이 이 연구의 전제인 만큼 각 유형들을 설명할 수 있는 상상력을 어떻게 차별화하여 규정하고 그것을 어떤 원리로서 설명해 내느냐가 논의 과정에서 중요한 관건이 되었다.

이 부분의 논의를 진행하기 위해서는 상상력에 대한 이론들의 점검이 필수적이었지만 그것들이 순방향으로 작용하지만은 않았다. 오히려 어떤 경우에는 기존의 상상력 이론들이 방해요소로 작용하는 경우도 많았다. 이는 문학현상에 대한 관점의 차이에서도 비롯되었다. 즉 문학현상을 설명하는데 매우 일반적이고 포괄적인 측면에서 접근해 가느냐, 아니면 개별적이고 구체적인 측면에서 접근해 가느냐의 차이와도 통한다.

이 논의에서는 하나의 서사물을 작가라는 개인의 독특한 정신작용의 결과로 보아야 하며 그 정체성을 검토한 연후 보편성이나 전형성을 논할 수 있는 것이라는 판단을 바탕으로 삼았다. 하나의 문학작품을 분석하면서 개개의 문학작품들을 공시적·통시적으로 아울러 얻은 결과에 해당하는 이론들을 먼저 적용하는 일은 분명 구별되어야 한다고 보기 때문이다. 이 같은 생각은 현재의 문학교육이나 대중의 문학적 향유에서 드러나는 문제점을 고려한 결과이다.[130)]

이 같은 맥락에서 필자는 각 유형을 설명할 수 있는 원천적 요소로서의 상상력을 재 개념화하는 시도를 하였다. 이 재 개념화는 다른 연구자들의 평가와 검증을 필요로 하겠지만 잠정적으로는 역사적 상

---

130) 서사교육에서 공시적 또는 통시적 접근의 균형을 맞추는 일은 용이하지도 않을 뿐더러 반드시 필요하지도 않다고 본다. 서정양식에 비해 서사양식의 내용성이 보다 개별성이 강하다고 보기 때문이다. 교육론에서 서사이론을 도입하는 과정에서 그 이론들이 공시적·통시적 접근 중 어떤 방향에 보다 토대를 두고 있는지에 대한 검토는 매우 유의미하다고 본다. 문학 교과서에서 자주 보게 되는 작품에 대한 '길잡이'의 내용들을 점검하다보면 이 두 가지 입장이 혼재됨으로 해서 내적 논리의 모순이 나타나는 경우를 자주 보게 된다. 같은 맥락에서 다음 논저는 문학교육연구사에서 차지하는 비중에 비해 그 방법론적 정체성이 약하다는 아쉬움을 준다.
우한용 외, 서사교육론, 동아시아, 2001.

상력·경험적 상상력·분석적 상상력·구성적 상상력·인식론적 상상력 등으로 나눌 수 있다고 보았다.

1) 역사적 상상력

역사적 상상력은 시대와 현실을 역사적인 안목으로 바라보는데 필요한 상상력을 의미한다. 같은 전쟁을 다루더라도 거기에서 이끌어내는 문제의식은 다르게 되는데, 특정한 공간을 설정함으로써 그 전쟁의 의미를 새롭고 설득력 있게 이끌어내는 것은 작가의 역사를 바라보는 특유의 시선과 감각의 결과인데 그것을 역사적 상상력으로 보았다.

2) 경험적 상상력

경험적 상상력은 말 그대로 하나의 경험을 서사적인 것으로 이끌어내는 과정에서 작용하게 되는 상상력을 의미한다. 누구나 경험을 하지만 누구나 그 경험을 서사물로 이끌어내지 못하는 것은 상상력의 유무에 있다고 보는 것이 필자의 생각이다. 이 상상력은 특히 아주 일상적인 경험을 소설 속으로 이끌어 낸 경우에 보다 유효하게 작용한 것으로 볼 수 있다.

3) 분석적 상상력

분석적 상상력은 소설을 포함한 문학을 논하기에는 일견 부적절하게 보인다. 그러나 소설의 소재가 되는 현상이나 사물들은 사회와 더불어 복잡화되고 있다. 설화의 세계와는 사뭇 다른 양상을 보이고 있는 것이다. 그렇게 때문에 그 현상이나 사물을 담아 내기 위해서는 그것에 대한 날카롭고 치밀한 분석이 필수적이다. 같은 사건을 다루더라도 설득력 있고 신선하게 소설화하였다고 평가받을 수 있는 것은 바로 이러한 분석 능력에서 비롯되었을 것이다. 여기서 필자는 그러한 분석은 상상력의 도움을 입을 때 보다 유용하게 이루어질 수 있다고 보았다.

4) 구성적 상상력

구성적 상상력은 소설의 구성 과정에서 작용하게 되는 요인이다. 서사의 구성이 선택과 배제의 원리에 따른다고 할 때 무엇을 선택하고 버릴 것인가는 상상력에 기대는 측면이 많다고 본다. 이러한 요소의 선택이 어떤 요인으로 작용할 것인지, 특정 요소의 배제가 궁극적으로 초래할 결과를 가늠할 수 있기에 구성이 가능하다고 볼 때, 그것이 바로 상상력의 소산이라고 본 것이다.

5) 인식론적 상상력

인식론적 상상력은 주제를 이끌어내고, 그것을 전달함으로써 독자들에게 분명한 작용을 하도록 하는 것이 소설의 존재 이유라 가정할 때, 그 주제 도출 능력이나 전달 능력과 관련된다. 흔히 작가의 통찰력이라 부르는 것과 상통하는 것으로, 남이 보지 못하는 것, 잘 생각하지 못하는 것을 구현해 낸다는 점에서 상상력의 문제로 볼 수 있다고 판단하였다.

이상과 같은 상상력의 유형화는 이후 연구에서도 지속적으로 확대 논의함으로써 그 타당성을 점검받아야 할 것으로 판단하고 있다. 하지만 이러한 유형화는 일차적으로 상상력 교육을 위한 통로와 논의구조를 마련한다는데 의미를 둘 수 있을 것이다. 적어도 공간적 요소가 상당한 의미를 지니고 있는 소설들을 통해 상상력이란 구체적으로 무엇을 어떻게 하는 것인가에 대한 생각의 출발점을 줄 수 있다면 그것 자체만으로도 실천적인 면모를 확보할 수 있을 것이다.

또한 이 내용은 대중화를 위한 문학연구의 한 틀로도 활용될 수 있을 것이다. 소설에서 공간이라는 요소는 문학대중이 접근하기에 상당히 수월성을 지니고 있는데, 그 관심과 흥미를 확산시킬 수 있는 통로를 마련해 줄 수도 있을 것이다.

문학 치유의 전략으로서의 여로형 소설 읽기

다양한 현장에서 문학의 치유력에 대한 관심이 높다. 치유의 방법적 모색과 실제에 대한 소구력도 증대되고 있다. 여로형 소설은 어떠한가? 여로 자체가 지니는 치유력과 소설 치료학이 만나다면....... 앞서 살펴본 소설들과 새로운 소설들의 예를 들어 접근해 본다.

대학의 소설 강의를 통해 고급 독자에 속하는 대학생들이 동시대의 소설을 어떤 맥락과 양상으로 수용하게 되는지를 지속적으로 추적해온 결과 중의 하나는, 이 독자 집단들은 대체적으로 여러 유형의 서사구조 중 여로 구조를 선택하고 있는 소설들에 좀 더 수월하게 접근하고 있다는 것이었다. 이는 무엇보다도 story-line을 따라가기가 용이하다는 점과 소설적 상황의 출발과 도달이라는 의미부여 지점이 분명하다는 점이 작용한 결과로 판단된다.

다른 하나는 작품과 독자와의 거리 줄이기를 한 차원 높게 실현해 나가는 독자들이 주목하는 유형이 여로형 소설이라는 점이다. 이는 여로형 소설이 등장인물의 문제해결의 과정을 기반으로 하고 있으며 그 과정에 독자가 틈입, 자기 치유의 과정을 추체험할 수 있는 기제들이 가시적으로 주어지기 때문인 것으로 판단된다. 이 장에서는 문학을 통한 자기 치유가 여로형 소설을 통해 어떻게 이루어지는지를 살펴보고자 한다.

1. 문제 해결의 전략으로서의 여로형 소설 읽기

여로형 소설을 통해 문학 치유를 경험한 독자들은 어떤 읽기를 시도하고 있고, 무엇을 수용하고 있는가를 두 작품을 예로 들어 살펴보기로 한다. 우선 치유적인 관점에서 여로형 소설에 접근해 갈 수 있는 원리적인 틀을 제시해본다.

1) 자기 치유 경험 독자의 유형

다양한 강의 수강생을 대상으로 문학을 통해 자기 치유를 경험한 것으로 판단되는 독자들을 추적해 온 결과를 바탕으로 이 독자들을 거칠게라도 유형화해 본다면 관찰자형, 참여자형, 자기화형 등으로 구분해 볼 수 있다. 물론 이 유형화는 귀납적으로 얻어진 것이기에 논리적인 허점이 많으나 문학 치유라는 맥락에서 접근해 가는 데 도움이 되었기에 제시해 본다.

관찰자형은 서사의 진행 과정과 상당한 거리를 두고 관찰하는 수용 양상을 보이는 유형이고, 참여형은 서사 진행의 중간중간에 등장인물처럼 참여하여 일정한 단계에서 서사구조에 변형을 가하며 수용하는 양상을 보이는 유형이다. 자기화형은 서사 과정에 적극적으로 참여함은 물론 해당 서사구조를 자기서사화해 나가는 수용 양상을 보이는 유형이다. 여기서는 자기화형 독자를 대상으로 여로형 소설의 치유 작용에 대해 살펴보기로 한다.

자기화형 독자들은 수업과 같은 독서 활동 토론과 글을 통해 차별적인 반응과 수용 결과를 보여준다. 물론 특정한 작품에 대해서 그러한데 자기 문제와 밀접한 연관성을 지닌 작품을 대상으로 한 경우에 주로 나타난다. 그리고 그 수용의 양상을 '자기 치유'라 보고자 한다. 여기에서 살피고자 하는 것은 이 유형의 독자들이 여로형 소설이 지니는 어떤 기제를 통해 자기 치유라는 수용에 이르게 되는가 하는 점이다.

이와 관련된 기존의 연구들은 크게 두 가지로 나눠 볼 수 있다. '소설과 여로 구조(여행)'를 다룬 논의들과 '여행(관광)과 치유'를 다룬 연구들이 그에 해당한다. 그런데 이 둘의 결합형인 '여로구조 또는 여행소설과 치유'를 본격적으로 다룬 연구는 지금까지 탐색해 본 연구물 중에서는 한 편을 제외하고는 찾아보기 어려웠다. 이 논의와 가장 밀접한 연관성을 지닌 연구물로는 '여행의 치유적 가치'를 다룬 연구물을 들 수 있다.[131] 물론 소설이 지니는 치유 효과에 대한 연구들도 상당

131) 집중적으로 검토한 연구물은 다음과 같다.
박인정·이영관(2015), 여행의 치유적 가치에 관한 분석심리학적 접근, 관광연

한 정도로 축적되어 있지만 여로형 소설과 치유의 문제를 다룬 경우는 본격적으로 이루어지지 않았다.

2) 치유 경험 소설의 '문제' 제기 양상

앞서 '이상문학상' 대상 수상작들 중에서 여로형 소설로 분류할 수 있는 작품들의 목록을 제시한 바 있다. 여기서는 논의의 연속성을 위해 이 작품들 중 대학생 독자들이 치유의 측면에서 관심을 많이 보였던 작품들이 어떤 '문제'를 다루고 있는지를 살펴보기로 한다. 문학을 통한 치유란 기본적으로 작가가 설정한 '문제의 해결'과 연결되기 때문이다. 최근 20년간의 작품만을 대상으로 삼아 '문제'를 정리해 보면 다음 표와 같다. '문제'와 관련된 내용은 필자가 학생들과 수업을 하는 과정에서 상호작용을 통해 얻은 내용을 바탕으로 설정한 것으로 수용자 및 맥락에 따라 얼마든지 달리 설정할 수 있을 것이다. 우선 문제 제기의 양상을 파악하는데 초점이 있으므로 여로형 소설 외의 작품도 제시했다.

구저널 29-6, 한국관광연구학회, 김세은(2014), 여행체험의 치유효과 분석, 경기대학교 석사학위논문, 이상봉(2011), 여행경험과 심리치유 간의 관계, 강원대학교 박사학위논문. 이 중 첫 번째 논문은 세 편의 여행소설을 중심으로 분석하고 있기는 하지만 독자가 아닌 등장인물(작가)의 측면에서만 접근하고 있다는 점에서 여기서 다루고자 하는 방향과는 거리가 있다.

작 품 (작가/연도)	중심 사건의 소재	제기하는 문제
		문제 해결 방식
천지간 (윤대녕/1996)	미지의 두 남녀 간의 관계	삶과 죽음, 인간간의 관계는 무엇인가
		부채의식과 같은 의무감 버리기
사랑의 예감 (김지원/1997)	두 부부의 갈등과 애정	삶에 대한 불안감을 어떻게 극복할까
		운명에 대한 현실적이고 긍정적인 수용
아내의 상자 (은희경/1998)	한 부부의 생활	관습에 함몰된 정체성은 회복 가능한가
		상황에서의 과감한 탈출의 시도
내마음의 옥탑방 (박상우/1999)	두 남녀의 만남과 헤어짐	물질적 조건은 사랑의 필요조건인가
		깨어있는 의식으로 물신화에 맞서기
시인의 별 (이인화/2000)	고려시대 선비의 고난사	소중한 것(가족)을 어떻게 지킬 것인가
		목숨으로라도 지켜내겠다는 태도와 의식
부석사 (신경숙/2001)	남녀와 동료 간의 배신	배신감에서 어떻게 벗어날 것인가
		동련의 타자와 자폐적 상황에서 벗어나기
뱀장어스튜 (권지예/2002)	세 남녀 간의 갈등과 애증	삶과 사랑의 갈등에서 어떻게 벗어날까
		살의나 열정보다는 평화로움을 택하기
바다와 나비 (김인숙/2003)	운동권 출신 부분의 갈등	변화한 현실에서 소신지키기는 무엇인가
		자기 생각에서 벗어나 상대를 이해하기
화장 (김훈/2004)	중년 남자와 아내의 죽음	노화와 죽음의 조바심은 어떻게 극복할까
		관념적이 아닌 현실적으로 상황 수용하기
몽고반점 (한강/2005)	비디오 아티스트의 창작 활동	삶과 일간의 윤리적 갈등은 해결가능한가
		윤리적 갈등의 결과에 대해 예측하기
밤이여 나뉘어라 (정미경/2006)	한 천재적인 인물의 삶의 역정	개인과 사회는 상호 애정의 관계인가
		사회로부터의 상처를 이타적으로 봐주기

작 품 (작가/연도)	중심 사건의 소재	제기하는 문제 문제 해결 방식
천사는 여기 머문다 (전경린/2007)	한 부분의 결혼과 이혼	폭력의 피해는 일방적인 것인가
		피해자만으로서의 의식에서 벗어나보기
사랑을 믿다 (권여선/2008)	실연을 겪은 남녀의 사연	사랑은 삶에서 얼마나 중요한 것인가
		실연과 위로를 보잘것없다고 생각하기
산책하는 이들의 다섯 가지 즐거움 (김연수/2009)	연인의 죽음으로 고통을 겪는 남자의 극복 과정	심리적 고통과 육체적 병은 치유불가인가
		산책을 통해 타인들과 고통 공유하기
아침의 문 (박민규/2010)	자살 실패자와 미혼모의 조우	자살자와 미혼모, 누구의 책임인가
		자신의 원초적 뿌리와 정면으로 대면하기
맨발로 글목을 돌다 (공지영/2011)	한 여성 소설가의 창작과 일상적 삶	질서파탄의 책임은 왜 일방적, 편파적인가
		어둠이 빛을 이길 수 없다는 믿음 갖기
옥수수와 나 (김영하/2012)	소설가와 출판사 사장의 갈등	문학은 자본의 음모의 희생양인가
		음모에 맞서 최소한의 자존심으로 맞서기
침묵의 미래 (김애란/2013)	사라져가는 소수 언어의 가상	소수의 보호라는 다수의 장치는 정당한가
		소수의 정체성을 훼손하지 않고 보호하기
몬순 (편혜영/2014)	아이를 잃은 부부의 갈등	삶의 국면에서 의심과 고백은 필요악인가
		관계유지를 위한 상대의 노력에 부응하기
뿌리 이야기 (김숨/2015)	뿌리를 찾아다니는 인물의 생활과 의식	불안과 방황을 어떻게 다스릴 것인가
		자기 존재의 뿌리를 찾으려 노력하기
천국의 문 (김경욱/2016)	아버지의 죽음을 맞이하는 딸의 이야기	가족의 죽음을 욕망하는 일이 가능한가
		남겨진 가족들의 존엄에 대해 성찰하기

치유의 경험이 있는 독자들이 이들 작품에 접근하는 초점은 각 작품별로 제시한 '문제 해결의 방식'에 있었다. 이것은 누적적인 관찰의 대상이 된 독자들이 해당 작품에서 읽어 낸 메시지를 종합하여 재구성한 것으로, 그 메시지들의 공통적 자질이 '(삶의) 문제를 해결하는 방식'이 있다고 보아 정리한 것이다. 치유의 측면에서 관심의 대상이 되었던 이 21편의 작품 중 여로형 소설로 분류할 수 있는 작품은 12편으로 반 이상의 비율을 보이고 있다. 이 중 관찰 대사 독자들이 선호했던 작품들 중, 유형 상 가장 대비적인 성격을 보여주는 〈부석사〉와 〈천지간〉을 예로 들어 여로형 소설과 문학 치유의 관련 양상을 살펴보기로 한다. 〈부석사〉는 '목적 미달 중지형'에 속하고 〈천지간〉은 '목적 달성 복귀형'에 속한다.

2. 여로형 소설의 유목적적 독해

두 작품을 대상으로 문학 치유의 경험이 있는 독자들은 여로형 소설들을 어떻게 읽어가고 있는지를 살펴보기로 한다. 우선 독자들에게 여로형 소설을 읽어나가기에 앞서 배경지식을 활성화하는 측면에서 다음과 같은 도식들을 순차적으로 제공했다.

그림 1

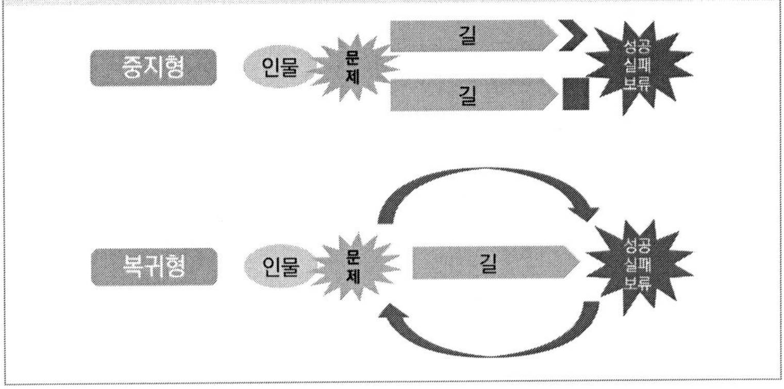

그림 2

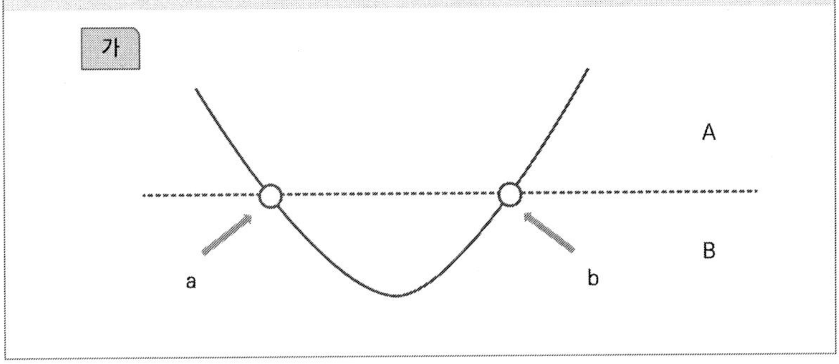

그림 3

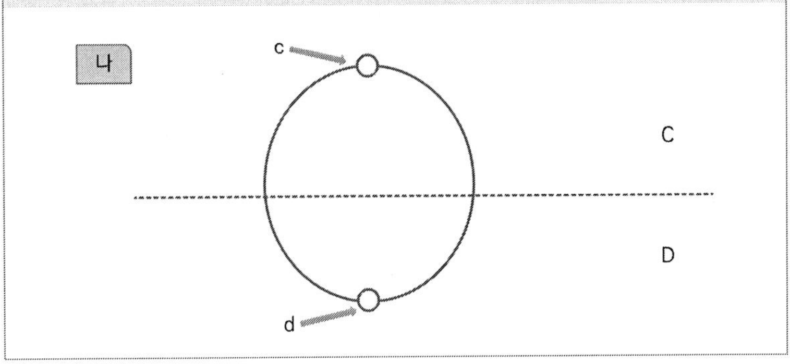

그림 4

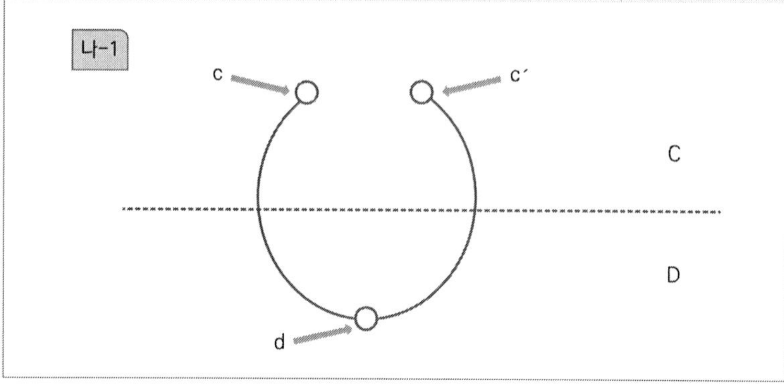

그림 5

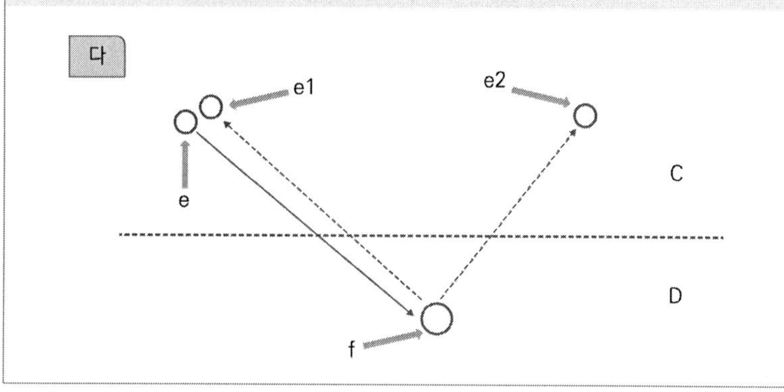

여기서 <그림 1>은 결말을 중심으로 설정할 수 있는 여로 구조의 두 가지 양상이고, <그림 2>는 로망스 단계나 그 이전 단계의 서사물의 주인공의 행적을 나타낸 것이다. <그림 1>에서는 '문제'라는 단어에 주목해서 볼 것을, <그림 2>에서는 현실계(A)와 비현실계(B)를 넘나들며 욕망을 달성하는 과정과 a, b 라는 경계구(境界口)에 주목할 것을 주문하게 된다. 이는 서사구조에 대한 접근 통로를 탐색할 수 있도록 하기 위한 것이다. 좀 더 자세히 설명하자면 경계구의 의미에 대해 좀 더 달리 생각해보도록 요구하면 a-입구 / b-출구 라는 관습적 인식에서 벗어나 반대의 인식을 하는 경우를 상당한 비율로 발견하게 된다. 취업 등 힘든 현실 속에 놓여 있는 대학생 독자들의 입장은 a가 비현실계로 들어가는 '입구'가 아닌 힘든 현실에서 벗어나 보는 출구로 인식하고 있는데, 현실계와 비현실계의 역할을 달리 보고 있다. 구비서사 등에서 자주 접하게 되는 B라는 '비현실계'에 대해 매우 긍정적이고 자기친화적인 의미를 부여하게 되는 셈이다. 문학 치료에서 구조에 대한 인식과 재인식이 필요하다고 보는 이유는 여기에 있다.

〈그림 3〉과 〈그림 4〉는 복귀형 여로 구조에 대한 사전지식을 지니고 있는 독자들이 상당한 비율에 달하지만 그 특성을 '나'와 같이 알고 있는 독자들에게 c라는 지점에 대한 이해를 달리하도록 하기 위해 제시하였다. '나'와 같이 출발 지점과 도착 지점을 c 하나로 인식하게 될 경우에 서사구조의 이해과정에서 장애가 발생하는 경우를 종종 볼 수 있기 때문이다. 〈그림 5〉의 경우에는 직선이라는 용어가 지니는 애매함을 해결해주기 위한 의도에서 제시했다.

이러한 도식들의 제시는 도식이 지니는 한계에도 불구하고 독자들에게는 작품에 대한 접근 통로를 찾고 유용한 반응으로 나아가는 데 긴요한 작용을 하는 것으로 판단되었다. 이러한 도식에 대한 이해를 바탕으로 두 작품에 대해 독자들이 접근해 가는 양상을 정리해 보면 다음과 같다.

접근 사례 1) 〈부석사〉

<부석사>는 '국도에서' 라는 부제를 달고 두 남녀의 이야기를 다루고 있다. 관찰 대상인 독자들 중 이 작품을 읽고 치유를 경험했다고 응답한 사례를 제시해 보기로 한다.

해당 독자는 우선 이 작품의 여로를 다음과 같이 정리해서 제시하고 있다.

> "한 오피스텔에서 거주하는 두 남녀는 서로 안면만 익힌 상태에서 1월 1일에 갑자기 의기투합해 부석사 여행에 나선다. 그리고 부석사 근처 소백산 골짜기 낭떠러지 앞에 머문 차안에서 눈발에 쌓인 채 머물러 있다. 여행은 끝났지만 여행의 목적이 달성되었는지는 알 수 없는 여로를 보여주는 작품이다."[132]

다음으로 두 사람의 여로의 출발 상황이 다음 대목에서 드러나는 것으로 인식하고 있다.

> "P가 급작스레 다른 여자와 약혼을 해버림으로써 그녀와의 관계를 일방적으로 깨 버렸을 때, 그녀는 머릿속이 희뿌옇게 된 공동상태로 운전학원엘 다녔다. 운전 같은 건 익히려고 생각지도 않고 있던 그녀였다.—고속도로를 주행할 때면 그녀는 차 안에서 실컷 소리를 질렀다. P를 향해서인지 세상을 향해서인지 그녀 자신도 정확히 모른 채. 어느 날은 실컷 욕을 퍼붓는 날도 있었다. 자신이 알고 있는 육두

132) 여기에서 인용하는 학생 글들은 전재에 동의한 경우로 한정했다.

문자가 그렇게 많다는 사실에 그녀 자신도 놀랄 지경이었다. 소리를 지르거나 실컷 욕을 퍼부으며 평택 쯤 다다르면 그만 허탈해졌다. 뭔가에 격렬하게 치받쳐 있을 때는 느낄 수 없는 껍데기만 남은 기분으로 밤의 휴게소에 정차해 있으면 입은 바짝바짝 타는데 메말랐던 눈가는 이내 축축해지곤 했다."

"차라리 수리부엉이에 대한 헛이야기를 흘린 사람이 박PD라는 걸 모르는 것이 나을 뻔 했다고 지금도 그는 생각한다. 그날 당장엔 그저 머리가 복잡할 뿐이더니 다음날부터 그는 무기력해졌다. K(군에 갔을 때 돌아선 옛 애인)의 재생된 필름 같은 행동을 지켜본 후에 그에게로 엄습해왔던 증상과 같았다. 박PD라니. 그런 줄도 모르고 그는 박PD가 같은 동료이면서도 그에게 존경심을 가지고 있다고 생각했다. ―그런 박PD가 갑자기 왜? 회사의 경영난으로 인력을 줄인다는 설이 나도는 것과 관련이 있는 것 아니겠냐는 다른 사람의 귀띔에도 그는 납득이 되질 않았다. 다름 아닌 박PD였기에. 다음날로 그는 회사에 나가지 않고 빈둥거렸다. 그는 점점 매사에 시들해졌다. 쉬는 동안 이따금 나무뿌리가 점령해버린 옛 집터를 찾아가 무섭게 벋어 내린 나무뿌리를 쳐내고 오는 일이 고작이었다."

작품의 여러 지점 중에서 출발선상을 어디에 두느냐는 독자들 마다 다르게 나타날 수 있는데, 어느 지점을 선택하느냐에 따라 작품에 대한 인식이 달라진다. 중요한 것은 여로의 출발점을 설정하는 양상에 따라 수용의 결과가 달라지게 된다는 점이다. 이 소설에서 일반적인 독자는 두 남녀는 실연과 실연-배신을 당한 뒤에 찾아오는 문제적 상황에 직면해 있었고, 그러던 차에 1월1일을 맞아 각각 P와 박PD가 찾아오겠다는 전화를 해오자 안면만 익힌 사이임에도 서둘러 서울을 떠나 여행길에 오르게 된다는 일련의 과정에 주목하지만 치유를 경험한 독자는 '인물 또는 세상을 향한 욕'을 퍼부어대는 심리적 상태와 '납득이 되지 않는'다는 사고에 초점을 두고 있어 문제 상황에 대한 '인물의 반응 태도'에 명확한 초점을 두고 있다.

다음으로 여로의 종착지에서는 다음과 같은 상태에 놓이게 되는 것으로 파악하고 있다. 그 상태를 해당 독자는 다음과 같이 작품의 부분을 인용하여 정리하고 있다.

> "P와 헤어진 후 그녀는 5년 동안 다니던 잡지사를 그만두고 손닿는 대로 일에 뛰어 들었다.—졸음이 오면 얼음통을 곁에 두고 번갈아가며 손을 담그면서 일했다. 소리를 지르거나 욕을 퍼부으며 고속도로를 질주하는 여자. 어디서나 무엇인가를 흐트러뜨리는 여자. 책을 읽든 개를 거두어 기르든 어느 한순간도 자신을 내버려두지 않고 들들 볶고 있는 여자. 그녀는 지금 그 여자가 가엾기조차 하다. (지금 그녀는 자신을 가엾게 여기고 있다. P 또는 세상에 대한 '욕'은 이제 자신에 대한 반성과 연민으로 옮겨 가고 있다)"
>
> "그녀가 뒷자리에 개켜져 있는 담요를 끌어와 그의 무릎을 덮어준다. 그녀의 기척에 가느스름하게 눈을 뜬 그는 이 순간만은 반복되지 않을지도 모른다고 생각한다. 혹시, 저 여자와 함께 나무뿌리가 점령해 버린 옛집에 가 볼 수 있을는지. (그러나 그는 지금 확신할 수 없다. 왜 그녀에게 기대를 하는지 이유를 알 수 없기 때문이다)"

이 결말 부분에서 일반적인 독자들은 대체적으로 두 사람의 새로운 관계 형성 가능성에 대한 기대감을 드러내고 있지만 치유를 경험한 독자는 출발선상의 문제가 해결되었는지에 관심을 두고 있어 상당한 편차를 두고 있다. '욕'과 '납득할 수 없음'이라는 출발선상의 문제가 해결되었는지에 대한 관심은 자신의 문제를 해결하지 않고는 한 발자국도 나갈 수 없는 '실연자'만의 반응이라고 덧붙이고 있다.

독자는 이 여로의 끝이 열려 있다고 생각한다. 두 사람이 이 눈덮인 골짜기를 빠져 나가서 부석사에 들러 부석을 보고 서로에게 의지를 하는 상황이 연출되지 않을까를 기대하기도 한다. 그러나 작품은 "이제 차창은 눈에 덮여 바깥이 내다보이지도 않는다."로 끝이 난다. 독자들의 기대감이 실현될 가능성은 출발선상의 문제가 해결되지 않았기에 여전히 미지수일 따름이라고 보고 있다.

이 작품에 접근하는 독자의 태도는 연애-배신-실연으로 이어지는 과정에서 드러나는 등장인물들의 '자기 탓'에 동화되는 것으로 초점화된다. 배신을 당했으면 그에 대한 앙갚음이나 원망, 비난 등의 태도가 일반적인데 이 소설의 등장인물들은 오히려 자신의 탓이 크다는 방식으로 일반적인 태도와 비껴선 태도를 보인다. 이 태도에 대해 독자는 거부감을 보이다가 소설이 진행되면서, 즉 여행을 하면서 등장인물들이 서서히 평정을 되찾아가는 모습을 보인다고 판단을 하면서 자신의 경험과 대비하며 그 태도를 수긍하게 되었다고 밝히고 있다. 회상을 바탕으로 이어지는 여행의 과정을 등장인물과 공유하면서 자기 치료의 길을 발견하게 되었다는 것이다. 실연의 시점에서 '자신의 탓'에 대한 인식이 없다보니 다스릴 수 없는 고통의 시간들을 보냈으나, 스토리 라인 상으로는 '잘못한 것이 없어 보이는' 등장인물들이 어릴 적 기억까지 소환해내며 분노와 비난을 중화시켜 나가는 모습에 영향을 받은 셈이다. 마지막으로 독자는 등장인물들이 여행의 과정을 통해 그 길을 찾는 대목이 매우 인상적이었다고 술회를 하고 있다.

접근 사례 2) 〈천지간〉

이 작품을 통해 매우 의미있는 경험을 했다는 독자는 <천지간>을 전형적인 복귀형 여로 구조를 보여주는 작품으로 판정하며 다음과 같이 그 여로를 제시하게 된다.

> "문상을 가던 남자는 버스 터미널에서 '죽음의 그림자를 뒤집어쓰고 있는' 여자를 만난다. 남자는 문상을 가지 않고 그 여자를 따라 완도의 구계등까지 간다. 구계등에서 자살을 하려는 것으로 보이는 여자와 결국 잠자리를 같이 한다. 남자와 여자는 다시 구계등을 빠져나와 각자의 생활로 돌아간다. 각각의 트라우마와 고통에서 벗어나 생활로 복귀하는 소설의 전형적인 예에 속한다."

여기서 이 독자가 매우 고심 끝에 선택한 표현은 '각자의 생활로 돌아간다'는 부분이었다. 매우 일상적이지 않은 여행을 통해 '생활로 복귀'하는데 그 복귀는 '문제의 해결'에서 비롯된다고 보고 있다. 그러면서 이 독자는 '여행의 출발점'을 어떻게 설정할지가 매우 어려운 문제였다고 기술하고 있다. 이 독자는 두 사람의 출발선의 상황을 다음 대목을 통해 제시하게 된다.

“하필이면 나는 검은 양복을 입고 서 있다가 우연찮게도 죽음을 뒤집어쓰고 있는 여자를 보게 되었단 말이다. 그래도 타인임을 빌미로 애써 외면하고 지나칠 수도 있었겠지. 한데 그녀가 눈에 보이지 않는, 생에 대한 저 한 가닥 미련의 줄을 길게 늘어뜨리고 있었다면? 뭐 문상을 가던 길이 아니었냐고? 그래, 죽음 앞에 남작 엎드리러 가다 나는 산[生] 죽음과 서로 어깨가 부딪친 거야. 아주 오래 전에 누군가 내 목숨을 구한 일이 있어. — 버스가 나주를 지날 때 나는 혼곤한 피로에 쌓여 지금껏 내가 살아오면서 겪었던 죽음의 일들을 떠올리고 있었다.”

“여자는 임신 4개월째였다. 3개월 전 한 남자와 이곳 구계등에 왔다가 첫 관계를 갖게 되었다고 했다. 그런데 보리 싹이 팰 때 결혼하자던 남자가 1개월 전에 여자의 곁은 떠나버리고 말았다. 여자는 광주에서 검은 양복을 입고 있던 나를 본 순간에야 자신이 죽으러 가고 있다는 사실을 깨달았다고 했다. 뱃속에 있는 아이를 생각한 것도 그때였다고.”

이 독자 역시 실연과 그에 따른 고통에서 아직 벗어나지 못한 경우였다. 그러다보니 여행의 출발점을 여러 지점으로 설정할 수 있었지만 이 독자는 두 사람이 ‘죽음’이라는 단어로 교감하는 부분에 주목하고 있었다. 죽음은 고통의 가장 끝 자리에 놓인 것임을 알고 있었기에 첫 만남에서 각자의 내면에 깊숙이 자리잡은 죽음을 읽어낼 수 있는 두 사람의 만남에 집중하게 되었다고 술회하고 있다. 가장 극심한 고통은 ‘말’을 통해 드러나지 않는다는 점, 어떤 고통의 근원에 다가가지 못한 사람들의 위로는 해결책이 될 수 없다는 인식을 가지게 되었다는 것이다.

이 독자는 두 사람이 함께하는 이야기의 끝은 다음과 같이 마무리되고 있으므로 복귀형에 속한다고 보게 된다.

> "여자는 자신의 전생을 지우기 위해 나와의 관계를 원했고 그리하여 아이는 살리되 아이의 아비에게서는 놓여 날 수 있었다고 중얼거리며 내 팔 안에서 깊이 잠들었다. ―여자가 개놓고 간 옷을 챙겨입고 아래로 내려와 나는 주인 사내가 미리 챙겨놓은 밥상을 받았다. ―생각해 보니 나는 새벽에 함께 있던 여자의 이름조차 모르고 있었다. 물론 어디서 온 여자인지 무얼 하는 여자인지도 모르고 있기는 마찬가지였다. 인연이 되면 또 만나겠죠, 라며 사내가 먼저 등을 돌려 횟집으로 사라졌다. 나는 장님처럼 꺼이꺼이 길을 짚어가며 홀로 그 곳을 돌아 나오고 있었다."

여행의 끝자락에서 두 사람이 육체 관계를 맺는 대목에서 이 독자가 주목한 것은 현상적인 행동이 아니었다. '전생을 지우기 위해서'라는 이유였다. 고통의 근원을 찾아가는 일이 이 여행의 도달점이자 생활로의 복귀라는 점을 읽어낸 것이 가장 큰 의미였다고 기술하고 있다. 특히 구계등이라는 현실적이면서 가상적일 수 있는 공간의 설정이 이 소설의 덕목이라는 점도 놓치지 않았다. 더는 나아갈 곳이 없는 자그마한 '곶'과 같은 공간은 돌아가는 길이 아니면 더 나아갈 길이 없다는 지형적 특성을 최대한 살린 공간 설정으로 보았다. 이러한 공간의 형상화를 보편적으로 살피면서 고통을 해결하려면 더 이상 물러설 곳이 없는 심적 공간에 이루어야 한다는 점을 인식했다고 한다.

그동안 애써 피했던 인연의 출발점과 그에 담긴 자신의 태도를 반성적으로 살핌으로써 자신 만의 해결책을 모색할 수 있었다는 것이 이 소설에 부여한 의미였다.

물론 마지막 대목을 보면 여자와 남자는 분명 원래의 생활로 돌아가지만 여자와 달리 남자의 경우는 대체로 문제해결의 달성 여부를 논하기는 애매하다고 판단하게 되었지만 이는 어떤 문제이든지 완전하거나 누구나 만족하는 해결은 없다는 깨달음을 주는 것으로 읽어내고 있다. 남자의 여행을 미해결로 본 것은 '꺼이꺼이'라는 단어의 무게를 압도적으로 느끼고 있기 때문인데, 이 또한 고통에서 벗어나려는 사람들이 겪어야 하는

불가결한 요소로 보았다. 고통의 치유란 최소한의 여운을 남길 수 있을 때 오히려 삶의 자양분으로 남을 수 있다는 것으로 해석했다.

3. 치유과정으로서의 소설 읽기

이제 제시한 독자들 중 자기화형에 속한다고 본 대학생 독자들의 자기 치유에 이르는 읽기 양상을 일반화해서 살펴보기로 한다.

앞서 살펴본 기존 연구들 중 이 논의와 가장 긴밀히 연관된다고 제시한 바 있는 연구물에서는 복귀형 여행의 구조를 아래 그림과 같이 제시하고 있다.[133]

133) 박인정·이영관, 앞의 글, p.76.
여기서는 기존의 용어인 원점회귀형으로 보는 시각이 드러난다.

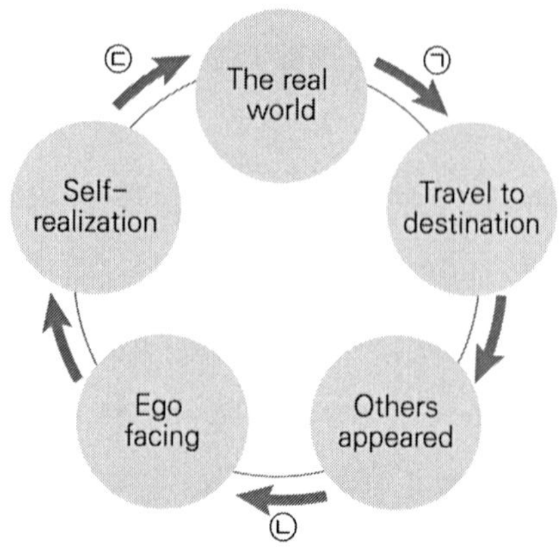

Epic cycling structure of travel novel

이 그림에서 연구자들은 ㉠을 '여행의 시작인 동시에 떠남'을 의미하는 것으로, ㉡을 '타자의 등장과 자아 대면'으로, ㉢을 '개성화와 자기실현'의 단계로 보고 있다. 이 과정을 통해 등장인물들은 자신의 그림자를 대면하고 페르소나를 벗어내는 치유의 과정을 통해 다시 현실을 마주할 힘을 얻고 있다고 보고 있다. 그래서 "여행은 이렇게 온전히 '자기'가 되고 본연의 개성을 발휘하는 자기실현을 통해 한층 성장한 나를 찾아가는 치유의 여정"이라고 결론을 내리고 있다. 이러한 논리는 '여행'이라는 장치(내적 형식)가 지니는 치유적 의미를 탐색하고 있다는 점에서 주목된다. 그러나 필자는 '치유'가 독자의 몫이 될 때 본질적인 의미의 '치유'가 되리라는 판단을 하고 있다.

여로형 소설을 읽으며 자기 치유에 이르는 과정을 추체험하는 독자들은 대체로 '소환(召喚)' '교정적 정서 체험' '전이[역(逆)전이]' 등과 같은 기제를 통해 수용활동을 하게 됨을 발견하게 된다.

'소환'은 독자들이 참여적 관찰자로서 등장인물의 여로를 따라가다가 자신의 경험이나 기억을 불러 내 투영시키는 활동을 초래하는 기제를 의미한다. 이는 심리학에서 동화나 회상으로 부르기도 하는 기제에 좀 더 적극적인 기능을 부여하는 측면에서 필자가 명명해 본 개념이다. <부석사>를 예를 들어 보면 자기화형 독자들은 출발선상에 놓여 있는 등장인물의 상황이나 상태에 대해 다른 유형의 독자들에 비해 신속하게 자신의 상황과의 유사성을 발견하고 동일시를 시도하는 반응을 보인다. 그런 다음 두 등장인물이 부석사로 가는 도중에 겪게 되는 계기적 장면들[134]을 접할 때 자신의 경험이나 기억을 소환하게 된다. 즉 등장인물들이 계기적 장면들을 만나면서 출발선 상의 상태나 상황에만 집중하는 것이 아니라 그동안 애써 외면해 왔던, 출발선 상의 상태나 상황에 이르게 된 과정적 계기들을 불러내는 활동을 하게 된다. <천지간>의 경우에도 독자들은 남자의 '죽음에 대한 채무의식'과 유사한 성격이나 위상을 가지는 의식들을 소환하고 있음을 보게 된다.

'교정적 정서 체험'은 대학에서 점차 비중이 커지고 있는 상담센터의 연구원들로부터 얻어 온 개념으로 조언자와 의뢰자 간의 '마음 챙김' '알아차림' 등의 정서적 교감을 보다 구체화하여 이르는 말로 보는 것이 적절할 것이다. 독자의 소설 읽기와 연관 지어 설명한다면 등장인

134) <부석사>에서는 국도를 달리는 도중에 운전하기-새 떼 바라보기-죽은 짐승의 시체 발견하기-길 헤매기 등의 장면이 두 사람의 과거사와 긴밀하게 연결되고 있기에 이를 계기(繼起)적 장면이라 보았다.

물과 독자가 상담의 상황 속에 만나는 것을 의미한다. 작중인물들을 바라보는 대상이 아닌 자신과 유사한 문제를 공유하고 있는 주체로 인식하고 일종의 대화를 시도하는 야상이 될 것이다. 〈부석사〉의 경우 자기화형 독자들은 비평적 에세이를 통해 몇몇 장면에서 등장인물에게 묻기도 하고 자신의 생각을 전달하기도 한다. 자신이 버려졌음을 목도하고도 바라보기만 하는 등장인물에게 "왜 그렇게 대응했는가?" 묻기도 하고 "자신은 그와 유사한 상황에서 이렇게 대응했는데 이런 결과가 오더라."라는 말을 전하기도 한다. 묻는 경우에는 대체로 자신이 경험하지 못했던 것에 집중되고 전하는 경우에는 자신이 경험한 내용이 있을 때 주로 이루어진다.

〈천지간〉의 경우에는 '횟집 주인'이라는 매개자를 통해 등장인물과의 정서적 교감을 시도하는 양상을 보인다. '횟집 주인'은 등장인물의 내면과 의식을 꿰뚫어 보는 힘을 지닌 인물로 형상화되고 있는데 이 인물을 독자 자신의 문제 상황으로 이끌어 오고 있다. 다음 질문들은 그 한 사례이다. "남자에게 이런 말을 했는데 나 같은 경우에는 어떤 말을 해 줄 수 있겠는가?" "남자에게 한 말을 내게 한 말로 받아들이니 이렇게 해석되는데 적절한가?" 등이다. 또한 작중 인물에게 "횟집 주인의 말을 어떻게 받아들였고 그 말이 당신의 행동에 어떻게 작용했는가?" "나는 그 태도와 말을 이렇게 받아들였는데 당신에게 도움이 되지 않겠는가?"와 같은 '교정적 정서 체험'이 나타난다.

등장인물을 작품 속에 고정되어 있는 인물로 보고 일방향적인 관계를 형성하는 것이 아니라 상호작용이 가능한 대상으로 인식함으로써 자신의 문제를 대타적으로 바라볼 수 있는 여지를 만들어 가는 셈이다.

이를 통해 매우 현실적인 '자기 치유'의 길이 열린다는 점을 확인할 수 있는 대목이었다.

'전이[역(逆)전이]'는 보다 특수한 상황에서 독자가 보이는 반응 양상이다. '전이'는 어떤 행위나 말을 수행하는 등장인물에게 자신을 앉히는 방식이고 '역(逆)전이'는 여로의 주체인 등장인물에게 문제 상황을 안겨 준 인물에 자신을 앉히는 방식이다. 일종의 배설과 성찰을 의미하는 개념이기도 하다. 이 역시 상담 연구원들에게 얻은 개념이다. 예를 들어 <부석사>에서 '전이'의 경우는 여자가 실연을 겪은 후 보이는 행동을 자신이 하는 것처럼 받아들이고 '후련함'을 느끼거나(여자에게 동조를 하는 경우), '안타까움'을 느끼는(여자에게 동조를 하지 않는 경우) 태도로 나타난다. '역(逆)전이'는 남자를 배신한 동료의 입장에서 만남을 거부하는 남자의 입장을 취하는 대목에서 나타난다. <천지간>의 경우 '전이'는 여자와의 잠자리를 받아들이는 행위에 대한 의문으로, '역(逆)전이'는 남자 대신 죽어 간 친구의 입장에서 남자의 행위를 나무라는 방식으로 나타나기도 한다.

여로형 소설의 읽기 과정에서 드러나는 이러한 기제들은 가설에 가까운 것이지만 문학 치유가 필요한 독자들에게 하나의 접근 통로로서 제시함으로써 기대한 효과를 얻을 수 있다는 점을 귀납적으로 확인한 것이기에 의미가 있을 것으로 기대한다. 다음 장에서는 이를 바탕으로 치유의 측면에서 유의미한 '문제적 장면'들을 내포하고 있는 여로형 소설들을 분석해 제시해 보고자 한다.

참고문헌

구인환, 이광수소설연구, 삼영사, 1983.

구중서·최원식 편저, 한국근대문학연구, 1996.

권보드래, 한국근대소설의 기원, 소명, 2000.

권영민, 서사양식과 담론의 근대성, 서울대출판부, 1999.

권영민, 한국현대문학사, 민음사, 1993.

권택영, 소설을 어떻게 볼 것인가, 문예출판사, 1996 .

권혜린, 박화성 여행소설의 은유와 환유, 구보학보 13집, 2015.

김 현, 문학과 유토피아, 민음사, 1982.

김균태 외, 한국고전소설의 이해, 박이정, 2012 .

김대행 외, 문학교육원론, 서울대학교출판부, 2000.

김동환, 소설교육을 위한 이론개념의 정착과정과 재설정 방안 연구, 문학교육학 40, 한국문학교육학회, 2013.

김동환, 문학교육의 관점에서 본 소설 읽기 방법의 재검토, 문학교육학 22호, 2007.

김동환, 비평능력신장을 위한 문학독서교육, 독서연구 20호, 2008.

김미영, 근대소설에 나타난 '기차' 모티프 연구, 한국언어문학 54, 2005.

김병욱 편, 현대소설의 이론, 대방출판사, 1984.

김병욱·최상규 편역, 현대소설의 이론, 대방출판사, 1983.

김병익, 말의 탐구, 화해의 변증, 잃어버린 말을 찾아서, 문학과지성사, 1983.

김붕구 외, 새로운 프랑스 문학사, 일조각, 1983.

김성진, 문학교육론의 쟁점과 전망, 삼지원, 2004.

김세은, 여행체험의 치유효과 분석, 경기대학교 석사학위논문, 2014.

김양선, 1930년대 소설의 근대적 지형학, 소명출판, 2003.

김영모, 현대사회계층론, 한국복지정책연구소, 1999.

김영민, 한국근대소설사, 솔, 1999.

김용권 외 공편역, 현대문학비평론, 한신문화사, 1995.

김우종, 최신 증보 한국현대소설사, 성문각, 1995.

김욱동 편, 바흐친과 대화주의, 나남, 1990.

김윤식, 우리 소설의 표정, 문학사상사, 1981.

김윤식, 이광수와 그의 시대1~3, 솔, 1999.

김윤식, 한국 근대문학양식논고, 아세아문화사, 1980.
김윤식, 한국현대소설비판, 일지사, 1988.
김윤식·김현, 한국문학사, 민음사, 1979.
김윤식·정호웅, 한국현대소설사, 예하, 1993.
김윤식·김현, 한국문학사, 민음사, 1998.
김정애·황혜진, 아동의 설화반응 사례로 본 문학치료 프로그램의 효과 연구, 문학치료연구 14, 한국문학치료학회, 2010.
김정애, 문학치료학의 '서사' 개념의 정립 과정과 적용 양상, 문학치료연구 13, 한국문학치료학회, 2009.
김종광, 한국 고전문학 읽기-흥부놀부전, 주니어김영사, 2012.
김주연, 억압과 초월, 그리고 언어, 南道사람, 문학과비평사, 1988.
김중신, 소설감상방법론연구, 서울대출판부, 1995.
김진영, 흥부전의 연구사적 검토, 경희어문학 21, 2001.
김치수 편저, 문학사회학을 위하여, 문학과지성사, 1991.
김치수, 박경리와 이청준, 민음사, 1982.
김현 편, 미셸 푸코의 문학비평, 문학과 지성사, 1994.
김현영, 고문서를 통해 본 조선시대 사회사, 신서원, 2003.
나병철, 근대 초기 여로형 소설 연구, 비평문학 18, 2004.
나지영, 문학치료학의 '자기서사' 개념 검토, 문학치료연구 20, 한국문학치료학회, 2009.
류수열, 판소리에 대한 국어교육적 접근-흥보가를 중심으로, 판소리연구 9, 1998.
명혜권, 춘원 이광수의 서지적 연구, 중앙대 대학원, 2010.
문학과 문학교육연구소, 한국현대소설사, 삼지원, 1999.
문학과문학교육연구소, 문학교육 어떻게 할 것인가, 푸른사상, 2005.
박상준, 한국 근대문학의 형성과 신경향파, 소명출판, 2000.
박인정·이영관, 여행의 치유적 가치에 관한 분석심리학적 접근: 신경숙, 윤대녕, 전경린의 여행소설을 중심으로, 관광연구저널 29-6, 한국관광연구학회, 2015.
서인석, 조선 후기 향촌 사회의 악인 형상, 인문연구 20집 2호, 영남대 인문과학연구소, 1999.
심원섭, 1910년대 '여로구조'형 서사와 낭만적 서정시에 나타난 일본유학생 문인들의 대 韓、日의식에 대하여, 한림일본학 6집, 1996.
우한용 외. 서사교육론, 동아시아, 2001.

유종호 편, 문학예술과 사회상황, 민음사, 1994.
윤홍로, 이광수의 문학과 삶, 한국연구원, 1992.
이규엽, 판소리 답사 기행, 민예원, 1994.
이미림, 1990년대 여행소설의 탈근대적 사유와 타자성, 세계한국어문학 1호, 2009.
이미림, 박화성 여행소설 연구 - 1930년대 전반기 문학을 중심으로, 국어국문학 153, 2009.
이미림, 우리시대의 여행소설, 태학사, 2006.
이상봉, 여행경험과 심리치유 간의 관계, 강원대학교 박사학위논문, 2011.
이선영 편, 문학비평의 방법과 실제, 삼지원, 2001.
이소운, 여로형 소설 교육의 내용 연구 - 여로의 의미를 중심으로, 『겨레어문학』 39집, 2007.
이용욱, 김승옥 문학의 여로 이미지 연구 - 여행 공간의 이동을 중심으로, 한국문학이론과 비평 제26집, 2005.
이재선, 이광수문학의 지적 편력, 서강대출판부, 2010.
이재선, 한국현대소설사, 홍성사, 1979.
이재선, 한국현대소설사, 홍성사, 1979.
이재선, 현대한국소설사 1945-1990, 민음사, 2000.
인권환 편, 흥부전 연구, 집문당, 1991.
임경순, 서사표현교육론, 역락, 2003.
임경순, 국어교육론과 서사교육론, 한국문화사, 2003.
임형택, 흥부전에 반영된 '임노'의 형상, 한국고전산문연구, 동화문화사, 1981.
전영태, 이청준 대담, 나의 문학 나의 소설작법, 현대문학 349호, 1984.
전창진, 흥부전의 이본과 구성 연구, 경희대대학원 박사학위 논문, 1991.
전형택, 조선 양반사회와 노비, 문현, 2010.
정병헌, 신재효 판소리 사설의 연구, 평민사, 1986.
정석종, 조선 후기 사회변동 연구, 일조각 1990.
정운채, 문학치료학의 서사이론, 문학치료연구 9, 한국문학치료학회, 2008.
정운채, 문학치료학의 학문적 특성과 인문학의 새로운 전망, 겨레어문학 39, 겨레어문학회, 2007.
정운채, 서사의 힘과 문학치료방법론의 밑그림, 고전문학과교육 8, 한국고전문학교육학회, 2004.
정종묵, 재미있다 우리 고전 - 흥보전, 창비, 2006.

정출헌, 판소리 향유층의 변동과 판소리 사설의 변화, 판소리연구 11, 2000.
정출헌, 고전소설사의 구도와 시각, 소명출판, 1999.
정충권, 흥부전 연구, 월인, 2003.
정호웅, 한국현대소설사론, 새미, 2006.
조남현, 소설원론, 고려원, 1982.
조남현, 한국현대소설연구, 민음사, 1987.
조남현, 한국 지식인 소설 연구, 일지사, 1984.
조동일, 구비문학의 세계, 새문사, 1980.
조동일·김흥규 편, 판소리의 이해, 창작과 비평사, 1987.
조두영, 프로이트와 한국문학, 일조각, 1998.
조승희, 조선후기 사회신분사 연구, 지식산업사, 2003.
조은상, 30~40대 기혼 여성의 우울성향 자기서사 연구, 건국대학교 박사학위논문, 2009.
천정환, 근대의 책읽기, 푸른역사, 2003.
최동현, 흥부전의 전승과 창자, 판소리 동편제 연구, 태학사, 1998.
최시한, 소설의 해석과 교육, 문학과지성사, 2005.
최원식, 한국근대소설사론, 창작과비평사, 1986.
최인자, 서사문화와 문학교육론, 한국문화사, 2001.
최현무 편, 한국문학과 기호학, 문학과비평사, 1985.
하은하, '김현감호'에 대한 반응 양상과 자기서사의 특성, 국어교육 117, 한국어교육학회, 2005.
하은하, 작품서사의 개념 체계와 유용성에 대한 해명, 문학치료연구 13, 한국문학치료학회, 2009.
하정일 외, 이광수 문학의 재인식, 소명출판, 2009.
하정일 외, 한국근대민족문학사, 한길사, 1993.
한국브리태니커, 판소리 다섯마당, 1982.
한국역사연구회, 조선시대 사람들은 어떻게 살았을까 1·2, 청년사, 2005.6.
한승옥, 이광수장편소설연구, 박문사, 2009.
한용환, 소설학사전, 고려원, 1992.
한철우, 문학 중심 독서지도, 대한교과서주식회사, 2001.
홍순하·이재하, 한국의 場市, 민음사, 1992.
황국명, 90년대 여행소설과 공간 전위, 오늘의 문예비평 통권 22호, 1996.9.

가라타니 고진(박유하 역), 일본근대문학의 기원, 민음사, 1997
게오르크 루카치(김경식 역), 소설의 이론, 문예출판사, 2007
도렌 (홍미경 역), 지식의 역사 1, 고려문화사, 1999
라이헨바흐(김성룡 역), 시간과 공간의 철학, 서광사, 1986
레에나르트(허경은 역), 소설의 정치적 읽기, 1995
로버트 맥기(고영범 외 역), Story/Dialogue 어떻게 쓸 것인가, 민음인, 2011/2018
로버트 바르나드(송현섭 역), 영문학사, 한신문화사, 1989
마르트 로베르 (김치수·이윤옥 역), 기원의 소설, 소설의 기원, 문학과지성사, 1999
로젠필드(이승호 외 역), 임팩트 있는 장면을 만드는 스토리 기법, 비즈앤비즈, 2014
롤랑 부르뇌프 외(김화영 역), 현대소설론, 현대문학사, 1996
루시앙 골드만(조경숙 역), 소설사회학을 위하여, 청하, 1982.
루카치(반성완 역), 소설의 이론, 심설당, 1985.
미셸 레몽(김화영 역), 프랑스 현대소설사, 열음사, 1991.
미케발(한용환 역), 서사란 무엇인가, 문예출판사, 1999.
바흐친(전승희 역), 장편소설과 민중언어, 전승희 역, 창작과비평사, 1982.
바흐친(최현무 역), 문학사회학과 대화이론, 까치, 1977.
블라디미르 프로프(최애리 역), 민담의 역사적 기원, 문학과지성사, 1990.
셰퍼드 코미나스(임옥희 역), 치유의 글쓰기, 홍익출판사, 2008.
알베르토 망구엘(정명진 역), 독서의 역사, 세종서적, 2000.
야우스(장영수 역), 도전으로서의 문학사, 문학과지성사, 1986.
와트(전철민 역), 소설의 발생, 열린책들, 1988.
윌프레드 L. 게린(최재석 역), 문학비평입문, 한신문화사, 1994.
웨인 C. 부우드(최상규 역), 소설의 수사학, 새문사, 1985.
토비아스(김석만 역), 인간의 마음을 사로잡는 스무 가지 플롯, 풀빛, 1997.
폴 벤느(김지영 역), 그리스인들은 신화를 믿었는가, 솔, 1993.
프랭크 랜트리키아 외(정정호 역), 문학연구를 위한 비평 용어, 한신문화사, 1994.
프리츠 마르티니(황현수 역), 독일문학사 상·하,을유문화사, 1989.
힐레브란트(박병화·원당희 역), 소설의 이론, 예하, 1994.

Bipin Indurkhya, Metaphor and Cognition, Kluwer Academic Publishers, 1992.
Brian McFarlane, Novel to Film, Clarendon Press, 1996.
Diana George (ed), Reading Culture, Harper Collins College Publishers, 1995.

Evelyn Hatch, Discourse and Language Education, Cambridge Univ. Press, 1992.
Fred Inglis, Ideology and the Imagination, Cambridge Univ. Press, 1975.
Ian Reid, Narrative Exchanges, Routledge, 1992.
Michael Holquist, Dialogism, Routledge, 1992.
Michael J. Toolan, Narrative, Routledge, 1991.
Norman Fairclough, Language and power, Longman, 1990.
P. Rice & P. Waugh, Modern Literary Theory, Arnold, London, 1996.
Robert Hodge, Literature as Discourse, Polity Press, 1990.
Ronald Carter & Michael N. Long, Teaching Literature, Longman, 1992.
S. Onega & J. A. G. Landa(ed), Narratology, Longman, 1996.
Sperber. D & Wilson. D, Relevance : Communication and Cognition, Oxford, 1986.

여로형 소설의 생산과 향유

초판 1쇄 인쇄 2022년 4월 29일
초판 1쇄 발행 2022년 4월 29일

저 자 김 동 환
발 행 인 이 창 원
발행한곳 한성대학교 출판부

주 소 서울특별시 성북구 삼선교로16길 116
대표전화 02) 760 - 4174
팩시밀리 02) 760 - 5969

편집제작 대자커뮤니케이션 | 02) 2269-6724

ISBN 978-89-6820-055-7 03800
정 가 20,000원